AF239469

Raphael Diziol

Simulation inkompressibler deformierbarer Körper

Simulation inkompressibler deformierbarer Körper

von
Raphael Diziol

Dissertation, Karlsruher Institut für Technologie (KIT)
Fakultät für Informatik
Tag der mündlichen Prüfung: 10. Juli 2012

Impressum

Karlsruher Institut für Technologie (KIT)
KIT Scientific Publishing
Straße am Forum 2
D-76131 Karlsruhe
www.ksp.kit.edu

KIT – Universität des Landes Baden-Württemberg und
nationales Forschungszentrum in der Helmholtz-Gemeinschaft

KIT Scientific Publishing 2012
Print on Demand

ISBN 978-3-86644-886-5

Simulation inkompressibler deformierbarer Körper

zur Erlangung des akademischen Grades eines

Doktors der Ingenieurwissenschaften

von der Fakultät für Informatik
des Karlsruher Instituts für Technologie (KIT)

genehmigte

Dissertation

von

Raphael Diziol

aus Baden-Baden

Tag der mündlichen Prüfung: 10. Juli 2012
Erster Gutachter: Prof. Dr. rer. nat. H. Prautzsch
Zweiter Gutachter: Prof. Dr.-Ing. C. Dachsbacher
Dritter Gutachter: Prof. Dr. rer. nat. J. Bender

"Our goal is animation, not engineering; thus visually pleasing results, meaning a numerically stable solution, rather than overall accuracy, is the deciding voice."

David Baraff und Andrew Witkin [BW98]

Danksagung

Diese Arbeit habe ich im Rahmen meiner wissenschaftlichen Forschungsarbeit am Institut für Betriebs- und Dialogsysteme Abteilung Angewandte Geometrie und Computergrafik des Karlsruher Instituts für Technologie (KIT) verfasst.

Zunächst geht mein Dank an Herrn Prof. Dr. H. Prautzsch, der die Betreuung dieser Arbeit übernommen hat. Ohne die Möglichkeit einer wissenschaftlichen Stelle bei ihm hätte ich mich möglicherweise nie so intensiv mit dem Thema der physikalisch basierten Simulation auseinandergesetzt. Seine mathematische Genauigkeit haben zur Verbesserung dieser Arbeit beigetragen.

Für die spontane Übernahme des Koreferats bedanke ich mich bei Herrn Prof. Dr. C. Dachsbacher. Durch seine hilfreichen Anregungen zu wissenschaftlichen Publikationen half er mir, meine früheren Veröffentlichungen besser darzustellen.

Besonders möchte ich mich bei Herrn Prof. Dr. Jan Bender bedanken, dessen Anregungen mich auf das Thema meiner Arbeit gebracht haben. Durch die Kooperation mit ihm war es mir möglich, Forschungsarbeiten zu diesem Thema zu veröffentlichen. Er hat sich immer Zeit für mich genommen, wenn es Fragen gab.

Dank gilt auch all meinen Kollegen am Institut für fachliche Gespräche und ein angenehmes Arbeitsklima. Die Gespräche über Maya mit Dieter Finkenzeller waren stets hilfreich, um meine Algorithmen in das Programm zu integrieren. Er war auch immer bereit, für meine Testszenen hübsche Texturen zu erstellen. Ganz besonders wichtig waren mir auch die Fachgespräche über Physiksimulation mit meinem Kollegen Daniel Bayer. Viele Stunden haben wir zusammen diskutiert und daraus ließen sich jeweils gute Lösungsansätze ermitteln. Ich hoffe, wir verlieren uns auch zukünftig nicht aus den Augen! Danke auch an Jan Novák, mit dem ich sehr gut über CUDA diskutieren konnte.

Ein ganz besonderer Dank gilt auch meinen Eltern, die mir meine Ausbildung ermöglichten und mich mit Ratschlägen, Zuspruch und Korrekturen unterstützt haben. Ohne ihr Hilfe wäre es nie zu dieser Dissertation gekommen.

Schließlich möchte ich mich bei meiner Partnerin Ulrike Bullinger liebevoll bedanken für die viele Geduld während der Zeit meiner Promotion.

Inhaltsverzeichnis

Abbildungsverzeichnis

Tabellenverzeichnis

Kapitel 1

Einführung

Die computergestützte Simulation von Bewegungsabläufen wird immer wichtiger in vielen Anwendungsgebieten. Dabei hängen die Anforderungen eines Simulators stark von dem jeweiligen Einsatzbereich ab. In der Robotik können beispielsweise Simulationen eingesetzt werden, um Rückschlüsse über das Bewegungsverhalten eines realen Roboters zu erhalten, bevor dieser gebaut wird. Fehlkonstruktionen können vermieden werden und so zu einer Reduktion der Entwicklungskosten beitragen. Um dies realisieren zu können, müssen die Simulationen sehr genau sein, sodass aussagekräftige Rückschlüsse aus der Simulation gezogen werden können.

Andere Einsatzgebiete von dynamischen Simulationen sind die Erstellung von Computeranimationen für Filme, Anwendungen in der virtuellen Realität oder für Computerspiele. In diesen Gebieten trägt die Simulation dazu bei, den Grad an Authentizität zu erhöhen. Hierbei ist oft die Genauigkeit weniger wichtig als die Geschwindigkeit des Verfahrens. Besonders bei interaktive Anwendungen müssen Simulationen schnell durchgeführt werden können. Der Benutzer kann bei komplexen Bewegungsabläufen meist nicht entscheiden, ob die simulierte Bewegung exakt der Realität entspricht. Deswegen genügen hier plausible Ergebnisse, die dem Anwender das Gefühl einer realistischen Bewegung vermitteln.

Ein Teilgebiet der dynamischen Simulation ist die Beschreibung der Bewegungsabläufe deformierbarer Körper. Deformierbare Körper werden verwendet, um beispielsweise Kleidung oder dreidimensionale Körper zu simulieren. Aufgrund ihrer großen Anzahl an Freiheitsgraden stellen solche Körper für interaktive Anwendungen eine große Herausforderung dar. Deswegen sind sie Teil aktueller Forschungsarbeiten in der Computergrafik, die sich dem Problem der echtzeitfähigen Simulation solcher Körper stellen. Zusätzlich ist die Simulation inkompressibler Körper, also Körper, die ihr Volumen erhalten, ein wichtiger Aspekt. Die Volumenerhaltung spielt nicht nur bei der Simulation von Organen, wie beispielsweise Muskeln, eine große Rolle, sondern erzeugt oft realistischer wirkende Deformationen.

1.1 Zielsetzung

Das Ziel, inkompressible deformierbare Körper in Echtzeit zu simulieren, ist immer noch eine schwierige Aufgabe. Obwohl schon viele unterschiedliche Techniken vorgestellt wurden, sind davon viele nicht robust oder nicht schnell genug, um sie in interaktiven Anwendungen einsetzen zu können. Viele der Techniken können nur in Echtzeit simuliert werden, wenn die Komplexität des Simulationsmodells stark reduziert wird - wodurch jedoch die möglichen Bewegungsfreiheiten eingeschränkt werden - oder wenn die Anzahl der gleichzeitig simulierten Körper gering gehalten wird. Zusätzlich wird oft auf eine Volumenerhaltung zugunsten der Geschwindigkeit verzichtet. Weiterhin stellt die Anforderung nach Stabilität der Simulationen eine Herausforderung für interaktive Anwendungen dar. Nicht jedes Verfahren liefert für beliebige Benutzereingaben brauchbare Ergebnisse. Zwar gibt es Möglichkeiten, die Stabilität zu gewährleisten, solche Systeme tendieren allerdings dazu, nicht schnell genug für interaktive Anwendungen mit komplexen Modellen zu sein.

Ziel dieser Arbeit ist es daher, neue Techniken zur Simulation inkompressibler deformierbarer Körper aufzuzeigen. Je nach Anwendungsgebiet können verschiedene Techniken sinnvoll sein, da sie unterschiedlichen Anforderungen genügen müssen. Um die neuen Techniken dem Leser vermitteln zu können, muss zunächst die grundsätzliche Vorgehensweise zur Realisierung von dynamischen Simulationen beschrieben werden. Dies umfasst beispielsweise die Simulation von Starrkörpern und Mehrkörpersystemen. Weiterhin soll der Leser mit schon bekannten Techniken zur Simulation deformierbarer Körper vertraut gemacht und die daraus resultierenden Probleme, auch im Hinblick auf die Volumenerhaltung, vorgestellt werden.

Im Speziellen soll diese Arbeit Techniken für interaktive Anwendungen präsentieren. Deshalb soll das Hauptaugenmerk auf plausible Bewegungsabläufe gelegt werden, die gerade für Computeranimationen von großer Bedeutung sind, anstatt die Genauigkeit in den Vordergrund zu stellen, die aus ingenieurtechnischer Sicht für exakte Simulationen wichtig ist. Der Aspekt der stabilen Simulation wird jedoch nicht außer Acht gelassen, da dieser für interaktive Anwendungen erforderlich ist. Auch das Volumen der Körper während der Simulation wird berücksichtigt. Dies ist nicht nur bei der genauen Simulation von inkompressiblen Körpern wichtig, sondern kann bei ungefährem Einhalten des Volumens zu deutlich plausibleren Bewegungsabläufen führen.

Da die Anforderungen, die Stabilität zu gewährleisten und das Volumen bei komplexen Modellen einzuhalten, meist rechenintensive Algorithmen benötigen, müssen gegebenenfalls klassische Verfahren durch neuartige Methoden ersetzt werden. Dabei muss die parallele Ausführung solcher Methoden in Betracht gezogen werden, um eine optimale Performance zu gewährleisten. Hierfür eignet sich nicht nur die parallele Ausführung auf herkömmlichen Prozessoren, sondern auch der Einsatz von Grafikkarten zur effizienten Berechnung der Simulation. Dies kann, bei geeigneter Formulierung der Methode, zu einer deutlich schnelleren Ausführungszeit beitragen.

1.2 Aufbau der Arbeit

In Kapitel 2 wird ein Überblick über die physikalisch basierte Simulation gegeben. Dort werden zunächst die wichtigsten Begriffe und Formeln eingeführt sowie eine Einordnung der in dieser Arbeit verwendeten Modelle und Verfahren vorgenommen. Es werden die Bewegungsgleichungen für Partikel und Starrkörper hergeleitet und die wichtigsten Integrationsverfahren vorgestellt, die zum Lösen der Bewegungsgleichung benötigt werden. Um die Interaktion zwischen Körpern eines Mehrkörpersystems zu beschreiben, werden Nebenbedingungen, auch Zwangsbedingungen genannt, eingeführt, die mit unterschiedlichen Verfahren eingehalten werden können. Abschließend wird das Konzept zur Simulation von Stoffen diskutiert, das für die Kleidungssimulation verwendet wird.

Davon ausgehend wird in Kapitel 3 die Simulation elastischer Körper zusammen mit einem Überblick über einige der wichtigsten Arbeiten im Bereich der Computergrafik näher behandelt. Dabei geht es um die Simulation volumetrischer Körper, die durch ein kontinuierliches Modell beschrieben werden können. Hierbei spielt die lineare Elastizitätstheorie eine große Rolle. Um die Simulation eines solchen Modells durchführen zu können, wird eine räumliche Diskretisierung benötigt. Beispielhaft wird hierfür die explizite Finite-Elemente-Methode behandelt. Auch andere, sogenannte netzfreie Methoden zur räumlichen Diskretisierung des kontinuierlichen Modells werden dort vorgestellt. Danach folgt ein Überblick über die Volumenerhaltung und die dabei auftretenden Probleme existierender Verfahren.

Ein weiterer Aspekt der dynamischen Simulation, die Kollisionserkennung und -auflösung, wird in Kapitel 4 behandelt. Dort werden die in dieser Arbeit verwendeten Methoden für die Kollisionserkennung sowie -auflösung deformierbarer Körper erläutert.

Darauf aufbauend werden drei neue Techniken zur Simulation von inkompressiblen deformierbaren Körpern entwickelt. Im ersten Verfahren, das in Kapitel 5 beschrieben wird, werden Masse-Feder-Systeme zur Simulation der Elastizität verwendet. Zur Generierung solcher Modelle muss zunächst, wie dort beschrieben, ein Tetraedernetz erzeugt werden. Für die exakte Volumenerhaltung werden Zwangsbedingungen an das System gestellt, die durch iteratives Anwenden von Impulsen eingehalten werden.

Für plausible Deformationen genügt meist eine ungefähre Volumenerhaltung. Dafür wird das in Kapitel 6 beschriebene Verfahren entwickelt. Es ermöglicht eine approximative Volumenerhaltung durch Zwangsbedingungen, die durch überlappende Regionen definiert werden. Im Gegensatz zu dem Verfahren aus Kapitel 5 werden diese jedoch durch einmalige Korrektur der Zwangsbedingungen näherungsweise eingehalten. Anhand von Beispielen wird gezeigt, dass diese Vorgehensweise eine Verbesserung der Volumenerhaltung im Vergleich zu anderen Verfahren ermöglicht und somit plausiblere Ergebnisse liefern kann. Die gemessenen Laufzeiten des parallel abgearbeitenden Algorithmus zeigen, dass dieses Verfahren für mehrere tausend Tetraeder in interaktiven Anwendungen eingesetzt werden kann.

Zur weiteren Reduzierung des Rechenaufwands wird ein drittes neues Verfahren in Kapitel 7 entwickelt, für das nur die Oberfläche der Körper in Betracht gezogen wird. Durch die geometrische Natur dieses Ansatzes kann immer eine stabile Lösung realisiert werden, womit er für interaktive Simulationen besonders gut geeignet ist. Dabei wird eine Volumenkorrektur verwendet, die basierend auf einer Heuristik, sowohl für globale als auch für lokale Volumenerhaltung geeignet ist. Der Algorithmus wird effizient parallel auf einem Grafikprozessor ausgeführt und dadurch können deutlich komplexere Körper simuliert werden, gegenüber der Ausführung auf einem herkömmlichen Prozessor.

Im letzten Kapitel werden die Ergebnisse noch einmal zusammenfassend beschrieben und auf weitere mögliche Forschungsthemen hingewiesen.

Die in Kapitel 5, 6 und 7 entwickelten neuen Verfahren beinhalten folgende neue Beiträge und basieren auf den unten angegebenen Veröffentlichungen des Autors.

Kapitel 5:

- Ein verbessertes Verfahren zur Generierung von Tetraedernetzen aus beliebigen Dreiecksnetzen.

- Ein neues Volumengelenk zur Simulation inkompressibler deformierbarer Körper, das durch iteratives Anwenden von Impulsen eingehalten wird.

Kapitel 6:

- Ein Verfahren zur schnellen näherungsweisen Einhaltung des Volumens deformierbarer Körper.

- Strategien zur Vermeidung von Invertierungs- und Verklemmungsproblemen.

Kapitel 7:

- Ein schnelles und stabiles Verfahren zur Simulation von inkompressiblen deformierbaren Körpern.

- Ein Volumengelenk, das nur die Oberfläche eines Körpers in Betracht zieht. Somit kann sowohl der Berechnungsaufwand als auch der Speicheraufwand gegenüber bestehenden Verfahren reduziert werden.

- Eine Heuristik, die auch eine lokale Volumenerhaltung ermöglicht.

- Gesonderte Betrachtung von Positions- und Geschwindigkeitsänderungen zur Vermeidung von Oszillationen.

- Eine schnelle Summationstechnik, die die Laufzeit für die Geometrie-Anpassung von Dreiecksnetzen deutlich verringert.

- Eine effiziente parallele Ausführung des Verfahrens auf einem modernen Grafikprozessor.

Veröffentlichungsliste des Autors:

- RAPHAEL DIZIOL, JAN BENDER und DANIEL BAYER: *Volume conserving simulation of deformable bodies.* In: *Short Paper Proceedings of Eurographics*, Seiten 37–40, 2009.

- DANIEL BAYER, JAN BENDER und RAPHAEL DIZIOL: *Impulse-based dynamic simulation on the GPU.* In: *IADIS Multi Conference on Computer Science and Information Systems*, Seiten 73–80, 2009.

- RAPHAEL DIZIOL, DANIEL BAYER und JAN BENDER: *Simulating almost incompressible deformable objects.* In: *Virtual Reality Interactions and Physical Simulations (VRIPhys)*, Seiten 31–37, 2009.

- DANIEL BAYER, RAPHAEL DIZIOL und JAN BENDER: *Optimized impulse-based dynamic simulation.* In: *Virtual Reality Interactions and Physical Simulations (VRIPhys)*, Seiten 125–133, 2009

- JAN BENDER, DANIEL BAYER und RAPHAEL DIZIOL: *Dynamic simulation of inextensible cloth.* IADIS International Journal on Computer Science and Information Systems, 4:86–102, 2009.

- RAPHAEL DIZIOL, JAN BENDER und DANIEL BAYER: *Robust real-time deformation of incompressible surface meshes.* In: *Proceedings of the 2011 ACM SIGGRAPH/Eurographics Symposium on Computer Animation*, Seiten 237–246, 2011. **Best Paper Award (Honorable Mention)**

- JAN BENDER, RAPHAEL DIZIOL und DANIEL BAYER: *Simulating inextensible cloth using locking-free triangle meshes.* In: *Virtual Reality Interactions and Physical Simulations (VRIPhys)*, Seiten 11–17, 2011.

Kapitel 2

Physikalisch basierte Simulation

Die Bewegungsabläufe von Objekten in der Natur unterliegen empirisch nachgewiesenen Gesetzmäßigkeiten. Die Grundgesetze der Bewegung wurden schon im Jahre 1687 von Sir Isaac Newton[1] beschrieben, bekannt als die Newtonschen Axiome. Sein zweites Gesetz, auch Aktionsprinzip genannt, bildet die Grundlage vieler Bewegungsgleichungen in der Mechanik. Es beschreibt den durch die Masse m proportionalen Zusammenhang zwischen der Kraft $\mathbf{f} \in \mathbb{R}^3$ und der Beschleunigung $\mathbf{a} \in \mathbb{R}^3$:

$$\mathbf{f} = m\mathbf{a} \,.$$

Mit Hilfe dieses Gesetzes lassen sich einfache Bewegungsabläufe beschreiben. So ist z. B. ein *Partikel*, ein Körper ohne Ausdehnung mit Masse m, zu jedem Zeitpunkt durch seine Lage $\mathbf{x} \in \mathbb{R}^3$ und seine Geschwindigkeit $\mathbf{v} \in \mathbb{R}^3$ eindeutig beschrieben. Wirkt die Kraft $\mathbf{f}$ auf das Partikel, so kann mit Newtons Aktionsprinzip die daraus resultierende Beschleunigung bestimmt und in Zusammenhang mit der Geschwindigkeit $\mathbf{v}$ gebracht werden. Die Beschleunigung $\mathbf{a}$ ist die Ableitung der Geschwindigkeit $\mathbf{v}$ nach der Zeit t:

$$\mathbf{a} = \ddot{\mathbf{x}} = \frac{d\mathbf{v}}{dt} = \frac{1}{m}\mathbf{f} \,. \tag{2.1}$$

Die Geschwindigkeit wiederum ist die Ableitung der Lage $\mathbf{x}$ nach der Zeit:

$$\dot{\mathbf{x}} = \frac{d\mathbf{x}}{dt} = \mathbf{v} \,. \tag{2.2}$$

Die Notation $\dot{\,}$ bezeichnet die in der Physik verwendete Ableitung nach der Zeit t. Die Lage $\mathbf{x}(t)$ zum Zeitpunkt t ist somit durch das folgende Differentialgleichungs-

---

[1] Sir Isaac Newton, 1642-1726, ein englischer Wissenschaftler und einer der bedeutendsten Wissenschaftler seiner Zeit, beschrieb das Gravitationsgesetz und legte damit den Grundstein für die klassische Mechanik.

system zweiter Ordnung bestimmt:

$$\ddot{\mathbf{x}} = \frac{d^2\mathbf{x}}{dt^2} = \frac{1}{m}\mathbf{f} \ . \tag{2.3}$$

Sind die Anfangsbedingungen $\mathbf{x}_0$ und $\mathbf{v}_0$ für Lage und Geschwindigkeit gegeben, so liegt ein Anfangswertproblem vor, das mit Hilfe numerischer Integration (siehe Abschnitt 2.3) gelöst werden kann.

Anhand dieser Differentialgleichung, sie wird auch *Bewegungsgleichung* genannt, wird auch das erste Newtonsche Gesetz, auch Trägheitsprinzip genannt, deutlich. Es besagt, dass ein Körper, auf den keine Kräfte einwirken, seinen aktuellen Zustand, hier Lage und Geschwindigkeit, nicht verändert.

Theoretisch könnte man alle Bewegungsabläufe aus der Mechanik, z. B. den Bewegungsablauf eines Starrkörpers, mit Hilfe vieler Partikel beschreiben. Jeder Körper in der Natur ist aus mehreren Atomen zusammengesetzt, die idealisiert als Partikel aufgefasst werden können. Diese üben in wechselseitiger Beziehung Kräfte aufeinander aus. Kräfte, die die Atome eines Körpers aufeinander ausüben, werden als *innere Kräfte* bezeichnet. Kräfte, die von außen auf einen Körper einwirken, wie sie z. B. durch die Gravitation zustande kommen, werden als *externe Kräfte* bezeichnet. Kennt man diese Kräfte, also die Summe aus internen und externen Kräften, so kann die Bewegung mit Gleichung (2.3) beschrieben werden. Da die Partikel jedoch nur idealisierte Atome darstellen und die daraus resultierenden wechselseitigen Kräfte nur idealisiert sind, wird ein Modell gebildet, das die der Realität entsprechende Bewegung approximiert. Je genauer das Modell der Realität entsprechend definiert wird, desto exakter wird die Simulation. Deshalb wird hier von *physikalisch basierter Simulation* gesprochen, da das Modell zwar anhand physikalischer Gesetze die Bewegung beschreibt, jedoch nur so exakte Simulationen liefern kann, wie es das Modell der Realität eben zulässt.

Da es für Speicher- und Rechenaufwand natürlich nicht praktikabel ist, einzelne Atome oder gar Protonen und Elektronen zu simulieren, werden für die Simulation unterschiedlicher Körper, wie z. B. Starrkörper oder Weichkörper, unterschiedliche *Simulationsmodelle* eingesetzt. Eine Übersicht und Einordnung wird in Abschnitt 2.2 gegeben.

Nicht nur das Modell stellt eine Approximation der Realität dar. Da die Bewegungsgleichung meist nicht analytisch berechnet werden kann, werden numerische Integrationsverfahren mit unterschiedlicher Genauigkeit verwendet. Eine Übersicht über unterschiedliche Integrationsverfahren, die die Gleichung (2.3) lösen, wird in Abschnitt 2.3 gegeben.

In Abschnitt 2.4 wird die Simulation von Starrkörpern behandelt. Wird nicht nur ein einzelner Körper, sondern ein Verbund aus Körpern simuliert, nennt man dies das *Mehrkörpersystem* - kurz *System*. Sind Körper untereinander verbunden, so können Nebenbedingungen, auch *Zwangsbedingungen* genannt, an das System gestellt werden. So verbindet z. B. ein mechanisches Gelenk Körper miteinander und entfernt somit Freiheitsgrade aus dem System, d. h. die Körper dürfen sich nicht mehr frei bewegen. Ein Beispiel ist das Kugelgelenk, das zwei Körper in einem Punkt verbindet und somit drei Translationsfreiheitsgrade entfernt. Die Gelenke stellen also Nebenbedingungen an die Bewegungsgleichung, die bei der Integration zu berücksichtigen sind. In Abschnitt 2.5 werden unterschiedliche Techniken beschrieben, mit denen solche Systeme simuliert werden können.

2.1 Anforderungen an die Simulation

Durch unterschiedliche Anwendungen ergeben sich unterschiedliche Anforderungen an ein Simulationssystem. Nicht jede Simulationstechnik ist für alle Anwendungen geeignet. So ist es beispielsweise bei einem Animationsfilm nicht so wichtig, eine exakte Simulation durchzuführen, solange das Ergebnis plausibel aussieht. Man spricht hier von *visueller Plausibilität*. Bei einer Bruchsimulation eines Werkteils ist man hingegen an der Genauigkeit der Simulation interessiert und weniger an der Echtzeitfähigkeit der Simulation. Die wichtigsten Anforderungen werden hier kurz erläutert:

- **Genauigkeit:** Soll ein realer Vorgang aus der Natur abgebildet werden, so soll die Simulation diesen Vorgang möglichst exakt beschreiben. Hierfür muss der Grad der Genauigkeit der Simulation vorhersagbar sein, um eine Fehlerabschätzung zwischen Realität und Simulation zu ermöglichen. Wünschenswert ist hierbei, dass die Simulation genauer wird, je feiner die räumliche und zeitliche Abtastung des Systems ist. Das benutzte Integrationsverfahren spielt hier z. B. eine wichtige Rolle, da es die Bewegungsgleichung mit kleiner werdenden Zeitschritten besser approximiert.

- **Stabilität:** Die Stabilität beschreibt die Fähigkeit des Simulationsverfahrens, ein Modell über einen gewissen Zeitraum stabil zu simulieren, d. h. z. B. alle Zwangsbedingungen in diesem Zeitraum einzuhalten. Je nach eingesetztem Integrationsverfahren kann die Genauigkeit der numerischen Integration erhöht werden, was zu einer stabileren Simulation führen kann. Es gibt jedoch andere Fehlerquellen, die zu einer instabilen Simulation führen können, indem z. B. problematische Situationen durch große Penetrationen bei Kollisionen auftreten oder degenerierte Geometrie bei der Verformung eines Körpers entsteht. Hier müssen spezielle Techniken eingesetzt werden, um die Stabilität zu gewährleisten. Gerade in interaktiven Simulationen ist die Stabilität wichtig, da das Simulationssystem mit allen Benutzereingaben umgehen können muss.

- **Effizienz:** Gerade für interaktive Simulationen spielt die Geschwindigkeit des Simulationsverfahrens, also die benötigte Rechenzeit für einen Simulationsschritt, eine wichtige Rolle. Es müssen mehrere komplexe Objekte effizient simuliert werden können. Hierbei spielt die Echtzeitfähigkeit eine große Rolle, d. h. die Berechnungen müssen schneller durchgeführt werden als die Zeitschrittvorgabe der Simulation. Doch auch bei Offline-Simulationen, also Simulationen, bei denen die Genauigkeit eine große Rolle spielt, ist die Effizienz wichtig, um die benötigte Rechenzeit so gering wie möglich zu halten.

Es ist nicht immer möglich, alle diese Anforderungen zu gewährleisten. Für Animationen in der Computergrafik genügen oft visuell plausible Ergebnisse. Es soll also der Eindruck einer realistischen Umgebung erzeugt werden, ohne dass das Ergebnis exakt der Realität entspricht. Deswegen wird in diesen Fällen auf die Genauigkeit zugunsten der Geschwindigkeit verzichtet. Die Stabilität hingegen ist dennoch sehr wichtig, da eine instabile Simulation zu unplausiblen Ergebnissen führt. Sehr stabile und schnell zu berechnende Verfahren sind beispielsweise geometrische Verfahren, die genauer in Kapitel 7 behandelt werden.

Im Bezug auf die Volumenerhaltung deformierbarer Körper werden in dieser Arbeit drei neue Techniken entwickelt. Das erste Verfahren, welches in Kapitel 5 vorgestellt wird, kann das Volumen theoretisch exakt erhalten, ist jedoch nicht, bzw. nur für eine geringe Anzahl an Elementen, echtzeitfähig. Um die Stabilität zu gewährleisten, muss hier gegebenenfalls die Schrittweite dynamisch angepasst werden. Das zweite Verfahren aus Kapitel 6 hingegen ermöglicht eine schnell zu berechnende approximative Volumenerhaltung. Die Ergebnisse zeigen, dass dies oft für visuell plausible Ergebnisse genügt. Für eine bedingungslos stabile Simulation traditioneller Verfahren müssen allerdings implizite Integrationsverfahren eingesetzt werden, womit nur wenige Elemente in Echtzeit simuliert werden können. In Kapitel 7 wird deshalb ein Verfahren vorgestellt, das es ermöglicht, sehr schnelle und dennoch immer stabile Simulationen durchzuführen. Allerdings ist dieser Ansatz geometrisch motiviert und kann deswegen nur visuell plausible Ergebnisse liefern. Wegen seiner Geschwindigkeit und Stabilität ist dieser Ansatz aber besonders für interaktive Simulationen geeignet.

2.2 Einordnung der Modelle und Verfahren

Soll ein bestimmter Körper aus der Natur simuliert werden, so wird zunächst ein Modell erstellt, welches den Körper möglichst gut beschreibt. In dieser Arbeit werden nur Phänomene aus der *klassischen Mechanik* betrachtet. Einer der einfachsten Körper ist z. B. der Starrkörper, also ein Körper, der nicht verformbar ist. Starrkörper werden in der Physik durch die *Mechanik starrer Körper* behandelt, einem Teilgebiet der klassischen Mechanik, das starr miteinander verbundene Partikel beschreibt. Da somit nur rotatorische und translatorische Bewegungen zulässig sind, können Starrkörper sehr einfach beschrieben werden und sind dank ihrer Einfachheit schon lange sehr populär in der Computergrafik. So wurde z. B. 1994 die Arbeit von David Baraff [Bar94] vorgestellt, in der die Lösung des Kontaktproblems mit Hilfe des Algorithmus von Cottle und Dantzig [CD68] beschrieben wird.

Starrkörper sind jedoch wiederum nur eine Idealisierung der Realität. Sind die externen Kräfte zu groß, die auf einen Körper einwirken, so deformiert er sich, bevor es dann gegebenenfalls zum Bruch des Körpers kommt. Nicht starre Körper werden durch die *Kontinuumsmechanik* beschrieben, wobei die Körper als kontinuierliche Massenverteilung modelliert werden. Ein Teilgebiet ist die *Mechanik deformierbarer Körper*. Hier spielt die *Elastizitätstheorie* eine wichtige Rolle, die Deformationen beschreibt, die nur auftreten, solange externe Kräfte wirken. Um die aus den externen Kräften resultierenden internen Kräfte, die in diesem kontinuierlichen Modell wirken, berechnen zu können, wird das Modell diskretisiert. Hierfür gibt es unterschiedliche Diskretisierungsverfahren, wie z. B. die *Finite-Elemente-Methode* [Bat02], die den zu simulierenden Körper in diskrete Elemente, meist Tetraeder, unterteilt. Andere Verfahren, sogenannte *netzfreie Methoden*, benötigen keine Topologie, sondern arbeiten rein mit Partikeln, was sie vor allem für Bruchvorgänge interessant macht. Ein Überblick über die verschiedenen Diskretisierungsverfahren sowie eine Einführung in die lineare Elastizitätstheorie [Sla02] werden in Kapitel 3 gegeben. Weitere Teilgebiete der Kontinuumsmechanik sind z. B. die *Fluiddynamik* und die *Aerodynamik*, die das Bewegungsverhalten von Flüssigkeiten und Gasen modelliert. Diese werden in dieser Arbeit jedoch nicht behandelt.

Andere Modelle sind sogenannte *Masse-Feder-Modelle*. Diese beschreiben das physikalische Modell nicht anhand einer kontinuierlichen Modellierung, sondern bilden ein diskretes Modell. Hierbei werden elastische Kräfte definiert, die auf die Partikel des Modells wirken, um unterschiedliche Phänomene wie Druck- oder Scherkräfte zu simulieren. Sie sind meist günstiger zu berechnen als kontinuierliche Modelle, haben aber den Nachteil, dass sie bei feiner werdender Unterteilung die Realität nicht unbedingt besser abbilden. Zudem ist es schwer, für solche Modelle der Natur entsprechende Parameter zu finden. Da sie aber visuell plausible Ergebnisse liefern, werden sie dennoch in vielen Bereichen eingesetzt. Die in Kapitel 5 und Kapitel 6 entwickelten neuen Verfahren basieren auf Masse-Feder-Modellen und werden dort um spezielle Techniken zur Volumenerhaltung erweitert. Auch bei der Simulation von Stoffen, speziell Kleidung, sind Masse-Feder-Modelle sehr populär. Eine kurze Übersicht zur Simulation von Stoffen findet sich in Abschnitt 2.6.

In Kapitel 7 wird ein weiteres neues Verfahren zur Simulation elastischer Körper entwickelt. Hierbei handelt es sich um einen geometrisch motivierten Ansatz, der vor allem wegen seiner Stabilität und Echtzeitfähigkeit sehr attraktiv ist. Wie bei einem Masse-Feder-Modell wird hier von einem diskreten Modell ausgegangen. Anstatt jedoch Federkräfte zu bestimmen, die zu Stabilitätsproblemen bei der numerischen Integration führen können, werden direkt Zielpositionen für die einzelnen Partikel bestimmt. Auch dieses Verfahren liefert nur visuell plausible Ergebnisse, ist jedoch wegen seiner Eigenschaften für interaktive Simulationen sehr interessant.

2.3   Integrationsverfahren

Gegeben sei die Bewegungsgleichung $\ddot{\mathbf{x}}(t) = \frac{1}{m}\mathbf{f}(\mathbf{x}, \mathbf{v})$ mit Anfangswerten $\mathbf{x}_0$ und $\mathbf{v}_0$ zum Zeitpunkt t_0. Gesucht sind die Lage $\mathbf{x}(t)$ und Geschwindigkeit $\mathbf{v}(t)$ zu einem bestimmten Zeitpunkt $t = t_0 + \Delta t$. Hierbei ist Δt die *Schrittweite* eines Simulationsschritts. Um dieses Anfangswertproblem zweiter Ordnung zu lösen, wird zunächst eine Ordnungsreduktion durch Substitution von $\dot{\mathbf{x}} = \mathbf{v}$ durchgeführt, um zwei gewöhnliche Differentialgleichungen erster Ordnung zu erhalten:

$$\dot{\mathbf{x}}(t) = \mathbf{v}(t)$$
$$\dot{\mathbf{v}}(t) = \frac{1}{m}\mathbf{f}(\mathbf{x}, \mathbf{v}) \ .$$

Dieses Differentialgleichungssystem kann nun mit Hilfe numerischer Integration gelöst werden. Hierbei gibt es unterschiedliche Verfahren, die sich sowohl in der Genauigkeit als auch in der Stabilität unterscheiden. Die wichtigsten werden in den folgenden Abschnitten behandelt. Da im Weiteren Systeme von Körpern betrachtet werden, stellt $\mathbf{x}$ die Zustände aller Körper dar, die sich aus den Positionen und für Starrkörper auch aus den Rotationen zusammen setzen, sowie deren Geschwindigkeiten $\mathbf{v}$. Die Massen der einzelnen Körper werden durch die Diagonalmatrix $\mathbf{M}$ beschrieben, in der die Massen der einzelnen Körper in der Diagonalen stehen.

2.3.1   Explizite Integration

Die einfachste Methode zur numerischen Integration ist das *explizite Euler[2]-Verfahren*. Zunächst wird die Geschwindigkeit

$$\mathbf{v}(t_0 + \Delta t) = \mathbf{v}_0 + \mathbf{M}^{-1} \int_{t_0}^{t_0 + \Delta t} \mathbf{f}(\mathbf{x}, \mathbf{v})dt \approx \mathbf{v}_0 + \Delta t\,\mathbf{M}^{-1}\mathbf{f}(\mathbf{x}_0, \mathbf{v}_0)$$

durch Approximation des Integrals angenähert. Das explizite Euler-Verfahren, auch Vorwärts-Euler-Verfahren genannt, schätzt also die Geschwindigkeit durch eine Taylor-Entwicklung an der Stelle t_0 ab. Das Verfahren hat somit die Fehlerordnung $O(\Delta t^2)$.

---

[2]Leonhard Euler, 1707-1783, war ein schweizer Mathematiker und Physiker, der unter anderem die heute gebräuchliche mathematische Symbolik stark geprägt und sich mit der Differential- und Integralrechnung beschäftigt hat.

Nach der Integration der Geschwindigkeit wird analog die Position bestimmt:

$$\mathbf{x}(t_0 + \Delta t) = \mathbf{x}_0 + \int_{t_0}^{t_0 + \Delta t} \mathbf{v}(t)dt \approx \mathbf{x}_0 + \Delta t\, \mathbf{v}_0 \ .$$

Das Euler-Verfahren kann in ein *semi-implizites* Euler-Verfahren umgewandelt werden, indem die Positionsaktualisierung mit der schon integrierten Geschwindigkeit durchgeführt wird:

$$\mathbf{x}(t_0 + \Delta t) = \mathbf{x}_0 + \Delta t\, \mathbf{v}(t_0 + \Delta t) \ .$$

Dieses Integrationsverfahren ist ein *symplektischer* Integrator [HLW06], der die potentielle Energie des Systems besser erhält und somit die Stabilität verbessern kann[3]. Ein Beispiel hierfür findet sich in Anhang A.

2.3.2 Implizite Integration

Sind die in der Bewegungsgleichung auftretenden Kräfte zu groß, wird die numerische Integration mit dem expliziten Euler-Verfahren instabil. Dies kann zur Folge haben, dass sich ein Körper immer weiter von der Trajektorie entfernt, auf der er sich bewegen sollte. Zwar kann die Schrittweite Δt verringert werden, dann aber muss möglicherweise bei sehr großen Kräften die Schrittweite sehr klein gewählt werden, um eine stabile Simulation zu gewährleisten.

Um dennoch sogenannte *steife Differentialgleichungen* lösen zu können, müssen implizite Integrationsverfahren, wie sie von Baraff und Witkin [BW98] in die Computergrafik eingeführt wurden, eingesetzt werden. Sei $\Delta\mathbf{x} = \mathbf{x}(t_0 + \Delta t) - \mathbf{x}(t_0)$ und $\Delta\mathbf{v} = \mathbf{v}(t_0 + \Delta t) - \mathbf{v}(t_0)$ die Positions- und Geschwindigkeitsänderung des Integrationsschritts. Das explizite Euler-Verfahren kann in das implizite Euler-Verfahren umgewandelt werden, indem die Positions- und Geschwindigkeitsänderung

$$\begin{bmatrix} \Delta\mathbf{v} \\ \Delta\mathbf{x} \end{bmatrix} = \Delta t \begin{bmatrix} \mathbf{M}^{-1}\mathbf{f}(\mathbf{x}_0, \mathbf{v}_0) \\ \mathbf{v}_0 \end{bmatrix}$$

durch

$$\begin{bmatrix} \Delta\mathbf{v} \\ \Delta\mathbf{x} \end{bmatrix} = \Delta t \begin{bmatrix} \mathbf{M}^{-1}\mathbf{f}(\mathbf{x}_0 + \Delta\mathbf{x}, \mathbf{v}_0 + \Delta\mathbf{v}) \\ \mathbf{v}_0 + \Delta\mathbf{v} \end{bmatrix} \tag{2.4}$$

ersetzt wird. Das implizite Euler-Verfahren wird auch Rückwärts-Euler-Verfahren genannt, da auf der rechten Seite von Gleichung (2.4) auch die veränderlichen Terme enthalten sind und das Integrationsverfahren somit einen Rückwärtsschritt

---

[3]Bei einem instabilen System wächst die Energie stark an.

macht[4]. Da die Kraft $\mathbf{f}$ eine nicht-lineare Funktion sein kann, wird diese durch eine Taylorreihe

$$\mathbf{f}(\mathbf{x}_0 + \Delta\mathbf{x}, \mathbf{v}_0 + \Delta\mathbf{v}) \approx \mathbf{f}_0 + \frac{\partial \mathbf{f}}{\partial \mathbf{x}}\Delta\mathbf{x} + \frac{\partial \mathbf{f}}{\partial \mathbf{v}}\Delta\mathbf{v}$$

zum Zeitpunkt t_0 mit $\mathbf{f}_0 = \mathbf{f}(\mathbf{x}_0, \mathbf{v}_0)$ angenähert. Durch Verwendung der linearisierten Kraft und Substitution von $\Delta\mathbf{x} = \Delta t(\mathbf{v}_0 + \Delta\mathbf{v})$ in Gleichung (2.4) erhält man mittels Umformung das zu lösende lineare Gleichungssystem, wobei $\mathbf{E}$ die Einheitsmatrix ist:

$$\left(\mathbf{E} - \Delta t\, \mathbf{M}^{-1}\frac{\partial \mathbf{f}}{\partial \mathbf{v}} - \Delta t^2\, \mathbf{M}^{-1}\frac{\partial \mathbf{f}}{\partial \mathbf{x}} \right) \Delta\mathbf{v} = \Delta t\, \mathbf{M}^{-1}\left(\mathbf{f}_0 + \Delta t\frac{\partial \mathbf{f}}{\partial \mathbf{x}}\mathbf{v}_0 \right) . \qquad (2.5)$$

Die Matrix dieses Gleichungssystems ist, je nach Simulationsmodell, dünn besetzt und positiv-definit. Ein Beispiel hierfür ist das Gleichungssystem, das aus der expliziten Finite-Elemente-Methode hervorgeht, wie in Abschnitt 3.2 vorgestellt. Somit können schnelle Gleichungssystemlöser wie das konjugierte Gradienten Verfahren [She94] eingesetzt werden. Durch die gewonnene Stabilität des impliziten Euler-Verfahrens (siehe Beispiel in Anhang A) können somit größere Schrittweiten eingesetzt werden, was den Mehraufwand des Lösens des Gleichungssystems wieder rechtfertigt. Dennoch ist die implizite Integration für komplexe Modelle sehr zeitaufwändig und ermöglicht nur mit wenigen[5] Partikeln einen echtzeitfähigen Einsatz. Hierbei ist auch anzumerken, dass das Lösen des Gleichungssystems oft weniger Zeit benötigt als das Aufstellen der Matrix, wenn die Kraftfunktionen komplizierter werden. Weiterhin werden die Zeitschritte oft durch andere Nebenbedingungen, wie z. B. die Kollisionserkennung und -auflösung limitiert. Es bleibt anzumerken, dass das implizite Euler-Verfahren nur die Stabilität verbessert, nicht aber die Genauigkeit. Ein Nachteil der impliziten Integration ist die *numerische Dämpfung* [VMT05], die aber im Animationsbereich meist vernachlässigbar, teilweise im Bereich von Kleidungssimulation sogar gewünscht ist[6].

Anzumerken bleibt, dass die implizite Integration auch für die in Abschnitt 2.4 beschriebenen Starrkörper funktioniert. Hierbei enthält $\mathbf{x}$ die Positionen der Schwerpunkte sowie die Rotationen der einzelnen Starrkörper. Die Variable $\mathbf{v}$ enthält dann die Schwerpunktsgeschwindigkeiten sowie die Winkelgeschwindigkeiten. Dem Autor ist jedoch keine Arbeit bekannt, in der implizite Integration zur Simulation von Starrkörpern verwendet wurde. Die implizite Integration wird meist für die Simulation von Stoffen oder elastischen Körpern verwendet. Starrkörper hingegen

---

[4]Man berechnet die Kraft an der Stelle $t_0 + \Delta t$, so dass $\mathbf{v}(t_0 + \Delta t) - \frac{\Delta t}{m}\mathbf{f}(t_0 + \Delta t) = \mathbf{v}(t_0)$.

[5]Das Verfahren von Parker und O'Brien [PO09], welches in einem aktuellen Spiel zum Einsatz kommt, verwendet nur wenige Hundert oder Tausend Partikel. Durch die Berechnung auf speziellen Prozessoren wie dem Grafikprozessor wird sich dies jedoch in naher Zukunft ändern können.

[6]Jeder Körper auf der Erde erfährt Reibung, z. B. durch die Luft. Nicht gedämpfte Simulationen wirken daher meist unnatürlich.

werden in der Regel durch die in Abschnitt 2.5 beschriebenen Zwangsbedingungen miteinander verbunden, so dass hier Integrationsverfahren höherer Ordnung von größerem Interesse sind.

2.3.3 Integration höherer Ordnung

Beschreibt die Bewegung eines Körpers eine nicht-lineare Bahn, so entsteht bei der Integration mit dem Euler-Verfahren ein Integrationsfehler der Ordnung $O(\Delta t^2)$. Soll dieser Fehler verringert werden, müssen Integrationsverfahren höherer Ordnung eingesetzt werden. Diese verbessern im Allgemeinen nicht die Stabilität, sondern nur die Genauigkeit.

Im Unterschied zum Euler-Verfahren, welches Vorwärtsdifferenzen verwendet, benutzt das *Verlet-Verfahren* [Ver67] Zentraldifferenzen zur Bestimmung der neuen Position $\mathbf{x}(t_0 + \Delta t)$ aus der aktuellen Position $\mathbf{x}(t_0)$ und der vorhergegangenen Position $\mathbf{x}(t_0 - \Delta t)$:

$$\mathbf{x}(t_0 + \Delta t) = \mathbf{x}(t_0) + \Delta t\, \dot{\mathbf{x}}(t_0) + \frac{1}{2}\Delta t^2\, \ddot{\mathbf{x}}(t_0) + \frac{1}{6}\Delta t^3\, \dddot{\mathbf{x}}(t_0) + O(\Delta t^4)$$

$$\mathbf{x}(t_0 - \Delta t) = \mathbf{x}(t_0) - \Delta t\, \dot{\mathbf{x}}(t_0) + \frac{1}{2}\Delta t^2\, \ddot{\mathbf{x}}(t_0) - \frac{1}{6}\Delta t^3\, \dddot{\mathbf{x}}(t_0) + O(\Delta t^4)\,.$$

Die Addition dieser beiden Gleichungen ergibt die neue Position

$$\mathbf{x}(t_0 + \Delta t) = 2\mathbf{x}(t_0) - \mathbf{x}(t - \Delta t) + \Delta t^2\, \ddot{\mathbf{x}}(t_0) + O(\Delta t^4)\,.$$

Diese Integration hat eine Fehlerordnung von $O(\Delta t^4)$. In diesem Verfahren werden allerdings keine Geschwindigkeiten für die Integration verwendet. Werden diese jedoch benötigt, so kann die Geschwindigkeit aus den Positionen bestimmt werden:

$$\mathbf{v}(t) = \frac{\mathbf{x}(t_0 + \Delta t) - \mathbf{x}(t_0 - \Delta t)}{2\Delta t}\,.$$

Alternativ kann das *Leap-Frog-Verfahren* [HLW03] verwendet werden, welches Halbschritte durchführt, um abwechselnd Position und Geschwindigkeit zu bestimmen.

Andere Verfahren höherer Ordnung sind z. B. *Runge-Kutta-Verfahren* [PFTV92, HLW06], die die Kraft an mehreren Stellen in einem Zeitschritt auswerten. So berechnet sich die Position mit $\mathbf{x}(t) = \mathbf{x}_0$ und die Geschwindigkeit mit $\mathbf{v}(t) = \mathbf{v}_0$ mit dem Runge-Kutta-Verfahren zweiter Ordnung durch:

$$\begin{bmatrix} \mathbf{x}(t_0 + \Delta t) \\ \mathbf{v}(t_0 + \Delta t) \end{bmatrix} = \begin{bmatrix} \mathbf{x}_0 + \Delta t\, \mathbf{v}_0 + \frac{1}{2}\Delta t^2\, \mathbf{M}^{-1}\mathbf{f}(\mathbf{x}_0, \mathbf{v}_0) \\ \mathbf{v}_0 + \Delta t\, \mathbf{M}^{-1}\mathbf{f}\left(\mathbf{x}_0 + \frac{1}{2}\mathbf{v}_0, \mathbf{v}_0 + \frac{1}{2}\Delta t\, \mathbf{M}^{-1}\mathbf{f}(\mathbf{x}_0, \mathbf{v}_0)\right) \end{bmatrix}\,.$$

Eine genauere Herleitung des Runge-Kutta-Verfahrens findet sich in Anhang B.

Da die in dieser Arbeit verwendeten Verfahren jedoch für Animationszwecke gedacht sind, werden nur Euler-Verfahren eingesetzt und mehr auf Stabilität als auf Genauigkeit geachtet.

2.4 Simulation von Starrkörpern

Starrkörper sind wichtige Grundbausteine für die dynamische Simulation. Durch ihre einfache Beschreibung können sie sehr effizient simuliert werden und sind deshalb für interaktive Anwendungen sehr interessant. Die Interaktion zwischen Starrkörpern und deformierbaren Körpern erfolgt über Zwangsbedingungen, wie in Abschnitt 2.5 beschrieben oder durch Kollisionen, welche in Kapitel 4 behandelt werden. Eine sehr gute Einführung über die dynamische Simulation von Starrkörpern, die unter anderem als Grundlage für dieses Kapitel dient, ist in [WB97] zu finden. Die Simulation von Starrkörpern mit Zwangsbedingungen wird auch ausführlich in der Arbeit von Bender [Ben07a] behandelt. Einen Überblick über die Forschung der letzten 20 Jahre im Bereich der Simulation von Starrkörpern findet sich in [BETC12].

Ein Starrkörper mit Masse m hat folgende zeitabhängige Zustandsvariablen:

- die Lage seines Schwerpunktes $\mathbf{x}(t) \in \mathbb{R}^3$,

- die Geschwindigkeit des Schwerpunktes $\mathbf{v}(t) \in \mathbb{R}^3$,

- die Rotationsmatrix $\mathbf{R}(t) \in \mathbb{R}^{3\times3}$,

- seine Winkelgeschwindigkeit $\boldsymbol{\omega}(t) \in \mathbb{R}^3$ und

- sein Trägheitstensor $\mathbf{I} \in \mathbb{R}^{3\times3}$.

Im Gegensatz zu einem Partikel mit drei translatorischen Freiheitsgraden hat ein Starrkörper also sechs Freiheitsgrade, die sich aus den drei zusätzlichen rotatorischen Freiheitsgraden ergeben.

2.4.1 Die Bewegungsgleichung

Um das Konzept der Starrkörpersimulation besser zu verstehen, kann man sich einen Starrkörper als eine Menge von n fest miteinander verbundenen Partikeln vorstellen. Die Lage der Partikel mit Massen m_i wird in *lokalen Koordinaten* $\mathbf{q}_i \in \mathbb{R}^3$ des Starrkörpers beschrieben, so dass für den Schwerpunkt des Starrkörpers in lokalen Koordinaten

$$\sum_{i=1}^{n} m_i \mathbf{q}_i = \mathbf{0}$$

gilt. Zu einem beliebigen Zeitpunkt t ist dann die Position $\mathbf{p}_i$ eines Partikels in *Weltkoordinaten* gegeben durch die Rotation $\mathbf{R}(t)$ und den Schwerpunkt $\mathbf{x}(t)$:

$$\mathbf{p}_i(t) = \mathbf{R}(t)\mathbf{q}_i + \mathbf{x}(t) \, . \tag{2.6}$$

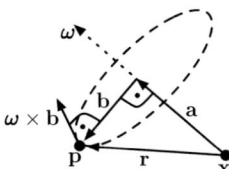

Abbildung 2.1: Um den Zusammenhang zwischen der Winkelgeschwindigkeit ω und der Rotationsmatrix $\mathbf{R}$ herzustellen, wird ein Spaltenvektor $\mathbf{r}$ von $\mathbf{R}$ betrachtet, der in die Vektoren $\mathbf{a}$ und $\mathbf{b}$ zerlegt wird. Da sich der Punkt $\mathbf{p}$ auf einem Kreis orthogonal zu ω mit Radius $\|\mathbf{b}\|$ bewegt, muss seine Änderung in Richtung $\omega \times \mathbf{b}$ mit Länge $\|\omega \times \mathbf{b}\|$ zeigen.

Der Zusammenhang zwischen Geschwindigkeit und Lage eines Partikels ist durch Gleichung (2.2) gegeben. Für die Punktgeschwindigkeit $\mathbf{v}_i(t)$ des Partikels gilt also durch Ableitung von Gleichung (2.6) nach der Zeit t:

$$\mathbf{v}_i(t) = \frac{\mathbf{p}_i(t)}{dt} = \frac{\mathbf{R}(t)}{dt}\mathbf{q}_i + \mathbf{v}(t)\ .$$

Um die Ableitung der Rotation $\mathbf{R}$ zu bestimmen, muss zunächst der Zusammenhang zwischen der Winkelgeschwindigkeit ω und der Rotationsmatrix $\mathbf{R}$ betrachtet werden. Sei $\mathbf{r}$ ein Spaltenvektor der Rotationsmatrix $\mathbf{R}$, der in die Vektoren $\mathbf{r} = \mathbf{a} + \mathbf{b}$ zerlegt wird, wobei $\mathbf{a}$ parallel zu ω und $\mathbf{b}$ senkrecht zu ω ist. Abbildung 2.1 zeigt diesen Sachverhalt. Dann dreht sich der Punkt $\mathbf{p} = \mathbf{x} + \mathbf{r}$ um die Achse ω mit Radius $\|\mathbf{b}\|$. Seine Änderung muss also in Richtung $\omega \times \mathbf{b}$ zeigen und zwar mit der Länge $\|\omega\|\|\mathbf{b}\| = \|\omega \times \mathbf{b}\|$. Mit Hilfe von $\omega \times \mathbf{a} = \mathbf{0}$ folgt nun für die Ableitung von $\mathbf{r}$

$$\frac{d\mathbf{r}}{dt} = \omega \times \mathbf{b} + \omega \times \mathbf{a} = \omega \times (\mathbf{a} + \mathbf{b}) = \omega \times \mathbf{r}$$

und somit

$$\frac{d\mathbf{R}}{dt} = \omega \otimes \mathbf{R}\ ,$$

wobei $\otimes$ das spaltenweise Kreuzprodukt darstellt. Somit ist die Punktgeschwindigkeit des Partikels gegeben durch

$$\begin{aligned}\mathbf{v}_i(t) &= \omega \otimes \mathbf{R}\mathbf{q}_i + \mathbf{v}(t) \\ &= \omega \times (\mathbf{p}_i(t) - \mathbf{x}(t)) + \mathbf{v}(t)\ .\end{aligned}$$

Um die Bewegungsgleichung für Starrkörper aufstellen zu können, wird jedoch zunächst noch der Zusammenhang zwischen der Punktgeschwindigkeit und der Kraft benötigt. Der Zusammenhang zwischen der Schwerpunktsgeschwindigkeit $\mathbf{v}$

und der Kraft $\mathbf{f}$ ergibt sich aus Gleichung (2.1). Wirkt eine Kraft an einem Partikel des Starrkörpers, so verändert sich nicht nur die Schwerpunktsgeschwindigkeit sondern auch seine Winkelgeschwindigkeit. Das Drehmoment

$$\boldsymbol{\tau} = (\mathbf{p}_i(t) - \mathbf{x}(t)) \times \mathbf{f}$$

beschreibt die Achse, um die sich der Starrkörper durch $\mathbf{f}$ beschleunigt. Da die Auswirkung auf $\boldsymbol{\omega}$ durch das Anwenden einer Kraft von der Masseverteilung des Starrkörpers abhängt, beschrieben durch den Trägheitstensor $\mathbf{I} \in \mathbb{R}^{3\times3}$, wird zusätzlich noch der Drehimpuls $\mathbf{L}$ benötigt:

$$\mathbf{L} = \mathbf{I}\boldsymbol{\omega} \,. \tag{2.7}$$

Durch den Zusammenhang zwischen Drehmoment und Drehimpuls

$$\frac{d\mathbf{L}}{dt} = \boldsymbol{\tau}$$

kann nun die Bewegungsgleichung für Starrkörper aufgestellt werden:

$$\frac{d}{dt}\begin{bmatrix}\mathbf{x}\\\mathbf{R}\\\mathbf{v}\\\boldsymbol{\omega}\end{bmatrix} = \begin{bmatrix}\mathbf{v}\\\boldsymbol{\omega}\otimes\mathbf{R}\\\frac{1}{m}\mathbf{f}\\\mathbf{I}^{-1}\boldsymbol{\tau}+\dot{\mathbf{I}}^{-1}\mathbf{L}\end{bmatrix} \,. \tag{2.8}$$

Die Ableitung des inversen Trägheitstensors, der für die Bestimmung von $\dot{\boldsymbol{\omega}}$ benötigt wird, ist im nächsten Abschnitt beschrieben. Alternativ, wie in [WB97] vorgeschlagen, kann auch die Beziehung von $\dot{\mathbf{L}} = \boldsymbol{\tau}$ in der Bewegungsgleichung verwendet und $\boldsymbol{\omega}$ anhand von Gleichung (2.7) bestimmt werden.

2.4.2 Der Trägheitstensor

Der Zusammenhang zwischen Winkelgeschwindigkeit $\boldsymbol{\omega}$ und dem Drehmoment $\boldsymbol{\tau}$ wird über den Trägheitstensor $\mathbf{I}$ hergestellt. Der Trägheitstensor beschreibt hierbei die Masseverteilung des Starrkörpers. Hat man einen Körper mit konstanter Dichte ρ und Volumen V gegeben, so sind die einzelnen Komponenten $\mathbf{I}_{ij}$ des Trägheitstensors durch

$$\mathbf{I}_{ij} = \int_V \rho(\mathbf{r}^2\delta_{ij} - \mathbf{r}_i\mathbf{r}_j)dV$$

gegeben, wobei $\mathbf{r} = \mathbf{p}(t) - \mathbf{x}(t)$ die Ortsvektoren der Punkte im Volumen des Starrkörpers mit Koordinaten $\mathbf{r}_i$ bezüglich des Masseschwerpunktes $\mathbf{x}(t)$ sind und δ_{ij} das Kronecker-Symbol ist:

$$\delta_{ij} = \begin{cases} 1\,, i = j \\ 0\,, i \neq j \end{cases} \,.$$

Für konvexe Polyeder mit konstanter Dichte kann zur Bestimmung des Trägheitstensors das Verfahren von Mirtich [Mir96a] verwendet werden. Trägheitstensoren für einfache geometrische Formen wie die Kugel finden sich in der Dissertation von Bender [Ben07a]. Hat man hingegen n Partikel mit den Ortsvektoren $\mathbf{p}_i(t) - \mathbf{x}(t) = [x_i, y_i, z_i]^{\mathrm{T}}$ gegeben, so kann der Trägheitstensor des Starrkörpers approximiert werden durch

$$\mathbf{I} \approx \sum_{i=1}^{n} m_i \begin{bmatrix} y_i^2 + z_i^2 & -x_i y_i & -x_i z_i \\ -y_i x_i & x_i^2 + z_i^2 & -y_i z_i \\ -z_i x_i & -z_i y_i & x_i^2 + y_i^2 \end{bmatrix} .$$

Es stellt sich heraus, dass der Trägheitstensor, der eine reell symmetrische Matrix ist, von Punkten in Weltkoordinaten abhängt und somit in jedem Simulationsschritt neu berechnet werden müsste. Ersetzt man hingegen die globalen Koordinaten $\mathbf{p}_i(t)$ durch lokale Koordinaten mit Hilfe von Gleichung (2.6), so erhält man den Zusammenhang

$$\mathbf{I} = \mathbf{R} \bar{\mathbf{I}} \mathbf{R}^{\mathrm{T}} ,$$

wobei $\bar{\mathbf{I}}$ den Tensor in lokalen Koordinaten darstellt. Dieser kann also vorberechnet werden. Der inverse Trägheitstensor wird zur Integration der Bewegungsgleichung benötigt und daher auch vorberechnet.

Es fällt auf, dass der Trägheitstensor $\mathbf{I}$ von der Zeit t abhängt. Zur korrekten Ableitung der Winkelgeschwindigkeit aus Gleichung (2.7) muss die Kettenregel angewendet werden

$$\frac{d\boldsymbol{\omega}}{dt} = \left(\frac{d}{dt} \mathbf{I}^{-1} \right) \mathbf{L} + \mathbf{I}^{-1} \boldsymbol{\tau} ,$$

wobei

$$\frac{d}{dt} \mathbf{I}^{-1} = \dot{\mathbf{R}} \bar{\mathbf{I}}^{-1} \mathbf{R}^{\mathrm{T}} + \mathbf{R} \bar{\mathbf{I}}^{-1} \dot{\mathbf{R}}^{\mathrm{T}}$$
$$= \boldsymbol{\omega} \otimes \mathbf{I}^{-1} - \mathbf{I}^{-1} \otimes \boldsymbol{\omega} ,$$

womit man die Euler-Gleichung [Ben07a] erhält:

$$\dot{\boldsymbol{\omega}} = \mathbf{I}^{-1} (\boldsymbol{\tau} - (\boldsymbol{\omega} \times (\mathbf{I}\boldsymbol{\omega}))) .$$

Daran sieht man, dass die Winkelbeschleunigung $\dot{\boldsymbol{\omega}}$ ungleich Null sein kann, selbst wenn für das Drehmoment $\boldsymbol{\tau} = \mathbf{0}$ gilt. Der Körper führt dann eine Taumelbewegung, auch Nutation genannt, durch. Dieser Sachverhalt, wie er zur korrekten Simulation eines Stehaufkreisels [Ben07a] benötigt wird, wird aber oft, z. B. in Spielen, vernachlässigt und es wird der vereinfachte Term $\dot{\boldsymbol{\omega}} = \mathbf{I}^{-1} \boldsymbol{\tau}$ in Gleichung (2.8) verwendet.

2.4.3 Rotation mit Quaternionen

Die numerische Integration der Rotationsmatrix führt in der Praxis zu Problemen. Eine Rotationsmatrix ist eine orthonormale Matrix, d. h. die Spaltenvektoren stehen senkrecht aufeinander und haben die Länge Eins. Dies ist nach der numerischen Integration jedoch im Allgemeinen nicht gewährleistet, es kommt zu einem sogenannten numerischen Drift. Eine Möglichkeit dieses Problem zu beheben, ist die Matrix nach der Integration wieder zu orthogonalisieren und normalisieren [Ben07a]. Alternativ kann zur Beschreibung der Rotation des Körpers die Einheitsquaternion $\mathbf{q} \in \mathbb{R}^4$ verwendet werden. Die Einheitsquaternion $\mathbf{q} = [\cos \frac{\alpha}{2}, \mathbf{a} \sin \frac{\alpha}{2}]$ stellt eine Rotation um die normierte Achse $\mathbf{a}$ mit Winkel α dar. Da die Quaternion die Rotation mit vier Variablen beschreibt, die Rotation aber nur drei Freiheitsgrade enthält, muss, um diese Redundanz zu entfernen, die Quaternion normiert sein. Um den redundanten Freiheitsgrad der Quaternion wieder zu eliminieren, muss die Quaternion nach der Integration normiert werden. Somit wird ein kleinerer numerischer Fehler, im Gegensatz zur Integration mit Rotationsmatrizen erzeugt, da die Drehachse $\mathbf{a}$ beim Normieren erhalten bleibt.

Um die numerische Integration durchführen zu können, wird der Zusammenhang zwischen $\mathbf{q}$ und der Winkelgeschwindigkeit $\boldsymbol{\omega}$ benötigt. Geometrisch beschreibt die Winkelgeschwindigkeit eine Drehung des Starrkörpers um die Achse $\boldsymbol{\omega}$ mit Winkel $\|\boldsymbol{\omega}\|$. Ist $\boldsymbol{\omega}$ konstant, so dreht sich der Starrkörper in der Zeit Δt also um

$$\mathbf{q} = \left[\cos \frac{\|\boldsymbol{\omega}\| \Delta t}{2}, \ \frac{\boldsymbol{\omega}}{\|\boldsymbol{\omega}\|} \sin \frac{\|\boldsymbol{\omega}\| \Delta t}{2} \right]^{\mathrm{T}}.$$

Daraus folgt die Ableitung (siehe z. B. [WB97]) für die Quaternion und somit der Zusammenhang zur Winkelgeschwindigkeit:

$$\dot{\mathbf{q}} = \frac{1}{2}[0, \boldsymbol{\omega}] \mathbf{q} \,. \tag{2.9}$$

Für die Simulation von Starrkörpern wird also die Zustandsvariable $\mathbf{y} = [\mathbf{x}, \mathbf{q}]^{\mathrm{T}} \in \mathbb{R}^7$ verwendet. Die Geschwindigkeit $\mathbf{u} = [\mathbf{v}, \boldsymbol{\omega}]^{\mathrm{T}} \in \mathbb{R}^6$ ist hingegen nur sechsdimensional. Deswegen kann die Beziehung $\dot{\mathbf{x}} = \mathbf{v}$, wie sie für Partikel gilt, nicht ohne weiteres auf die Beziehung $\dot{\mathbf{y}} = \mathbf{u}$ für Starrkörper übertragen werden. Gleichung (2.9) kann jedoch, wie z. B. in [BETC12] beschrieben, durch eine Matrixmultiplikation dargestellt werden

$$\dot{\mathbf{q}} = \mathbf{H} \boldsymbol{\omega} \,,$$

wobei sich die Matrix $\mathbf{H}$ aus der Quaternion $\mathbf{q} = [w, x, y, z]^{\mathrm{T}}$ ergibt:

$$\mathbf{H} = \frac{1}{2} \begin{bmatrix} -x & -y & -z \\ w & z & -y \\ -z & w & x \\ y & -x & w \end{bmatrix} \,.$$

Somit erhält man den Zusammenhang

$$\dot{\mathbf{y}} = \mathbf{G}\mathbf{u} \,,$$

mit der Matrix

$$\mathbf{G} = \begin{bmatrix} \mathbf{E} & \mathbf{0} \\ \mathbf{0} & \mathbf{H} \end{bmatrix} \,.$$

Dabei ist $\mathbf{E}$ die drei-dimensionale Einheitsmatrix.

Dieser Zusammenhang kann nun verwendet werden, um die implizite Integration für Starrkörper zu bestimmen. Hierfür muss allerdings zusätzlich die Massematrix $\mathbf{M}$ erweitert werden, die aus Matrixblöcken $\overline{\mathbf{M}}$ für die einzelnen Starrkörper mit Masse m aufgebaut ist:

$$\overline{\mathbf{M}} = \begin{bmatrix} m\mathbf{E} & \mathbf{0} \\ \mathbf{0} & \mathbf{I} \end{bmatrix} \,.$$

Allerdings sind, wegen der Rotation, die Matrizen $\mathbf{M}$ und $\mathbf{G}$ während eines Zeitschrittes nicht konstant. Vernachlässigt man jedoch diesen Sachverhalt, so erhält man das zu lösende lineare Gleichungssystem nach Gleichung (2.5) zu:

$$\left(\mathbf{M} - \Delta t \frac{\partial \mathbf{f}}{\partial \mathbf{u}} - \Delta t^2 \frac{\partial \mathbf{f}}{\partial \mathbf{y}} \mathbf{G}\right) \Delta \mathbf{v} = \Delta t \left(\mathbf{f}_0 + \Delta t \frac{\partial \mathbf{f}}{\partial \mathbf{y}} \mathbf{G}\mathbf{u}_0\right) \,.$$

Hierbei setzt sich der Kraftvektor $\mathbf{f} = [\overline{\mathbf{f}}, \mathbf{I}^{-1}(\boldsymbol{\tau} - (\boldsymbol{\omega} \times (\mathbf{I}\boldsymbol{\omega})))]^{\mathrm{T}}$ zusammen aus der Kraft $\overline{\mathbf{f}}$, die auf die Schwerpunktsgeschwindigkeit und der Kraft, die auf die Winkelgeschwindigkeit wirkt.

Für die Kollisionserkennung müssen viele Punkte in Weltkoordinaten angegeben werden. Da jedoch die Rotation eines Punktes mit einer Rotationsmatrix weniger Rechenoperationen benötigt als die Rotation eines Punktes mit einem Quaternion, wird nach der numerischen Integration aus dem Quaternion die Rotationsmatrix berechnet. Diese wird dann auch benutzt, um den Trägheitstensor zu aktualisieren.

2.5 Simulation mit Nebenbedingungen

Bisher wurden nur die Bewegungsgleichungen für Partikel und Starrkörper betrachtet. Soll jedoch ein Körper nicht beliebig bewegbar sein, so können *Zwangsbedingungen* in das System eingefügt werden, die die Anzahl der Freiheitsgrade des Systems reduzieren. Die Zwangsbedingungen werden durch Funktionen implizit beschrieben, die von den einzelnen Zustandsgrößen des Körpers, also von der Lage $\mathbf{x}$ und der Geschwindigkeit $\mathbf{v}$, und von der Zeit t abhängen. Dabei wird zwischen zwei unterschiedlichen Arten von Zwangsbedingungen unterschieden (vergleiche [Ben07a] oder [Wag01]).

1. *Holonome Zwangsbedingungen* sind Gleichungen, die von der Lage $\mathbf{x}$ des Systems abhängen:

   $$C(\mathbf{x}, t) = 0 \ .$$

   Mit diesen Bedingungen lassen sich unterschiedliche Gelenkarten, wie z. B. das Kugelgelenk [Ben07a], beschreiben.

2. *Nicht-holonome Zwangsbedingungen* sind Zwangsbedingungen, die zusätzlich von der Geschwindigkeit abhängen oder durch Ungleichungen beschrieben werden. Ungleichungen sind vor allem bei Kollisionen wichtig, um eine Penetration zwischen Körpern zu verhindern.

Um diese Zwangsbedingungen zu lösen, gibt es verschiedene Verfahren, die im Folgenden vorgestellt werden. Die erste Möglichkeit besteht darin, die Zwangsbedingungen in jedem Zeitschritt exakt zu lösen, d. h. die Gleichung bzw. Ungleichung soll erfüllt sein. Verfahren, um dies zu realisieren, werden in den Abschnitten 2.5.1-2.5.3 vorgestellt. Für deformierbare Körper sollen die Zwangsbedingungen hingegen über einen gewissen Zeitraum eingehalten werden, um das elastische Verhalten des Körpers zu modellieren. Dieser Ansatz wird in Abschnitt 2.5.4 behandelt.

2.5.1 Lagrange-Faktoren-Methode

Um Zwangsbedingungen lösen zu können, kann z. B. die *Lagrange[7]-Faktoren-Methode* verwendet werden. Sie wurde in der Arbeit von Ronen Barzel und Alan H. Barr [BB88] zur Simulation von verbundenen Starrkörpern eingesetzt und in der Arbeit von Friedrich Wagner [Wag01] um Geschwindigkeitsbedingungen erweitert. In dieser Methode werden Zwangskräfte berechnet, die zusätzlich zu den externen Kräften angewendet werden, um die Zwangsbedingung einzuhalten. Zur Vereinfachung der Notation, beschreibe $\mathbf{x}$ nun die Positionen aller Körper und der Vektor $\mathbf{C}$ alle Zwangsbedingungen des Systems. Um die Kraft $\mathbf{f} = \mathbf{M}\ddot{\mathbf{x}}$ zu finden, die die Zwangsbedingungen $\mathbf{C}(\mathbf{x}, \dot{\mathbf{x}}, t) = \mathbf{0}$ löst, muss der Zusammenhang zwischen Kraft und Zwangsbedingung hergestellt werden. Hierfür wird die Zwangsbedingung nach der Zeit abgeleitet und auf die Form

$$\mathbf{J}(\mathbf{x}, \dot{\mathbf{x}}, t)\ddot{\mathbf{x}} + \mathbf{c}(\mathbf{x}, \dot{\mathbf{x}}, t) = \mathbf{0}$$

gebracht. Dabei müssen holonome Zwangsbedingungen zweimal und nicht-holonome Zwangsbedingungen, die von der Geschwindigkeit abhängen, einmal nach der Zeit abgeleitet werden. Die Matrix $\mathbf{J}$ ist hier die Jacobi-Matrix von $\mathbf{C}$ nach der Position für holonome bzw. nach der Geschwindigkeit für nicht-holonome

---

[7]Joseph-Louis Lagrange, 1736-1813, war ein italienischer Mathematiker, nach dem der Lagrange-Formalismus benannt ist.

Zwangsbedingungen, $\mathbf{c}$ enthält hingegen alle bekannten, von der Beschleunigung unabhängigen Terme. Zu lösen ist dann das differentialalgebraische Gleichungssystem

$$\dot{\mathbf{v}} = \mathbf{M}^{-1}(\mathbf{f}_e + \mathbf{f}_i)$$
$$\dot{\mathbf{x}} = \mathbf{v}$$
$$\mathbf{J}\dot{\mathbf{v}} + \mathbf{c} = \mathbf{0} \,,$$

wobei $\mathbf{M}$ eine Diagonalmatrix ist, die die Massen der einzelnen Körper beinhaltet. Hierbei wird zwischen externen Kräften $\mathbf{f}_e$, wie z. B. die Gravitation, und internen Kräften $\mathbf{f}_i$, die aus den Zwangsbedingungen resultieren, unterschieden. Durch Substitution und Umformung erhält man das zu lösende lineare Gleichungssystem:

$$\mathbf{J}\mathbf{M}^{-1}\mathbf{f}_i = -\mathbf{J}\mathbf{M}^{-1}\mathbf{f}_e - \mathbf{c} \,. \tag{2.10}$$

Da dieses Gleichungssystem in der Regel unterbestimmt ist, wird die Richtung der Kraft auf die Richtung des Gradienten der Zwangsbedingung beschränkt, und man erhält die Gleichung mit den sogenannten *Lagrange-Faktoren*:

$$\mathbf{f}_i = \mathbf{J}^{T}\boldsymbol{\lambda} \,. \tag{2.11}$$

Diese Formulierung hat nicht nur den Vorteil, dass die kleinst mögliche Kraft angewendet wird, um die Zwangsbedingung einzuhalten, sondern erfüllt auch das physikalische Prinzip der *virtuellen Arbeit* von d'Alembert[8] [GPS06]. Einsetzen von Gleichung (2.11) in Gleichung (2.10) liefert das zu lösende lineare Gleichungssystem:

$$\mathbf{J}\mathbf{M}^{-1}\mathbf{J}^{T}\boldsymbol{\lambda} = -\mathbf{J}\mathbf{M}^{-1}\mathbf{f}_e - \mathbf{c} \,.$$

Somit lassen sich die internen Kräfte bestimmen, die die Zwangsbedingungen erfüllen, und dann die Bewegungsgleichung integrieren.

Es bleibt anzumerken, dass die Lagrange-Faktoren-Methode die Zwangsbedingung nicht immer vollständig erfüllt. Ist eine Zwangsbedingung vor der Integration verletzt, d. h. liegt schon ein konstanter Positionsfehler vor, so verschwindet der entsprechende konstante Term nach zweimaligem Ableiten. Somit wird keine Kraft berechnet, die diesen Positionsfehler wieder ausgleichen würde. Deshalb müssen Stabilisierungsverfahren eingesetzt werden, wie z. B. die Baumgarte-Stabilisierung [Bau72], die zusätzlich diese Fehlerterme mit in die Kraftberechnung aufnehmen. Abbildung 2.2 zeigt das Beispiel eines Partikels, welches durch die Gravitation bewegt wird, mit dem entstehenden Fehler der Lagrange-Faktoren-Methode. Das System hat die Zwangsbedingung $C(\mathbf{x}) := \|\mathbf{x}\| - 1 = 0$. Zweimaliges Ableiten nach der Zeit liefert $\ddot{C}(\mathbf{x}) = \frac{\partial C}{\partial \mathbf{x}}\dot{\mathbf{v}} + \frac{\partial^2 C}{\partial \mathbf{x}^2}\mathbf{v}$. Die Matrix $\mathbf{J}$ ist hier also der Vektor, der vom Partikel zum Zentrum des Kreises zeigt, auf dem sich der Partikel bewegen sollte.

---

[8]Jean-Baptiste le Rond d'Alembert, 1717-1783, war ein französischer Mathematiker und Physiker, bekannt für das d'Alembertsche Prinzip. Es besagt, dass die durch die Zwangskräfte entstehende Verrückung minimal sein muss.

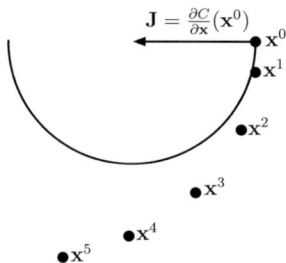

Abbildung 2.2: Wird ein Partikel mit der Gravitation $\mathbf{g} = [0, -0.25]^{\mathrm{T}}$ und der Zwangsbedingung $C(\mathbf{x}) := \|\mathbf{x}\| - 1 = 0$ mit der Lagrange-Faktoren-Methode mit einer Schrittweite von $\Delta t = 1$ simuliert, entsteht ohne zusätzliche Stabilisierung ein Fehler. Die simulierten Positionen des Partikels $\mathbf{x}^1, \ldots, \mathbf{x}^5$ liegen nicht mehr wie gefordert auf dem Kreis.

Wird die Lagrange-Faktoren-Methode zur Simulation von Starrkörper eingesetzt, wirkt die berechnete Kraft auf einen in lokalen Koordinaten gespeicherten Punkt des Starrkörpers. Deswegen verwendet Wagner [Wag01] das sogenannte *Konnektorenprinzip*, das die Zwangsbedingungen in Abhängigkeit lokaler Koordinaten beschreibt. Somit lassen sich die Zwangsbedingungen für Starrkörper, auch unter Verwendung von Quaternionen, sehr einfach beschreiben.

2.5.2 Impulsbasierte Methode

Die von Bender [Ben07a] vorgestellte impulsbasierte Methode ist ähnlich zur Lagrange-Faktoren-Methode, verwendet jedoch Impulse, um die Zwangsbedingungen einzuhalten. Auch hier wird zwischen holonomen und nicht-holonomen Zwangsbedingungen unterschieden. Ziel der impulsbasierten Methode ist es, Korrekturimpulse zu finden, so dass nach der Integration die Zwangsbedingungen des Systems erfüllt sind. Im Gegensatz zur Lagrange-Faktoren-Methode können mit der impulsbasierten Methode auch Fehler korrigiert werden, die schon vor der Integration vorhanden sind. Positionen bzw. Geschwindigkeiten werden auf die Mannigfaltigkeit projiziert, in der die Zwangsbedingungen erfüllt sind. Somit wird kein zusätzliches Stabilisierungsverfahren benötigt.

Ein Korrekturimpuls $\mathbf{p}$, der auf einen Körper der Masse m wirkt, bewirkt eine sofortige Geschwindigkeitsänderung $\Delta\mathbf{v}$, ähnlich zu dem Zusammenhang zwischen Beschleunigung und Kraft:

$$\mathbf{p} = m\Delta\mathbf{v}\,.$$

Zur Herleitung des Verfahrens werden zunächst nur holonome Zwangsbedingungen $\mathbf{C}(\mathbf{x})$ eines Systems betrachtet, die nicht von der Zeit[9] abhängen. Mit Hilfe der

---

[9]Ansonsten ergeben sich noch zeitabhängige Ableitungsterme von $\mathbf{C}$.

zeitlich integrierten Positionen des Systems

$$\mathbf{x}(t + \Delta t) = \mathbf{x}(t) + \Delta t \left(\mathbf{v} + \mathbf{M}^{-1}\mathbf{p}\right) ,$$

wobei $\mathbf{M}$ die diagonale Massematrix aller Körper ist und $\mathbf{v}$ die durch die externe Kraft integrierten Geschwindigkeiten, erhält man den Fehler der Zwangsbedingung, der durch den zu bestimmenden Korrekturimpuls $\mathbf{p}$ null sein soll:

$$\mathbf{C}(\mathbf{x}(t + \Delta t)) = \mathbf{0} .$$

Durch Taylor-Entwicklung der Zwangsbedingung zum Zeitpunkt t mit $\mathbf{J} = \frac{\partial \mathbf{C}}{\partial \mathbf{x}}$ ergibt sich:

$$\mathbf{C}(\mathbf{x}(t + \Delta t)) \approx \mathbf{C}(\mathbf{x}) + \Delta t\,\mathbf{J}\mathbf{v} + \Delta t\,\mathbf{J}\mathbf{M}^{-1}\mathbf{p}$$
$$\approx \mathbf{C}(\mathbf{x} + \Delta t\,\mathbf{v}) + \Delta t\,\mathbf{J}\mathbf{M}^{-1}\mathbf{p} = \mathbf{0} .$$

Die Funktion $\mathbf{C}(\mathbf{x} + \Delta t\,\mathbf{v})$ wird auch *Vorschaufunktion* genannt, da sie den Fehler nach der Integration ohne angewendeten Korrekturimpuls liefert. Hieraus ergibt sich der zu berechnende Korrekturimpuls

$$\mathbf{J}\mathbf{M}^{-1}\mathbf{p} = -\frac{1}{\Delta t}\mathbf{C}(\mathbf{x} + \Delta t\,\mathbf{v}) .$$

Wie bei der Lagrange-Faktoren-Methode wird der Korrekturimpuls auf die Richtung des Gradienten von $\mathbf{C}$ beschränkt

$$\mathbf{p} = \mathbf{J}^{\mathrm{T}}\boldsymbol{\lambda} ,$$

woraus sich das zu lösende lineare Gleichungssystem ergibt:

$$\mathbf{J}\mathbf{M}^{-1}\mathbf{J}^{\mathrm{T}}\boldsymbol{\lambda} = -\frac{1}{\Delta t}\mathbf{C}(\mathbf{x} + \Delta t\,\mathbf{v}) . \tag{2.12}$$

Wegen der Linearisierung der Zwangsbedingung ist der Fehler nach der Anwendung der Korrekturimpulse nicht zwangsweise null. Deswegen wird, ähnlich zum *vereinfachten Newton Verfahren*, die Nullstelle iterativ gesucht, bis der Fehler der Vorschaufunktion unter einem vorgegebenem $\boldsymbol{\varepsilon}$ liegt:

1. Bestimme Korrekturimpuls $\mathbf{p} = -\frac{1}{\Delta t}\mathbf{J}^{\mathrm{T}}\left(\mathbf{J}\mathbf{M}^{-1}\mathbf{J}^{\mathrm{T}}\right)^{-1}\mathbf{C}(\mathbf{x} + \Delta t\,\mathbf{v})$.

2. Aktualisiere Geschwindigkeiten: $\mathbf{v} := \mathbf{v} + \mathbf{M}^{-1}\mathbf{p}$.

3. Falls $\mathbf{C}(\mathbf{x} + \Delta t\,\mathbf{v}) > \boldsymbol{\varepsilon}$ gehe zu Schritt 1.

Die Verwendung des vereinfachten Newton Verfahrens hat den Vorteil, dass die Jacobimatrix $\mathbf{J}$ nur an der Stelle $\mathbf{x}$ ausgewertet werden muss und sich somit nicht in jeder Iteration ändert. Im Gegensatz dazu muss in der im Abschnitt 2.5.3 vorgestellten positionsbasierten Methode, welche ähnlich zum klassischen Newton Verfahren ist, $\mathbf{J}$ in jeder Iteration neu bestimmt werden. Hat man nämlich ein System mit nicht-zyklischen Zwangsbedingungen gegeben, d. h. die verbundenen Körper bilden keine geschlossene Kette, so kann, wie in [Ben07b] vorgestellt, die Gleichung (2.12) in linearer Zeit gelöst werden, da die Faktorisierung mit linearem Aufwand berechnet werden kann. Ein ähnliches Verfahren wurde von David Baraff [Bar96] für die Lagrange-Faktoren-Methode vorgestellt. Da das Newton Verfahren jedoch, abhängig vom Startwert, nicht immer konvergiert, findet die impulsbasierte Methode auch nicht immer eine Lösung. Ein ausführlicher Vergleich zwischen der impulsbasierten Methode und der Lagrange-Faktoren-Methode findet sich in [SBP05]. Er zeigt die Korrektheit des Verfahrens, indem die Fehlerordnung beider Verfahren miteinander verglichen wird. Abbildung 2.3 zeigt das Vorgehen der impulsbasierten Methode anhand des in Abschnitt 2.5.1 vorgestellten Beispiels.

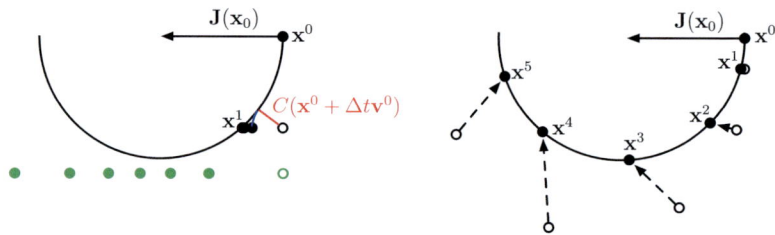

Abbildung 2.3: Wird ein Partikel mit der Gravitation $\mathbf{g} = [0, -0.25]^{\mathrm{T}}$ und der Zwangsbedingung $C(\mathbf{x}) := \|\mathbf{x}\| - 1 = 0$ mit der impulsbasierten Methode mit einer Schrittweite von $\Delta t = 1$ simuliert (rechts), bleibt das Partikel wie gewünscht auf der Kreisbahn. Die unausgefüllten Punkte sind hier die integrierten Positionen vor der Anwendung der Korrekturimpulse. Die Methode konvergiert allerdings nicht immer. Dies wird in diesem Beispiel anhand der Korrektur ersichtlich (links mit $\mathbf{g} = [0, -0.75]^{\mathrm{T}}$ schwarze Punkte), da der Fehler aus der Vorschaufunktion (rot) entlang des Gradienten $\mathbf{J}$ korrigiert wird. Die so korrigierte Position muss aber, z. B. bei $\mathbf{g} = [0, -1.25]$ (grün), nicht mehr in der Nähe des Kreises landen.

Eine weitere Möglichkeit zur Erfüllung der Zwangsbedingungen ist die iterative Methode. Um das lineare Gleichungssystem (2.12) zu lösen, kann eine LU-Faktorisierung der Matrix bestimmt werden. Da diese Matrix jedoch positiv semidefinit ist, kann mit Hilfe des Gauss-Seidel-Verfahrens [CPS92] $\boldsymbol{\lambda}$ iterativ bestimmt werden. Die iterative impulsbasierte Methode geht nun ähnlich wie das Gauss-Seidel-Verfahren vor, fasst aber die Schleife des Newton-Verfahrens mit der Schleife zum Lösen des Gleichungssystems zusammen und berechnet die Korrekturimpulse für die Zwangsbedingungen nacheinander.

Das Verfahren ist wie folgt:

Iteriere über alle Zwangsbedingungen C_i, solange $\mathbf{C}(\mathbf{x} + \Delta t\,\mathbf{v}) > \varepsilon$

1. Berechne die Korrekturimpulse $\mathbf{p}_j$, für die von der Zwangsbedingung C_i betroffenen Körper j.

2. Aktualisiere die Geschwindigkeiten $\mathbf{v}_j$ der betroffenen Körper.

Da sich dann jedoch nach jedem Korrekturschritt die Vorschaufunktion und somit die rechte Seite des linearen Gleichungssystems (2.12) ändert, ist die iterative Methode leicht verschieden zur Gauss-Seidel-Methode. Der Vorteil dieser Vorgehensweise ist, dass Ungleichungen somit direkt behandelt werden können. Alternativ kann jedoch auch das projizierte Gauss-Seidel-Verfahren [CPS92] verwendet werden, das das durch die Hinzunahme der Ungleichungen enstehende lineare Komplementaritätsproblem löst. Ähnlich zur iterativen Methode geht auch das Verfahren von Weinstein et al. [WTF06] vor. Anstatt jedoch den Korrekturimpuls durch die linearisierte Zwangsbedingung zu bestimmen, wird das Newton-Verfahren verwendet, um die nicht-lineare Gleichung zu lösen und solange über alle Zwangsbedingungen iteriert, bis diese erfüllt sind. Diese Iterationen sind deswegen wichtig, da die Korrekturimpulse für eine Zwangsbedingung eine andere Zwangsbedingung wieder verletzen können.

Nach der Positionskorrektur müssen in der impulsbasierten Methode noch die Geschwindigkeitsbedingungen gelöst werden. Wie bei den holonomen Bedingungen wird die Zwangsbedingung linearisiert, um die Korrekturimpulse zu bestimmen. Liegen nur lineare Geschwindigkeitsbedingungen vor, so erhält man die Korrekturimpulse durch einmaliges Lösen von Gleichung (2.12) und benötigt keine Newton-Iterationen.

2.5.3 Positionsbasierte Methode

Ein ähnliches Verfahren zur impulsbasierten Methode ist die positionsbasierte Methode [MHHR07, Mül08]. Anstatt Impulse zu bestimmen, die zur Erfüllung der Zwangsbedingung führen, werden in diesem Verfahren die Positionen direkt verschoben. Dies hat allerdings den Nachteil, dass Geschwindigkeitsbedingungen nicht verwendet werden können. In der impulsbasierten Methode werden die Impulse anhand einer Vorschaufunktion bestimmt, so dass nach der Integration die Zwangsbedingungen erfüllt sind. In der positionsbasierten Methode hingegen wird zunächst integriert und dann werden Positionskorrekturen gesucht, um die Zwangsbedingungen zu erfüllen. Es wird also eine Projektion auf den gültigen Zustandsraum vorgenommen. Wegen der Nichtlinearität der Zwangsbedingungen wird das Newton-Verfahren verwendet, um diese Projektion zu bestimmen.

Sei $\mathbf{x}$ die integrierte Position der Körper im System, $\mathbf{C}$ die Zwangsbedingungen und $\Delta\mathbf{x}$ die gesuchte Positionskorrektur. Mit Hilfe der Taylor-Entwicklung von $\mathbf{C}$

um $\mathbf{x}$ erhält man mit $\mathbf{J} = \frac{\partial \mathbf{C}}{\partial \mathbf{x}}$ die linearisierte Form der Zwangsbedingungen, die nach der Positionskorrektur erfüllt sein sollen:

$$\mathbf{C}(\mathbf{x} + \Delta\mathbf{x}) \approx \mathbf{C}(\mathbf{x}) + \mathbf{J}\Delta\mathbf{x} = 0 \ .$$

Um wieder die kleinste Positionsänderung zu erhalten, wird die Positionskorrektur auf den Gradienten beschränkt:

$$\Delta\mathbf{x} = \mathbf{J}^{\mathrm{T}}\boldsymbol{\lambda} \ .$$

Der Unterschied zur impulsbasierten Methode ist hier, dass sich $\mathbf{J}$ in jedem Newton-Iterationsschritt ändert. In der impulsbasierten Methode war $\mathbf{x}$ die noch nicht integrierte Position, die sich also während der Newton-Iteration nicht verändert hat. Hier hingegen wird $\mathbf{x}$ in jedem Schritt verändert, womit sich auch der Gradient $\mathbf{J}$ ändert.

Anstatt ein lineares Gleichungssystem zu lösen, werden solange iterativ Positionskorrekturen gesucht, bis alle Zwangsbedingungen erfüllt sind oder eine maximale Anzahl an Iterationen erreicht ist. Für eine Zwangsbedingung $C(\mathbf{x}_1, \ldots, \mathbf{x}_n)$, die von den Positionen $\mathbf{x}_1, \ldots, \mathbf{x}_n$ abhängt, ergibt sich somit die Positionskorrektur $\Delta\mathbf{x}_i$ für einen Punkt mit $\nabla_{\mathbf{x}_i} C(\mathbf{x}_1, \ldots, \mathbf{x}_n) = \frac{\partial C(\mathbf{x}_1, \ldots, \mathbf{x}_n)}{\partial \mathbf{x}_i}$ durch

$$\Delta\mathbf{x}_i = -\frac{C(\mathbf{x}_1, \ldots, \mathbf{x}_n)}{\sum_{j=1}^{n} \|\nabla_{\mathbf{x}_i} C(\mathbf{x}_1, \ldots, \mathbf{x}_n)\|^2} \nabla_{\mathbf{x}_i} C(\mathbf{x}_1, \ldots, \mathbf{x}_n) \ .$$

Um eine korrekte Interaktion zwischen Körpern unterschiedlicher Massen zu realisieren, kann die Positionskorrektur mit den skalaren Gewichten w_i für jeden Körper gewichtet werden, womit man die gewichtete Positionskorrektur erhält:

$$\Delta\mathbf{x}_i = -\frac{w_i C(\mathbf{x}_1, \ldots, \mathbf{x}_n)}{\sum_{j=1}^{n} w_j \|\nabla_{\mathbf{x}_i} C(\mathbf{x}_1, \ldots, \mathbf{x}_n)\|^2} \nabla_{\mathbf{x}_i} C(\mathbf{x}_1, \ldots, \mathbf{x}_n) \ . \tag{2.13}$$

Die Gewichte $w_i = \frac{1}{m_i}$ werden auf die inverse Masse der Körper gesetzt. Dies ist in der impulsbasierten Methode automatisch durch die Verwendung der Impulse realisiert worden, bei der die Gewichte in der inversen Massematrix zu finden sind.

Der Ablauf eines Integrationsschrittes ist in der positionsbasierten Methode also wie folgt:

- Integriere die Geschwindigkeiten $\mathbf{v}_i$ der Körper.

- Speichere alte Positionen $\overline{\mathbf{x}}_i = \mathbf{x}_i$.

- Integriere die Positionen $\mathbf{x}_i$ der Körper.

- Projiziere Positionen auf den Lösungsraum mit Hilfe des Newton-Verfahrens:

Bestimme Korrekturen aller Zwangsbedingungen C_i:

1. Berechne Korrekturen $\Delta\mathbf{x}_j$ für alle von der Zwangsbedingung C_i abhängigen Körper nach Gleichung (2.13).
2. Aktualisiere die Positionen $\mathbf{x}_j := \mathbf{x}_j + \Delta\mathbf{x}_j$.

• Aktualisiere die Geschwindigkeiten durch $\mathbf{v}_i = \frac{1}{\Delta t}(\mathbf{x}_i - \overline{\mathbf{x}}_i)$.

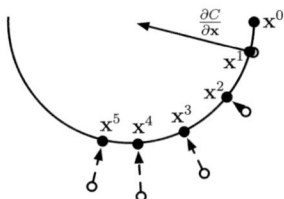

Abbildung 2.4: Simulation eines Partikel, das durch die Gravitation $\mathbf{g} = [0, -0.25]^{\mathrm{T}}$ mit Zwangsbedingung $C(\mathbf{x}) := \|\mathbf{x}\| - 1 = 0$ mit Hilfe der positionsbasierten Methode simuliert wurde. Iterationen sind hier nicht nötig, da durch einmalige Positionskorrektur das Partikel auf dem Kreis zum Liegen kommt. Unausgefüllte Punkte repräsentieren die integrierten Partikelpositionen vor der Korrektur.

Im Vergleich zur impulsbasierten Methode wird also das klassische Newton-Verfahren verwendet, bei dem in jedem Schritt der Gradient neu berechnet werden muss. Dies hat den Vorteil, dass das Verfahren schneller konvergiert. Allerdings ist die positionsbasierte Methode deswegen nicht immer schneller als die impulsbasierte Methode, da in der impulsbasierten Methode der Gradient nur einmal ausgewertet werden muss. Abbildung 2.4 zeigt das simulierte Ergebnis des Beispiels aus Abschnitt 2.5.1 mit Hilfe der positionsbasierten Methode. Hier müssen keine Iterationen angewendet werden, um zur Lösung zu gelangen, da das Partikel durch einmaliges Anwenden der Positionsverschiebung auf dem Kreis zum Liegen kommt. Allerdings dämpft das Verfahren die Bewegung des Partikels (vergleiche Abbildung 2.3 mit Abbildung 2.4).

2.5.4 Kräftebasierte Methode

Im Unterschied zu den bisher vorgestellten Verfahren löst die hier vorgestellte kräftebasierte Methode, die ein Spezialfall der Penalty-Methode [Pla92] ist, bei der noch Dämpfungsterme hinzukommen, die Zwangsbedingung in einem Zeitschritt nicht exakt auf. Stattdessen wird eine Kraft bestimmt, so dass die Zwangsbedingung möglichst gut eingehalten wird. Dieses Verfahren eignet sich deswegen zur Simulation von elastischen Modellen und wird für die in Kapitel 6 vorgestellte Methode verwendet. Im Folgenden werden deshalb nur Partikel betrachtet.

In der kräftebasierten Methode wird zunächst die potentielle Energie E in Abhängigkeit der Zwangsbedingung $C(\mathbf{x}_1, \ldots, \mathbf{x}_n) = 0$, die von den Partikelpositionen $\mathbf{x}_1, \ldots, \mathbf{x}_n$ abhängt, und der Steifigkeitskonstante k definiert:

$$E(\mathbf{x}_1, \ldots, \mathbf{x}_n) = \frac{1}{2} k C(\mathbf{x}_1, \ldots, \mathbf{x}_n)^2 \,,$$

Zur Vereinfachung werden im Folgenden die Funktionsargumente weggelassen. Ist die Zwangsbedingung erfüllt, so ist die Energie null. Je stärker die Zwangsbedingung verletzt ist, desto größer ist sie.

Will man die skalarwertige Funktion E minimieren, so kann das Gradientenabstiegsverfahren verwendet werden. Da der Gradient in Richtung des steilsten Anstiegs zeigt, wird der negative Gradient der Funktion E verwendet. Deswegen wird die Kraft $\mathbf{f}_i$ auf das i-te Partikel angewendet, die durch den negativen Gradienten E bestimmt wird:

$$\mathbf{f}_i(\mathbf{x}_1, \ldots, \mathbf{x}_n) = -\frac{\partial E}{\partial \mathbf{x}_i} = -kC \frac{\partial C}{\partial \mathbf{x}_i} \,.$$

Die Kräfte wirken also immer in die Richtung, in der E und somit die Zwangsbedingung C minimiert wird. Die letztendliche Kraft, die auf ein Partikel während eines Simulationsschrittes einwirkt, ist dann die Summe aller Kräfte basierend auf den Energien, die dieses Partikel berücksichtigen. Wie gut die Zwangsbedingung erfüllt wird, hängt also maßgeblich von der Steifigkeitskonstante k ab. Je nach Integrationsverfahren kann ein zu groß gewähltes k jedoch auch die Zwangsbedingung verschlechtern und somit zur Instabilität der Simulation führen, da sich dann die Energie in jedem Simulationsschritt vergrößert und somit die Zwangsbedingung immer mehr verletzt wird. Beispiele für solche Zwangsbedingungen finden sich z. B. in [BW98] oder in [THMG04].

Sollen diese Kräfte mit dem impliziten Euler-Verfahren integriert werden, so benötigt man zusätzlich noch die Ableitung der Kraft nach der Position:

$$\frac{\partial \mathbf{f}_i}{\partial \mathbf{x}_j} = -k \left(\frac{\partial C}{\partial \mathbf{x}_i} \frac{\partial C}{\partial \mathbf{x}_j}^{\mathrm{T}} + C \frac{\partial^2 C}{\partial \mathbf{x}_i \partial \mathbf{x}_j} \right) \,.$$

Diese Matrizen bilden maßgeblich die Einträge der dünn besetzten Matrix aus Gleichung (2.5). Da die zweiten Ableitungen, je nach Kraftfunktion, aufwändig zu berechnen sind, bildet deren Berechnung meist ein Großteil des Rechenaufwands der impliziten Integration.

2.6 Simulation von Stoffen

Kleidung bzw. allgemein Stoffe sind im Gegensatz zu den in Abschnitt 2.4 behandelten Starrkörpern deformierbar. Im Gegensatz zur Simulation elastischer Körper, wie sie in Kapitel 3 behandelt werden, gehen Stoffe allerdings nicht in ihre

Ausgangslage zurück. Dennoch gibt es zwischen elastischen Körpern und Stoffen Ähnlichkeiten. Elastische Körper können, je nach ihren Materialeigenschaften, inkompressibel sein, d. h. sie erhalten ihr Volumen während der Deformation. Eine ähnliche Eigenschaft besitzen Stoffe. Im Allgemeinen lassen sich diese nämlich nicht beliebig dehnen. Dies liegt daran, dass Stoffe durch die Verwebung von Fäden erstellt werden, womit sie in der Richtung der Fäden nur begrenzt dehnbar sind. Ein zu stark gedehnter Stoff erscheint deswegen meist unnatürlich, ähnlich wie ein deformierbarer Körper mit zu großem Volumenverlust unnatürlich aussehen kann (z. B. in Abbildung 6.5 oder Abbildung 7.9).

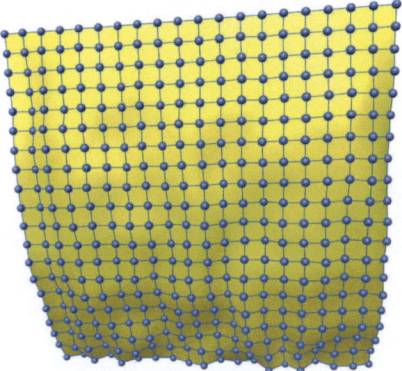

Abbildung 2.5: Um die Dehnbarkeit bei der Simulation von Stoffen zu kontrollieren, werden Distanzgelenke zwischen benachbarten Partikeln verwendet.

Ein Stoff kann z. B. durch eine Menge von Partikeln modelliert werden. Einen Überblick über die Simulation von Stoffen findet sich in [MTV05]. Um die Dehnbarkeit der Stoffe zu beschränken, werden zwischen den Partikeln Zwangsbedingungen eingefügt. Diese können dann z. B. mit Hilfe von Kräften [BW98] eingehalten werden. Um jedoch einen garantiert nicht dehnbaren Stoff simulieren zu können, müssen die Zwangsbedingungen exakt gelöst werden. Hierfür kann z. B. die impulsbasierte Methode, wie in der Arbeit von Bender et al. [BBD09b] vorgestellt, verwendet werden. Das Simulationsmodell, wie es in Abbildung 2.5 zu sehen ist, besteht hier aus einem Vierecksnetz von Partikeln, die über *Distanzgelenke* zwischen den Partikeln i und j mit initialen Abständen l_{ij} verbunden sind:

$$C(\mathbf{x}_i, \mathbf{x}_j) := \|\mathbf{x}_i - \mathbf{x}_j\| - l_{ij} = 0 \,.$$

Zusätzlich wird die Geschwindigkeitsbedingung berücksichtigt, die sich durch die Ableitung der Positionsbedingung nach der Zeit t ergibt:

$$\frac{dC(\mathbf{x}_i, \mathbf{x}_j)}{dt} = (\mathbf{v}_i - \mathbf{v}_j) \frac{\mathbf{x}_i - \mathbf{x}_j}{\|\mathbf{x}_i - \mathbf{x}_j\|} = 0 \,.$$

Aus Dreiecksnetzen bestehende Modelle können nicht direkt benutzt werden, da bei der Verwendung von Distanzgelenken auf den Dreieckskanten keine Scherung mehr zugelassen werden würde. Wie in der Arbeit von Bender et al. [BDB11] gezeigt, kann jedoch eine Kopplung zwischen dem ursprünglichem Dreiecksnetz und einem speziellen Simulationsnetz vorgenommen werden, um diese Limitierung zu umgehen. Somit ist es möglich, aus Dreiecksnetzen bestehende Stoffe zu simulieren. Mit diesem Ansatz simulierte Stoffe sind in Abbildung 2.6 abgebildet.

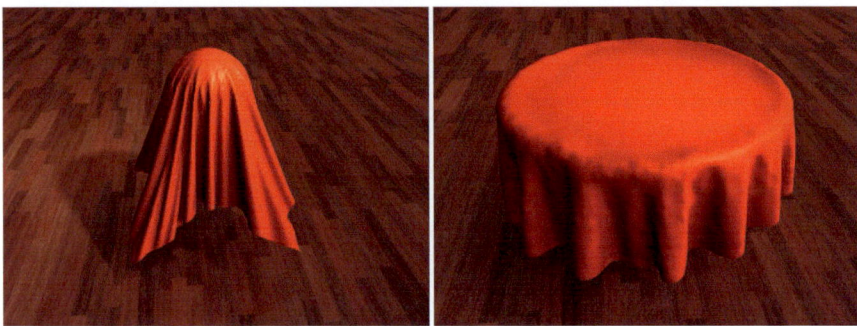

Abbildung 2.6: Durch die Verwendung von Zwangsbedingungen können nicht dehnbare Stoffe simuliert werden, wie z. B. ein Tuch, das über eine Kugel fällt (links). Da beliebige Geometrie jedoch nicht durch Vierecksnetze, wie z. B. ein rundes Tischtuch (rechts), repräsentierbar ist, muss eine Kopplung zwischen dem Simulationsmodell und dem zu visualisierenden Modell, wie in [BDB11] beschrieben, vorgenommen werden.

Da die zu simulierenden Stoffe weit mehr Freiheitsgrade als z. B. Starrkörper haben, sind die zu lösenden Gleichungssysteme deutlich größer. Um dennoch echtzeitfähige Simulationen für komplexe Modelle realisieren zu können, kann die iterative impulsbasierte Methode auf der Grafikkarte berechnet werden. Die Verwendung der iterativen Methode hat den Vorteil, dass Zwangsbedingungen, die sich nicht direkt gegenseitig beeinflussen, parallel abgearbeitet werden können. Hierfür kann das Simulationsnetz, wie von Bayer et al. [BBD09a] beschrieben, in vier unabhängige Gruppen von Zwangsbedingungen eingeteilt werden, die jeweils parallel auf der Grafikkarte gelöst werden. Zusätzlich können bei der Berechnung der Korrekturimpulse schon berechnete Werte wiederverwendet werden, um die Rechenlast weiter zu reduzieren [BDB09].

Kapitel 3

Simulation elastischer Körper

Im Gegensatz zur Simulation von Starrkörpern stellt die Simulation von Weichkörpern eine größere Herausforderung dar. Der Zustand eines Starrkörpers kann durch wenige Parameter beschrieben und somit sehr schnell simuliert werden. Doch schon bei der Simulation eines Kleidungsstückes steigt die benötigte Rechenzeit drastisch an, da deutlich mehr Freiheitsgrade beachtet und simuliert werden müssen. Im Gegensatz zur Kleidungssimulation benötigen Verfahren zur Simulation elastischer volumetrischer Körper jedoch meist mehr Rechenzeit, da es sich hier um drei-dimensionale Körper handelt und somit noch mehr Freiheitsgrade berücksichtigt werden müssen.

Eine der ersten Arbeiten in der Computergrafik über die Simulation elastischer Körper sind die Arbeiten von Terzopoulos et al. [TPBF87, TW88]. Dort wird das elastische Verhalten von Körpern und die dazugehörige Bewegungsgleichung deformierbarer Körper beschrieben und die Diskretisierung des kontinuierlichen Problems mittels finiter Differenzen gezeigt. Alternative Diskretisierungen für linear elastische Körper sind z. B. die Finite-Elemente-Methode [OH99], die genauer in Abschnitt 3.2 beschrieben wird, die Finite-Volumen-Methode [TBHF03], die im Falle linearer Basisfunktionen identisch zur Finite-Elemente-Methode ist oder die Randelementmethode [JP99], bei der eine Diskretisierung der Oberfläche des Körpers vorgenommen wird. Rein die Oberfläche zu verwenden hat den Vorteil, dass weniger Elemente für die Diskretisierung im Gegensatz zur Finite-Elemente-Methode verwendet werden müssen und somit Rechenzeit eingespart werden kann. Allerdings ist die Randelementmethode nur für leichte Deformationen geeignet, da keine Informationen über das Deformationsverhalten im Inneren des Körpers berücksichtigt werden. Wu et al. [WDGT01] konnten zeigen, dass sich durch die Verwendung adaptiver Verfahren basierend auf hierarchischen Netzen [Hop96] auch nicht-linear elastische Körper interaktiv simulieren lassen. Dies ist z. B. für die medizinische Simulation wichtig, da der Zusammenhang zwischen Spannung und Verzerrung von Organen bei großen Deformationen nicht-linear ist. Adaptive Verfahren werden oft verwendet, um die Komplexität der Modelle zu reduzieren. Hierbei können sowohl die Elemente, wie in der Arbeit von Capell et al. [CGC+02] beschrieben, als auch die Basisfunktionen, wie im Verfahren von Grinspun et al. [GKS02] gezeigt, unterteilt werden. Durch die Unterteilung kann eine bessere Approximation der Lösung erreicht werden.

Alternativ zur diskretisierten Beschreibung des kontinuierlichen Modells elastischer Körper werden Masse-Feder-Systeme [DSB99] verwendet, da sie meist schneller zu berechnen sind und dennoch visuell plausible Resultate liefern. Bei einem kontinuierlichen Modell strebt die Lösung, wenn man die Diskretisierung feiner auflöst, gegen die korrekte Lösung des Modells und es liegt bei der Lösung der Bewegungsgleichung sowohl eine zeitliche als auch eine räumliche Disktretisierung vor. Bei einem Masse-Feder-Modell hingegen muss die Bewegung bei feinerer Unterteilung nicht gegen die korrekte Lösung streben. Die Kräfte für ein Masse-Feder-System ergeben sich aus Zwangsbedingungen, wie in der Arbeit von Teschner et al. [THMG04] beschrieben und können, wie in Kapitel 6 gezeigt, sehr schnell berechnet werden. Daher ist das Verfahren von Teschner et al. [THMG04] für Echtzeitanwendungen geeignet. Es wird in dem in Kapitel 6 entwickelten Verfahren verwendet und um eine Volumenerhaltung erweitert.

Die Stabilität von Masse-Feder-Systemen und Diskretisierungsverfahren wie der Finite-Elemente-Methode hängt maßgeblich von der verwendeten Integration ab. Nur durch die Verwendung impliziter Integrationsverfahren, wie in Abschnitt 2.3.2 beschrieben, können steife Materialien stabil simuliert werden. Um dies zu umgehen, können alternativ geometrisch motivierte Ansätze, wie in der Arbeit von Müller et al. [MHTG05] vorgestellt, verwendet werden. Diese werden ausführlich in Kapitel 7 behandelt.

Eine Übersicht über verschiedene Verfahren zur Simulation deformierbarer Körper in der Computergrafik ist in [GM97] und [NMK+05] gegeben.

3.1 Kontinuierliches Modell

Elastische Körper werden in der Kontinuumsmechanik [MKN+04,OH99,NMK+05, Sla02] durch eine gleichmäßige Massenverteilung beschrieben. Zunächst wird der Körper in seinem undeformierten Zustand durch seine Punkte beschrieben, deren Koordinatenvektoren $\mathbf{m} \in \mathbb{R}^3$ *Materialkoordinaten* genannt werden. Die Punkte des deformierten und bewegten Körpers $\mathbf{x}(\mathbf{m}) = \mathbf{u}(\mathbf{m}) + \mathbf{m}$ erhält man durch Addition eines kontinuierlichen Vektorfeldes $\mathbf{u}(\mathbf{m})$. Die Koordinaten der Punkte $\mathbf{x}$ werden auch als *Weltkoordinaten* bezeichnet. Abbildung 3.1 veranschaulicht diese Beziehungen.

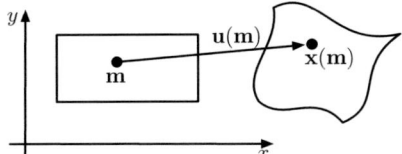

Abbildung 3.1: Die Materialkoordinaten $\mathbf{m}$ werden durch ein kontinuierliches Vektorfeld $\mathbf{u(m)}$ auf die Weltkoordinaten $\mathbf{x(m)}$ abgebildet, um den deformierten Zustand des Objekts zu beschreiben.

Um die Deformation zu beschreiben, wird der Greensche Verzerrungstensor

$$\boldsymbol{\varepsilon} = \frac{1}{2}\left(\frac{\partial \mathbf{u}}{\partial \mathbf{m}} + \frac{\partial \mathbf{u}}{\partial \mathbf{m}}^{\mathrm{T}} + \frac{\partial \mathbf{u}}{\partial \mathbf{m}}\frac{\partial \mathbf{u}}{\partial \mathbf{m}}^{\mathrm{T}}\right) = \frac{1}{2}\left(\frac{\partial \mathbf{x}}{\partial \mathbf{m}}^{\mathrm{T}}\frac{\partial \mathbf{x}}{\partial \mathbf{m}} - \mathbf{E}\right) \; ,$$

der invariant gegenüber Rotation und Translation des Körpers ist, verwendet. Die Matrix $\mathbf{E}$ ist hier die Einheitsmatrix. Alternativ kann, um Rechenoperationen einzusparen, der linearisierte Cauchy[1] Verzerrungstensor

$$\boldsymbol{\varepsilon} = \frac{1}{2}\left(\frac{\partial \mathbf{u}}{\partial \mathbf{m}} + \frac{\partial \mathbf{u}}{\partial \mathbf{m}}^{\mathrm{T}}\right) = \frac{1}{2}\left(\frac{\partial \mathbf{x}}{\partial \mathbf{m}} + \frac{\partial \mathbf{x}}{\partial \mathbf{m}}^{\mathrm{T}}\right) - \mathbf{E}$$

verwendet werden. Dieser sollte allerdings nur für kleine Deformationen eingesetzt werden, da er gegenüber Rotationen nicht invariant ist. Um den linearen Tensor dennoch für große Deformationen einsetzen zu können, kann mit Hilfe einer Polarzerlegung (siehe Anhang E) $\frac{\partial \mathbf{x}}{\partial \mathbf{m}} = \mathbf{RA}$ der Rotationsanteil eliminiert werden [MG04, MDM$^+$02]. Hierbei ist $\mathbf{R}$ eine orthonormale und $\mathbf{A}$ eine symmetrische Matrix.

Wird ein linear-elastisches Material angenommen, erhält man die Spannung $\boldsymbol{\sigma}$ im Körper resultierend aus der Deformation $\boldsymbol{\varepsilon}$ mit dem verallgemeinerten Hookeschen[2] Gesetz

$$\boldsymbol{\sigma}_{ij} = \sum_{k=1}^{3}\sum_{l=1}^{3} C_{ijkl}\boldsymbol{\varepsilon}_{kl} \; ,$$

wobei $\mathbf{C}$ mit gewissen materialspezifischen Elementen C_{ijkl} ein Tensor vierten Grades ist. Nimmt man ein isotropes, also ein in alle Richtungen gleich deformierendes Material an, vereinfacht sich diese Beziehung zu

$$\boldsymbol{\sigma} = \lambda \mathrm{Spur}(\boldsymbol{\varepsilon})\mathbf{E} + 2\mu\boldsymbol{\varepsilon} \; ,$$

---

[1]Augustin Louis Cauchy, 1789-1789, war ein französischer Mathematiker, der unter anderem die lineare Elastizitätstheorie entwickelte.

[2]Robert Hooke, 1635-1702, war ein englischer Wissenschaftler, nach dem das proportionale Gesetz zwischen Deformation und Kraft benannt ist.

mit den materialspezifischen Konstanten λ und μ. Diese Parameter sind auch als die Lamé[3]-Konstanten bekannt. Oft wird in der Literatur auch die Beziehung zwischen Spannung und Verzerrung mit Hilfe des Youngschen[4] Elastizitätsmoduls E und der Poissonschen[5] Querdehnungszahl ν angegeben. Hierbei gilt der Zusammenhang [Sla02]:

$$E = \frac{\mu(3\lambda + 2\nu)}{\lambda + \nu} > 0$$
$$\nu = \frac{\lambda}{2(\lambda + \mu)} \in \left[-1, \frac{1}{2}\right] \, .$$

Diese beiden Konstanten geben die Materialeigenschaften anschaulicher an als die Lamé-Koeffizienten. Das Youngsche Elastizitätsmodul beschreibt die Proportionalitätskonstante des Hookeschen Gesetzes zwischen Spannung und Verzerrung. Die Poissonsche Querdehnungszahl gibt an, wie sich das Volumen unter Spannung verändert. Für $\nu = \frac{1}{2}$ ist der Körper volumenerhaltend. Ein Beispiel hierfür ist Gummi, der annähernd volumenerhaltend ist. Negative Werte für ν gibt es selten, hier dehnt sich das Material unter Druck aus. Solche Materialien werden als *auxetische Materialien* bezeichnet. Ein Material mit Poissonscher Querdehnungzahl von annährend null ist z. B. Kork, weshalb dieser sich gut als Flaschenverschluss eignet.

Soll sich das Modell zusätzlich plastisch deformieren können, also nicht wieder komplett in seine Ruhelage nach zu großer Krafteinwirkung zurück gehen, so kann der Verzerrungstensor entsprechend modifiziert werden. In der Arbeit von O'Brien et al. [OBH02] wird hierfür der Verzerrungstensor in einen elastischen und einen plastischen Teil zerlegt. Nur der elastische Anteil wird für die Berechnung des Spannungstensors und der so resultierenden Kräfte verwendet. Somit wird ein Teil der Deformation beibehalten.

Wie bei einer Feder können auch die Deformationen durch das Material gedämpft werden. Hierfür wird der Verzerrungsgeschwindigkeitstensor verwendet, der sich aus der Ableitung des Verzerrungstensors nach der Zeit ergibt:

$$\boldsymbol{\nu} = \frac{d\boldsymbol{\varepsilon}}{dt} \, .$$

Daraus kann analog zum Spannungstensor der Spannungsgeschwindigkeitstensor $\boldsymbol{\sigma}^{\nu}$ bestimmt werden, der im isotropischen Fall wieder von zwei materialspezifischen

---

[3]Nach Gabriel Lamé, 1795-1870, einem französischer Mathematiker, sind die Materialparameter für linear-elastische, isotrope Materialien benannt.

[4]Thomas Young, 1773-1829, war ein englischer Physiker, nach dem die Materialkonstante benannt wurde, die den Zusammenhang zwischen Spannung und Verzerrung angibt.

[5]Nach Siméon Denis Poisson, 1781-1840, einem französischer Mathematiker und Physiker, wurde die elastische Konstante benannt, die den Zusammenhang zwischen Spannung und Volumenveränderung angibt.

Konstanten abhängt. Da der Spannungsgeschwindigkeitstensor von der zeitlichen Ableitung des Verzerrungstensors abhängt, werden nur Deformationen und keine Starrkörperbewegungen gedämpft.

Um die Kraft, die auf einen Punkt wirkt, berechnen zu können, muss zunächst die elastische potentielle Energie E und die dämpfende potentielle Energie D (vergleiche dazu auch das Vorgehen aus Abschnitt 2.5.4) über das Volumen V des Körpers bestimmt werden:

$$E = \frac{1}{2}\int_V \boldsymbol{\varepsilon} \cdot \boldsymbol{\sigma}\, dV = \frac{1}{2}\int_V \sum_{i=1}^{3}\sum_{j=1}^{3} \varepsilon_{ij}\boldsymbol{\sigma}_{ij}\, dV$$

$$D = \frac{1}{2}\int_V \boldsymbol{\nu} \cdot \boldsymbol{\sigma}^{\boldsymbol{\nu}}\, dV = \frac{1}{2}\int_V \sum_{i=1}^{3}\sum_{j=1}^{3} \boldsymbol{\nu}_{ij}\boldsymbol{\sigma}_{ij}^{\boldsymbol{\nu}}\, dV\ .$$

Hierbei bezeichnet das Produkt $\cdot$ die Spur von $\boldsymbol{\varepsilon}^{\mathrm{T}}\boldsymbol{\sigma}$. Die Kraft ist dann der negative Gradient nach der Position bzw. nach der Geschwindigkeit der jeweiligen potentiellen Energie:

$$\mathbf{f}^{\boldsymbol{\varepsilon}} = -\nabla E = -\nabla\frac{1}{2}\int_V \boldsymbol{\varepsilon}\cdot\boldsymbol{\sigma}\,dV = -\nabla\frac{1}{2}\int_V \boldsymbol{\varepsilon}\cdot\mathbf{C}\boldsymbol{\varepsilon}\,dV = -\int_V \boldsymbol{\sigma}\cdot\frac{\partial\boldsymbol{\varepsilon}}{\partial\mathbf{x}}\,dV \quad (3.1)$$

$$\mathbf{f}^{\boldsymbol{\nu}} = -\nabla D = -\int_V \boldsymbol{\sigma}^{\boldsymbol{\nu}}\cdot\frac{\partial\boldsymbol{\nu}}{\partial\mathbf{v}}\,dV\ . \quad (3.2)$$

Die so gewonnenen Kräfte können nun verwendet werden, um die Bewegungsgleichung elastischer Körper mit Masse m und externer Kraft $\mathbf{f}$ zu integrieren:

$$m\ddot{\mathbf{x}} = \mathbf{f}^{\boldsymbol{\varepsilon}} + \mathbf{f}^{\boldsymbol{\nu}} + \mathbf{f}\ .$$

Um diese Differentialgleichung zu lösen, muss also nicht nur zeitlich, sondern auch räumlich diskretisiert werden. Wie im nächsten Kapitel zu sehen ist, lässt sich das Volumenintegral durch die räumliche Diskretisierung sehr einfach berechnen.

3.2 Diskretisierung des Modells

Um die Bewegungsgleichung linear-elastischer Körper lösen zu können, muss zunächst eine räumliche Diskretisierung vorgenommen werden. Dies kann durch die Finite-Elemente-Methode realisiert werden. Anstatt die Funktion $\mathbf{x}(\mathbf{m}, t)$ direkt zu bestimmen, werden bestimmte, noch unbekannte Positionen $\mathbf{x}_i(t) := \mathbf{x}(\mathbf{m}_i, t)$ des Körpers gesucht. Dabei wird die kontinuierliche Funktion mit Hilfe der Positionen und Basisfunktionen $B_i(\mathbf{m})$ approximiert:

$$\mathbf{x}(\mathbf{m}, t) \approx \sum_i \mathbf{x}_i(t)B_i(\mathbf{m})\ .$$

Im Allgemeinen (z. B. mit Hilfe der Galerkin Methode [KMBG08]) müssen die $\mathbf{x}_i$ mit Hilfe eines Optimierungsverfahrens bestimmt werden. Deswegen wird in der Computergrafik oft die sogenannte explizite Finite-Elemente-Methode [OH99, DDCB01] eingesetzt, bei der lineare Basisfunktionen verwendet werden. Hier werden Partikel für die Positionen $\mathbf{x}_i$ verwendet und die Masse des Körpers auf die Partikel verteilt. Für die räumliche Unterteilung werden Tetraeder mit Ecken $\mathbf{m}_i$ verwendet, über denen die Basisfunktionen $B_i(\mathbf{m})$ linear sind, so dass $B_i(\mathbf{m}_i) = 1$ und $B_i(\mathbf{m}_j) = 0$ für $i \neq j$.

Sei ein Tetraeder in undeformiertem Zustand mit den Ecken $\mathbf{m}_1, \ldots, \mathbf{m}_4$ gegeben, so sind die Materialkoordinaten $\mathbf{m}$ über dem Tetraeder durch die baryzentrischen Koordinaten $\mathbf{b} = [B_1, \ldots, B_4]^{\mathrm{T}}$ gegeben durch

$$\begin{bmatrix} \mathbf{m} \\ 1 \end{bmatrix} = \begin{bmatrix} \mathbf{m}_1 & \mathbf{m}_2 & \mathbf{m}_3 & \mathbf{m}_4 \\ 1 & 1 & 1 & 1 \end{bmatrix} \mathbf{b} \, .$$

Die Weltkoordinaten $\mathbf{x}$ und die Geschwindigkeit $\mathbf{v}$ sind durch die deformierten Positionen $\mathbf{x}_1, \ldots, \mathbf{x}_4$ des Tetraeders mit Geschwindigkeiten $\mathbf{v}_1, \ldots, \mathbf{v}_4$ gegeben durch

$$\begin{bmatrix} \mathbf{x} \\ 1 \end{bmatrix} = \begin{bmatrix} \mathbf{x}_1 & \mathbf{x}_2 & \mathbf{x}_3 & \mathbf{x}_4 \\ 1 & 1 & 1 & 1 \end{bmatrix} \mathbf{b}$$

und

$$\begin{bmatrix} \mathbf{v} \\ 1 \end{bmatrix} = \begin{bmatrix} \mathbf{v}_1 & \mathbf{v}_2 & \mathbf{v}_3 & \mathbf{v}_4 \\ 1 & 1 & 1 & 1 \end{bmatrix} \mathbf{b} \, .$$

Somit erhält man den Zusammenhang zwischen Materialkoordinaten und Weltkoordinaten durch

$$\mathbf{x}(\mathbf{m}) = \underbrace{\begin{bmatrix} \mathbf{x}_1 & \mathbf{x}_2 & \mathbf{x}_3 & \mathbf{x}_4 \end{bmatrix}}_{=: \mathbf{X}} \underbrace{\begin{bmatrix} \mathbf{m}_1 & \mathbf{m}_2 & \mathbf{m}_3 & \mathbf{m}_4 \\ 1 & 1 & 1 & 1 \end{bmatrix}^{-1}}_{=: \mathbf{H}} \begin{bmatrix} \mathbf{m} \\ 1 \end{bmatrix}$$

und

$$\mathbf{v}(\mathbf{m}) = \underbrace{\begin{bmatrix} \mathbf{v}_1 & \mathbf{v}_2 & \mathbf{v}_3 & \mathbf{v}_4 \end{bmatrix}}_{=: \mathbf{V}} \mathbf{H} \begin{bmatrix} \mathbf{m} \\ 1 \end{bmatrix} \, .$$

Die Matrix $\mathbf{H}$ kann vorberechnet werden, da sich die Materialkoordinaten $\mathbf{m}_i$ während der Simulation nicht verändern. Bei der Netzgenerierung ist jedoch wichtig, dass keine spitzwinkligen Tetraeder im Modell erzeugt werden, um numerische Probleme bei der Berechnung von $\mathbf{H}$ zu vermeiden.

Um die Kräfte $\mathbf{f}_i^\varepsilon$ und $\mathbf{f}_i^\nu$ zu bestimmen, die auf die Partikel des Tetraeders wirken, müssen zunächst die Tensoren, die sich maßgeblich aus den partiellen Ableitungen von $\mathbf{x}$ und $\mathbf{v}$ nach $\mathbf{m}$ ergeben, bestimmt werden. Wegen der Linearität von $\mathbf{x}(\mathbf{m})$ und $\mathbf{v}(\mathbf{m})$ sind deren Ableitungen konstant:

$$\frac{\partial \mathbf{x}}{\partial \mathbf{m}} = \mathbf{XH} \begin{bmatrix} 1 & 0 & 0 \\ 0 & 1 & 0 \\ 0 & 0 & 1 \\ 0 & 0 & 0 \end{bmatrix} \tag{3.3}$$

$$\frac{\partial \mathbf{v}}{\partial \mathbf{m}} = \mathbf{VH} \begin{bmatrix} 1 & 0 & 0 \\ 0 & 1 & 0 \\ 0 & 0 & 1 \\ 0 & 0 & 0 \end{bmatrix} .$$

Die Kräfte aus den Gleichungen (3.1) und (3.2), die an den Partikeln wirken, werden durch Integration über den Volumen V der Tetraeder bestimmt. Diese ergeben sich nach Anhang C zu:

$$\mathbf{f}_i^\varepsilon = -\frac{1}{2} V \sum_{j=1}^{4} \mathbf{x}_j \sum_{k=1}^{3} \sum_{l=1}^{3} (h_{ik} h_{jl} + h_{jk} h_{il}) \boldsymbol{\sigma}_{kl}$$

$$\mathbf{f}_i^\nu = -\frac{1}{2} V \sum_{j=1}^{4} \mathbf{x}_j \sum_{k=1}^{3} \sum_{l=1}^{3} (h_{ik} h_{jl} + h_{jk} h_{il}) \boldsymbol{\sigma}_{kl}^\nu .$$

Hierbei sind h_{ij} die Elemente der Matrix $\mathbf{H}$.

Da bei realistischen Materialkonstanten die resultierenden Kräfte sehr groß werden, muss bei expliziter Zeitintegration die Schrittweite sehr klein gewählt werden, um eine stabile Simulation zu gewährleisten. Für eine stabile implizite Integration müssen zusätzlich die Ableitungen der Kräfte nach der Position bzw. nach der Geschwindigkeit der Partikel bestimmt werden:

$$\mathbf{K}_{ij} = \frac{\partial \mathbf{f}_i^\varepsilon}{\partial \mathbf{x}_j}$$

$$\mathbf{D}_{ij} = \frac{\partial \mathbf{f}_i^\nu}{\partial \mathbf{v}_j} .$$

Setzt man diese Matrixblöcke für die einzelnen Partikel in den Matrizen $\mathbf{K}$ und $\mathbf{D}$ zusammen, so erhält man das zu lösende Gleichungssystem[6] mit der Diagonalmatrix $\mathbf{M}$, die die Massen der Partikel enthält, aus Gleichung (2.5):

$$\left(\mathbf{M} - \Delta t\, \mathbf{D} - \Delta t^2\, \mathbf{K} \right) \Delta \mathbf{v} = \Delta t\, \mathbf{f} + \Delta t^2\, \mathbf{Kv}$$

---

[6]Die Vektoren $\mathbf{f}$ und $\mathbf{v}$ sind hier die Konkatenation aller Kräfte und Geschwindigkeiten der einzelnen Partikel.

Die Matrix $\mathbf{K}$ wird als *Steifigkeitsmatrix* und die Matrix $\mathbf{D}$ als *Dämpfungsmatrix* bezeichnet.

Anstatt die Dämpfungsmatrix über den Verzerrungsgeschwindigkeitstensor zu bestimmen, kann $\mathbf{D}$ auch alternativ durch eine Linearkombination der Matrizen $\mathbf{M}$ und $\mathbf{K}$ bestimmt werden [PO09]. Diese Methode nennt sich *Rayleighdämpfung* [LG95] und spart viel Rechenzeit, da die Berechnung der Matrizen meist mehr Rechenzeit benötigt als das Lösen des Gleichungssystems.

Ein großes Problem bei der Berechnung des Verzerrungstensors stellen invertierte Tetraeder dar, da die daraus resultierenden Kräfte die richtige Orientierung des Tetraeders nicht wiederherstellen können. Ob ein Tetraeder invertiert ist, kann anhand der Determinante von $\frac{\partial \mathbf{x}}{\partial \mathbf{m}}$ überprüft werden. Ein Tetraeder ist genau dann nicht invertiert, wenn Folgendes gilt:

$$\det \frac{\partial \mathbf{x}}{\partial \mathbf{m}} = \det \mathbf{F} > 0 \quad .$$

Anstatt eine Matrix $\mathbf{F}$ mit negativer Determinante direkt zu benutzen, verwenden Irving et al. [ITF04] eine Singulärwertzerlegung (siehe Anhang E zur Bestimmung der Singulärwertzerlegung mit positiver Determinante) von $\mathbf{F}$, um eine neue Matrix mit positiver Determinante zu bekommen.

Alternativ zur Diskretisierung mit der Finite-Elemente-Methode mit Hilfe von Tetraedern können auch sogenannte *netzfreie Methoden* eingesetzt werden. Ähnlich zur Finite-Elemente-Methode wird mit Hilfe von Basisfunktionen das zugrundeliegende Modell anhand von Partikeln diskretisiert. Der Vorteil von netzfreien Methoden besteht darin, dass physikalische Effekte, wie z.B. das Brechen des Körpers oder Aggregatzustandswechsel von fest zu flüssig einfacher modellierbar sind, da keine Topologieänderungen betrachtet werden müssen. Anstatt eine feste Topologie vorzugeben, werden die physikalischen Größen an einem Punkt durch bekannte, in Partikeln gespeicherte, physikalische Werte in einer Umgebung des Punktes approximiert. Die Idee dieser Vorgehensweise wird auch bei Flüssigkeitssimulationen mit der *Smoothed-Particle-Hydrodynamics*-Methode verwendet, wie sie sehr gut beschrieben in [AW09] oder in [Mon05] zu finden ist. Da die Smoothed-Particle-Hydrodynamics-Methode konstante Funktionen im Allgemeinen nicht erhalten kann, würden durch den somit approximierten Verzerrungstensor falsche Kräfte bei Starrkörperbewegungen erzeugt[7]. Um dieses Problem zu umgehen, verwenden Müller et al. [MKN+04] die *Moving-Least-Squares*-Methode [LS81]. Hier muss nicht nur eine gewichtete Summe über benachbarte Partikel bestimmt werden, sondern ein Gleichungssystem gelöst werden. Dabei wird ein Polynom gesucht, das die Daten möglichst gut approximiert. Dazu werden die Koeffizienten des Polynoms ermittelt, die den quadratischen Fehler zwischen dem Polynom und den in den Partikeln gespeicherten Werten minimiert. Da netzfreie Methoden im Allgemeinen das Volumen nicht gut erhalten können, verwenden Müller et al. [MKN+04]

---

[7]Der Tensor würde sich bei Starrkörperbewegungen verändern.

noch einen zusätzlichen Kraftterm anhand der Determinante von $\mathbf{F}$, um eine negative Determinante zu vermeiden.

Um die Diskontinuitäten bei Materialbrüchen simulieren zu können, verwenden Pauly et al. [PKA$^+$05] spezielle Sichtbarkeitsbedingungen, um die Umgebung eines Punktes in der Nähe der Brüche korrekt darzustellen. Zusätzlich können mit dieser Methode plausible Interpolationen zwischen verschiedenen Posen eines Körpers realisiert werden, indem, wie in der Arbeit von Adams et al. [AOW$^+$08] beschrieben, zusätzliche Kraftterme verwendet werden. Die Behandlung von Zwangsbedingungen, wie sie z. B. für die Interaktion von Starrkörpern und deformierbaren Körpern mit Hilfe netzfreier Methoden benötigt wird, ist in der Arbeit von Markus Becker [Bec09] beschrieben. Eine ausfürliche Übersicht über verschiedene netzfreie Methoden findet sich in [FM04].

3.3   Volumenerhaltung

Die Simulation volumenerhaltender Körper ist sehr wichtig für Animationen, da ein zu großer Volumenverlust unnatürlich aussehen kann. Doch nicht nur für Animationen spielt die Volumenerhaltung eine wichtige Rolle. Auch bei der Simulation von Organen, wie z. B. bei der Simulation von Muskeln [HJCW06], ist die Volumenerhaltung wichtig. Da Organe zum Großteil aus Wasser bestehen, das nahezu inkompressible Eigenschaften aufweist, sollte das Volumen akkurat erhalten bleiben. Andere Anwendungsgebiete für volumenerhaltende Deformationen sind z. B. Skinning-Verfahren [vFTS08], bei denen ein Netz, das über ein Skelett gelegt wird, nach der Deformation zur Volumenerhaltung nochmals angepasst werden muss. In [vFTS08] wird ein skalarer Faktor durch Lösen einer kubischen Gleichung bestimmt, der verwendet wird, um das Netz so zu skalieren, dass das Volumen während der Deformation erhalten bleibt. Dies stellt allerdings eine globale Volumenerhaltung dar. Da bei Skinning-Verfahren jedoch unterschiedliche Teile des Netzes mit unterschiedlichen Knochen bewegt werden, kann ein hierarchisches Vorgehen realisiert werden, so dass bei einer Volumenkorrektur nur die Teile des Netzes verändert werden, die zum aktuell bewegten Knochen gehören.

Für Masse-Feder-Systeme, wie in der Arbeit von Teschner et al. [THMG04], werden meistens spezielle Kraftfunktionen definiert, um einen zu großen Volumenverlust zu verhindern. So verwenden z. B. Nedel und Thalmann [NT98] spezielle Federkräfte, um das Volumen bei der Deformation von Muskeln besser zu erhalten. Dieses Verfahren garantiert keine exakte Volumenerhaltung. In Kapitel 5 wird daher eine Möglichkeit vorgestellt, wie das Volumen bei einem Masse-Feder-System mit Hilfe von Impulsen korrekt erhalten werden kann.

Für kontinuierliche Modelle hingegen sagt die Theorie, dass das Volumen genau dann erhalten wird, wenn für die Poissonsche Querdehnungszahl $\nu = \frac{1}{2}$ gilt. Je nach

Diskretisierungsverfahren ergeben sich hieraus in der Praxis Probleme. Da netzfreie Methoden die physikalischen Größen nur anhand der Partikel in einer Umgebung schätzen, muss meist noch eine zusätzliche Kraft angewendet werden [MKN+04], um einen zu großen Volumenverlust zu vermeiden.

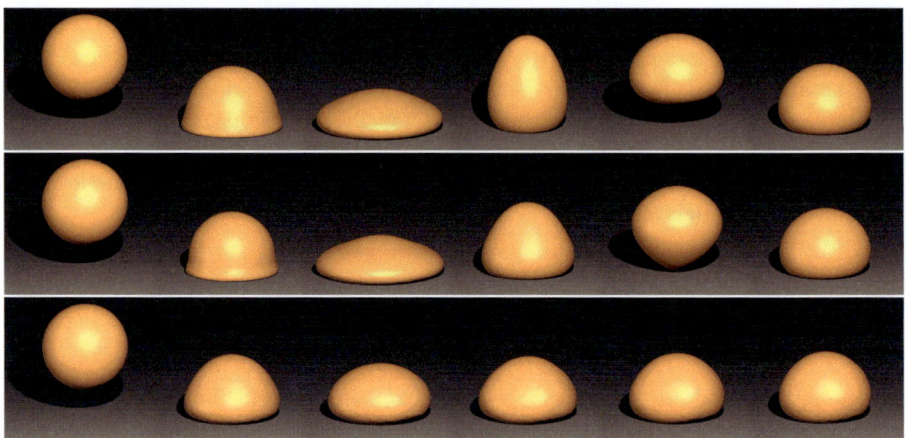

Abbildung 3.2: Wird die Poissonsche Querdehnungszahl $\nu = 0.45$ verwendet (Mitte), so entsteht ein Volumenverlust von über 15% bei der Deformation der Kugel. Durch Verwendung einer größeren Querdehnungszahl ($\nu = 0.499$) reduziert sich der Volumenverlust zwar auf 2% (unten), es kommt jedoch aufgrund der Verklemmungsprobleme zu unschönen Artefakten. Die Methode von Irving et al. [ISF07] löst dieses Problem durch Projektion der Geschwindigkeiten auf ein divergenzfreies Geschwindigkeitsfeld und kann somit den Volumenverlust auf 1% reduzieren (oben). Quelle: [ISF07].

Bei der expliziten Finite-Elemente-Methode treten außerdem sogenannte *Verklemmungsprobleme* auf. Für eine perfekte Volumenerhaltung müsste jeder einzelne Tetraeder sein Volumen erhalten. Ein Tetraedernetz mit n Partikeln hat $3n$ Freiheitsgrade, aber ungefähr $4n$ Tetraeder[8]. Formuliert man dieses Problem mit Zwangsbedingungen, so erhält man also ein überbestimmtes Gleichungssystem, worauf die Verklemmungsprobleme zurückzuführen sind. Das Verklemmungsproblem bei der Verwendung einer großen Querdehnungszahl zeigt Abbildung 3.2. Um dieses Problem zu lösen, schlagen Irving et al. [ISF07] vor, eine kleinere Querdehnungszahl zu verwenden und stattdessen das Volumen jedes Eins-Rings[9] von Tetraedern um einen Partikel herum zu erhalten. Um dies zu realisieren, wird, ähnlich wie bei der Flüssigkeitssimulation [Bri08], eine Projektion der Geschwindigkeiten auf ein divergenzfreies Geschwindigkeitsfeld berechnet. Diese Idee wird im Verfahren

---

[8]Bei Körpern ohne Rand $5n$.

[9]Der Eins-Ring eines Partikels besteht aus allen Tetraedern, die das Partikel enthalten.

von Diziol et al. [DBB11], das in Kapitel 7 beschrieben wird, aufgegriffen, um inkompressible Oberflächen zu simulieren.

Deformieren sich Körper plastisch, d. h. kommen sie nicht mehr vollständig in ihre Ruhelage zurück, kann zusätzlicher Volumenverlust entstehen, wenn das von O'Brien et al. [OBH02] vorgeschlagene Plastizitätsmodell verwendet wird. Deswegen schlagen Bargteil et al. [BWHT07] ein Plastizitätsmodell vor, das das Volumen besser erhält. In der Arbeit von Irving et al. [ISF07] wurden keine plastischen Deformationen verwendet, so dass hier nicht klar ist, wie sich das Verfahren unter der Verwendung des Plastizitätsmodells von O'Brien et al. [OBH02] verhält.

Auch für die in Kapitel 7 vorgestellte Geometrie-Anpassung wurde schon eine einfache Volumenerhaltung vorgestellt. Das effiziente Verfahren von Rivers und James [RJ07] hingegen realisiert keinerlei Volumenerhaltung. Dadurch kann es zu Deformationen kommen, die nicht immer visuell plausibel aussehen. Deswegen verwenden Takamatsu und Kanai [TK09] eine Skalierung des Netzes nach der Deformation, ähnlich zu dem Ansatz in von Funck et al. [vFTS08]. Dies ermöglicht jedoch nur eine globale Volumenerhaltung. Diese Limitierung wird mit dem in Kapitel 7 entwickelten neuen Ansatz gelöst.

Kapitel 4

Kollisionserkennung und -auflösung

Um zu verhindern, dass sich zwei Körper während der Simulation durchdringen, müssen Kollisionen erkannt werden. Dies ist die Aufgabe der *Kollisionserkennung*. Die so gewonnenen Informationen können dann verwendet werden, um die durch die Bewegung der Körper entstandenen Durchdringungen während der *Kollisionsauflösung* zu beheben.

In dieser Arbeit wurden keine neuen Verfahren zur Kollisionserkennung und deren Auflösung entwickelt. Es werden lediglich bekannte Verfahren vorgestellt, die für die in dieser Arbeit verwendeten Simulationen benutzt wurden. Da sich diese Arbeit mit deformierbaren Körpern beschäftigt, werden hier nur Algorithmen für deren Kollisionserkennung vorgestellt. Diese können auch für Starrkörper verwendet werden. Allerdings gibt es auch spezielle Algorithmen für Starrkörper, wie z. B. den GJK-Algorithmus [GJK88], die Kollisionen zwischen Starrkörpern deutlich schneller bestimmen können. Einen Überblick für die Kollisionserkennung von Starrkörpern findet sich z. B. in [BETC12].

Prinzipiell wird ein Simulationsschritt mit Kollisionserkennung und -auflösung wie folgt realisiert: Zunächst werden die Körper, die insbesondere von der Zeit abhängen, integriert, um eine Vorschau der Körper zu erhalten. Mit den Vorschaupositionen wird dann eine Kollisionserkennung durchgeführt. Für jede erkannte Durchdringung wird der Zeitpunkt bestimmt, an dem sich die Körper berühren. Nun wird der Simulationsschritt erneut durchgeführt und zwar bis zu dem Zeitpunkt, an dem die erste Berührung und somit Kollision stattgefunden hat. Durch Hinzufügen einer Zwangsbedingung kann die Kollisionsauflösung mit Hilfe von Newtons Stoßgesetz, beschrieben in Abschnitt 4.2.1, die Geschwindigkeiten verändern, um die Kollision korrekt zu behandeln. Da nur die Geschwindigkeiten, nicht aber die Positionen der Körper verändert werden, müssen keine neuen Durchdringungen gesucht werden. Leider ist der Zeitpunkt der Kollision im Allgemeinen analytisch nicht bestimmbar. Dieser wird deswegen, z. B. mittels Bisektion des Zeitintervalls, angenähert und der Simulationsschritt mit angepasster Schrittweite solange wiederholt, bis keine Durchdringung von Körpern mehr vorliegt. Allerdings kann somit die Schrittweite der Simulation sehr klein werden. Deswegen kann alternativ das System mit einer festen Schrittweite simuliert werden, wobei die durch die Kollisionen hinzugefügten Zwangsbedingungen die Positionen der Körper verändern müssen, um die Durchdringungen aufzulösen. Somit können allerdings neue, noch nicht erkannte Kollisionen entstehen. Um diese zu erkennen, muss die Kollisionserkennung erneut mit den neuen Vorschaupositionen durchgeführt, die so entstandenen Durchdringungen als neue Zwangsbedingungen dem System hinzugefügt und der Simulationsschritt wiederholt werden. Diese Schritte müssen solange wiederholt werden, bis keine Durchdringungen mehr vorliegen. Abbildung 4.1 zeigt ein Beispiel für diese Problematik.

| Anfangs-
zustand | Vorschau mit
Kollisions-
erkennung | Resultat nach
Kollisions-
auflösung | Wiederholte
Kollisions-
erkennung | Kollisions-
freier
Zustand |

Abbildung 4.1: Um Zwangsbedingungen für kollidierende Körper in das System hinzuzufügen, wird zunächst eine Kollisionserkennung für die Vorschaupositionen der Körper durchgeführt. Körper, die Teil einer Zwangsbedingung für die Kollisionsauflösung sind, werden rot dargestellt. Danach wird das System mit den neuen Zwangsbedingungen integriert. Dies kann jedoch zu neuen Kollisionen führen, womit erneut die Kollisionserkennung durchgeführt werden muss. Für neue Kollisionen werden zusätzliche Zwangsbedingungen eingefügt, um einen komplett kollisionsfreien Zustand zu erhalten.

Für echtzeitfähige Simulationen ist dieses Vorgehen jedoch nicht praktikabel. Die Kollisionserkennung benötigt einen Großteil der Rechenzeit eines Simulationsschrittes. Deshalb wird in jedem Simulationsschritt die Kollisionserkennung nur einmal durchgeführt. Nicht erkannte Kollisionen, die durch Lösen der Zwangsbedingungen entstehen, werden erst im nächsten Zeitschritt berücksichtigt. Um aber möglichst viele solcher Fälle auszuschließen, werden Zwangsbedingungen in das System eingefügt, schon bevor sich eine Kollision ereignet. Kommen sich zwei Körper zu nahe, wird eine Zwangsbedingung eingefügt, die das Durchdringen der beiden Körper verhindern soll. Wie gut dieses Vorgehen funktioniert, hängt maßgeblich mit dem Abstand zusammen, ab dem eine mögliche Kollision in das System eingefügt wird. Effektiv müsste der Abstand in Relation zur maximalen Geschwindigkeit aller Körper gewählt werden, um alle möglichen Kollisionen im Vorfeld zu erkennen. Je größer der mögliche Abstand gewählt wird, desto langsamer wird allerdings die Kollisionserkennung, da mehr mögliche Kollisionen geprüft werden müssen. Aus diesem Grund wird meist ein fixer Abstand gewählt.

Die Kollisionserkennung für deformierbare Körper wird im folgenden Abschnitt behandelt. Dabei wird auf die zwei hier verwendeten Modelle eingegangen - Dreiecksnetze und Tetraedernetze - die in dieser Arbeit verwendet werden. Die Kollisionsauflösung wird in Abschnitt 4.2 beschrieben.

4.1   Kollisionserkennung

Kollisionserkennungsalgorithmen können in zwei Kategorien eingeteilt werden: *Diskrete* und *kontinuierliche* Kollisionserkennungen. Bei der diskreten Kollisionserkennung wird nur getestet, ob ein Körper zu einem vorgegebenen Zeitpunkt in einen anderen Körper eingedrungen ist. Bei großen Geschwindigkeiten der Körper oder bei großer Schrittweite können allerdings nicht alle Durchdringungen ermittelt werden. So kann es passieren, dass sich zwei Körper vor und nach der zeitlichen Integration nicht durchdringen, ihre kontinuierliche Bewegung jedoch nicht kollisionsfrei ist. Kontinuierliche Kollisionserkennungen verfolgen hingegen die Bahn, auf der sich zwei Körper bewegen, um eine Kollision zu erkennen.

Je nach Simulationsmodell des Körpers gibt es verschiedene Algorithmen zur Kollisionserkennung. Eine sehr effiziente Methode für die Kollisionserkennung zwischen deformierbaren Körpern und Starrkörpern ist die Verwendung von Distanzfeldern. Dem Starrkörper wird ein Distanzfeld zugeordnet, sodass sehr schnell entschieden werden kann, ob ein Partikel des deformierbaren Körpers im Starrkörper enthalten ist. So verwenden beispielsweise Bridson et al. [BMF03] für animierte Charaktere mehrere Distanzfelder für die einzelnen Teile des Körpers, um die Kollisionen mit der simulierten Kleidung zu erkennen. Die Aktualisierung der Distanzfelder für deformierbare Körper ist selbst unter Verwendung der Fast-Marching-Methode [OF02] zeitaufwändig. Deswegen werden für die Kollisionserkennung zwischen deformierbaren Körpern meist keine Distanzfelder, sondern die in Abschnitt 4.1.2 und 4.1.3 beschriebenen Techniken eingesetzt. Einen Überblick über verschiedene Algorithmen zur Kollisionserkennung deformierbarer Körper findet sich z. B. in [TKZ$^+$04].

Die Kollisionserkennung läuft gewöhnlich in zwei Schritten ab. In einem ersten Schritt, der sogenannten in Abschnitt 4.1.1 beschriebenen *Broad-Phase*, werden zunächst Kollisionspaare von möglichen miteinander kollidierenden Körpern ermittelt. In der *Narrow-Phase* werden diese Paare genauer auf Kollisionen untersucht. Allerdings muss auch in der zweiten Phase eine schnelle Auswahl möglicher Kollisionskandidaten der einzelnen Primitiven anhand von verschiedenen Datenstrukturen bzw. Algorithmen getroffen werden. Sonst müssten alle Primitive der beiden Objekte auf Kollisionen überprüft werden. Dieser zusätzliche Schritt wird auch als *Mid-Phase* bezeichnet, da er zwischen der Broad-Phase und der Narrow-Phase ausgeführt wird.

4.1.1 Erkennung möglicher Kollisionspaare

Sind in einem Simulationssystem n Körper vorhanden, müssen alle Paare von Körpern auf Kollision getestet werden. Dies bedeutet, dass n^2 Kollisionstests durchgeführt werden müssen. Da zwischen den meisten Paaren jedoch keine Kollisionen vorliegen, wird zunächst eine Auswahl an Körpern getroffen, die auf Kollision zu testen sind. Hierfür wird der Algorithmus *Sweep and Prune* verwendet, den Baraff in seiner Dissertation [Bar92] als *Sort and Sweep* vorgestellt hat.

Für jeden Körper wird in jedem Simulationsschritt der achsenparallele Hüllquader bestimmt. Nur wenn sich diese Hüllquader zweier Körper schneiden, muss ein Kollisionstest durchgeführt werden. Für jede räumliche Achse besteht der Hüllquader aus einem Intervall $[a_i, e_i]$. Die Hüllquader zweier Körper schneiden sich, falls sich die beiden Intervalle auf allen drei Raumachsen überlappen. Um die Überlappungen der Intervalle zu finden, werden die Intervallgrenzen a_i und e_i für jede Raumachse mit $O(n \log n)$ Aufwand sortiert. Die überlappenden Intervalle können in $O(n)$ ermittelt werden. Die zeitliche Kohärenz zwischen den Simulationsschritten wird zur weiteren Reduzierung der mittleren Laufzeit genutzt. Der vorangegangene Simulationsschritt liefert eine Liste der sich überlappenden Hüllquader, die zu aktualisieren ist. Hierfür werden in jeder Raumachse die aus dem vorangegangenen Simulationsschritt sortierten Intervalle abgelaufen. Wird eine Intervallgrenze entdeckt, die im aktuellen Zeitschritt falsch einsortiert ist, wird durch sukzessives Vertauschen der Intervallgrenzen die Sortierung wiederhergestellt. Dieses Vorgehen ist auch als *Insertionsort* bekannt. Dabei können zwei Fälle auftreten. Einerseits kann die Vertauschung dazu führen, dass sich zwei Intervalle in der Sortierung nicht mehr überlappen. In diesem Fall wird das Kollisionspaar aus der Liste entfernt. Führt die Vertauschung andererseits zu einer Intervallüberlappung, werden die Hüllquader auf Überlappung getestet. Dieser Test hat einen konstanten Zeitaufwand. In diesem Fall wird das Kollisionspaar in die Liste eingefügt. Da durch die zeitliche Kohärenz in der Regel nur wenige Vertauschungen vorgenommen werden müssen, liegt der mittlere Aufwand des Algorithmus in $O(n)$. Die so gewonnene Liste von möglichen Kollisionspaaren wird dann verwendet, um die Körper auf echte Kollisionen zu prüfen. Je nach Sorte von Körpern werden spezielle Algorithmen aufgerufen, die die Primitiven der Körper auf Kollisionen überprüfen. Die Narrow-Phase kann sehr leicht parallelisiert werden, indem jedem Thread ein Kollisionspaar zugeteilt wird.

4.1.2 Kollisionserkennung für Tetraedernetze

Die in Kapitel 5 und 6 entwickelten Algorithmen verwenden Tetraedernetze zur Simulation deformierbarer Körper. Da es bei hinreichend fein aufgelösten Tetraedernetzen für visuell plausible Ergebnisse genügt, Kollisionen zwischen Partikeln und Tetraedern zu erkennen, wird auf Kollisionstests zwischen Kanten und Tetraedern verzichtet. Tetraedernetze haben den Vorteil, dass der Test, ob ein Punkt im Inneren des Körpers liegt, sehr einfach zu realisieren und somit eine Durchdringung der beiden Körper schnell festzustellen ist. Ein Punkt liegt im Inneren des Körpers, wenn er in einem Tetraeder liegt. Allerdings können so nicht alle Kollisionen erkannt werden, da es sich hier um eine diskrete Kollisionserkennung handelt.

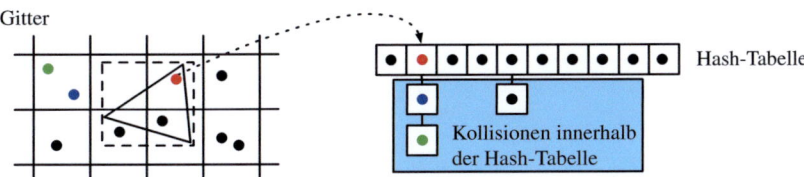

Abbildung 4.2: Für eine schnelle Kollisionserkennung zwischen Partikeln und Tetraedern werden die Partikel zunächst in eine Hash-Tabelle eingefügt. Dabei enthält die Hash-Tabelle für jede ihrer Zellen eine Liste aller Partikel, die in der Zelle der Hash-Tabelle liegen. Danach wird der Hüllquader des Tetraeders verwendet, um mögliche Kollisionen der Partikel anhand der Hash-Tabelle zu ermitteln.

Um zu verhindern, dass alle Ecken des Tetraedernetzes mit allen möglichen Tetraedern auf Kollision getestet werden müssen, kann der Algorithmus von Teschner et al. [THM+03] verwendet werden. Der Algorithmus unterteilt den Raum in Zellen gleicher Größe. Die Ecken des Tetraedernetzes werden in die Zellen eingefügt. Der achsenparallele Hüllquader wird für jeden Tetraeder bestimmt und alle Zellen betrachtet, die er schneidet. Für jede Ecke in einer betrachteten Zelle werden die baryzentrischen Koordinaten im Bezug auf die Tetraederecken berechnet, um so eine Durchdringung zu ermitteln. Teschner et al. verwenden keine Vorverarbeitung, wie in Abschnitt 4.1.1 beschrieben, um mögliche Kollisionspaare zu ermitteln. Stattdessen wird eine Hash-Tabelle verwendet, um alle möglichen Raumzellen auf eine begrenzte Anzahl von Zellen abzubilden. Teschner et al. stellen empirisch fest, dass die benötigte Rechenzeit für die Kollisionserkennung stark von der Größe der Zellen abhängt. Eine optimale Laufzeit wird erreicht, wenn das Verhältnis von Kantenlänge der Zellen zur durchschnittlichen Kantenlänge des Tetraeder ungefähr eins ist. Sind die Zellen zu groß, müssen zu viele Ecken in den Zellen auf Kollision mit einem Tetraeder getestet werden. Sind sie hingegen zu klein, überlappt der Tetraeder viele Zellen, womit unnötig viele Hash-Zugriffe notwendig sind. Allerdings kann bei diesem Vorgehen keine optimale Zellengröße für Körper mit unterschiedlich fein aufgelösten Tetraedernetzen gefunden werden. Deshalb wird in dieser Arbeit für jeden Körper ein eigenes Gitter mit angepasster Zellengröße verwendet. Wie in Abbildung 4.2 zu sehen ist, werden durch Kollisionen in der Hash-Tabelle auch Punkte auf Kollision mit einem Tetraeder getestet, die räumlich weit voneinander entfernt sein können. Durch die Verwendung einzelner Hash-Tabellen für jeden Körper können Kollisionen innerhalb der Hash-Tabelle verringert werden.

Der Speicheraufwand ist bei geschickter Implementierung jedoch identisch, da der Speicher für die Hash-Tabelle nur einmal allokiert werden muss. Sind Kollisionspaare (K_i, K_j) aus der Vorverarbeitung gegeben, so werden diese zunächst anhand der Indizes des ersten Körpers sortiert. Die sortierte Liste der Kollisionspaare enthält sowohl das Paar (K_i, K_j), als auch das Paar (K_j, K_i). Die Narrow-Phase wird anhand der sortierten Kollisionspaare durchgeführt. Ändert sich der erste Körper im Kollisionspaar, muss die Hash-Tabelle neu bestimmt werden. Somit muss für jeden Körper die Hash-Tabelle nur einmal bestimmt werden. Bei paralleler Ausführung der Narrow-Phase muss für jeden Thread eine Hash-Tabelle allokiert werden.

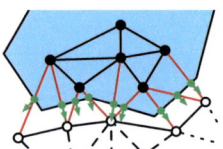 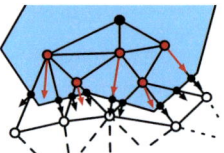 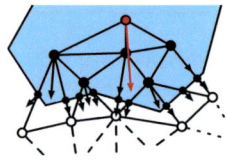

Abbildung 4.3: Um die Auflösungsrichtung zu bestimmen, werden zunächst (links) die Kanten (rot) mit der Oberfläche geschnitten und die Oberflächennormalen der Schnittpunkte bestimmt (grün). Aus den Normalen werden dann (Mitte) die Richtungen (rot) für die am Rand liegenden Partikel bestimmt. Für weiter im Inneren liegende Partikel (rechts) werden diese Richtungen propagiert.

Zur Realisierung einer Kollisionsauflösung bei erkannter Kollision ist auch die Bestimmung der Richtung erforderlich, in der die Kollision aufzulösen ist. Gerade bei großen Durchdringungen bzw. sehr kleinen Tetraedern kann ein Partikel in einem Tetraeder enthalten sein, der nicht am Rand des Tetraedernetzes liegt. Heidelberger et al. [HTK+04] erweitern deswegen den ursprünglichen Ansatz von Teschner et al., um die Richtungen zur Kollisionsauflösung zu bestimmen. Zunächst werden, wie oben beschrieben, die Kollisionen der Partikel mit den Tetraedern bestimmt. Für jede Kante, die ein kollidierendes und ein nicht kollidierendes Partikel besitzt, wird der Schnitt der Kante mit der Oberfläche des Tetraedernetzes sowie die Oberflächennormale im Schnittpunkt bestimmt. Da ein Partikel mehrere ausgehende Kanten besitzen kann, die mit der Oberfläche geschnitten werden, ergibt sich die Richtung für die Kollisionsauflösung aus dem Mittel aller bestimmten Oberflächennormalen an den Schnittpunkten. Dabei werden die Oberflächennormalen mit dem Abstand des Partikels zur Oberfläche gewichtet. In einem zweiten Schritt werden alle Richtungen für weiter im Inneren liegende kollidierte Partikel bestimmt. Hierfür wird, ausgehend von Partikeln mit schon bestimmter Richtung, sukzessive die Richtung nach innen propagiert, indem die Richtungen von über Kanten verbundenen Partikeln gemittelt werden. Analog werden die Eindringtiefen der Partikel nach innen propagiert, die zur Gewichtung der Richtungen verwendet werden. Abbildung 4.3 veranschaulicht dieses Vorgehen schematisch. Heidelberger et al. [HTK+04] verwenden die so bestimmten Richtungen, um die Partikel mit Hilfe von Kräften wieder aus dem Netz zu ziehen. Somit wird die Durchdringung allerdings nicht zwangsweise in einem Zeitschritt aufgelöst.

In dieser Dissertation hingegen wird die Richtung verwendet, um ausgehend vom Partikel den Schnitt mit der Oberfläche zu bestimmen. Somit erhält man einen Punkt auf der Oberfläche, der für die Kollisionsauflösung, wie sie in Abschnitt 4.2.1 beschrieben wird, verwendet werden kann.

Dieses Verfahren kann auch für die Kollision zwischen Starrkörpern und deformierbaren Körpern verwendet werden. Hierfür müssen nur hinreichend viele Punkte auf der Oberfläche des Starrkörpers verteilt werden, die auf Kollision mit dem deformierbaren Körper getestet werden. Für den Starrkörper kann ein Distanzfeld erzeugt werden, sodass auch die Ecken des Tetraedernetzes schnell auf Kollision mit dem Starrkörper überprüft werden können. Die Richtung zur Kollisionsauflösung ergibt sich aus dem Gradient des Distanzfeldes.

4.1.3 Kollisionserkennung für geschlossene Dreiecksnetze

Im neuen in Kapitel 7 entwickelten Verfahren wird nur die Oberfläche eines Körpers verwendet und durch ein geschlossenes Dreiecksnetz repräsentiert. Die Entscheidung, ob ein Punkt innerhalb des Körpers ist, kann somit nicht so einfach wie bei einem Tetraedernetz getroffen werden. Auch Distanzfelder eignen sich hier nicht, da die Zeit zum Aktualisieren des Distanzfeldes sehr rechenaufwändig ist. Stattdessen muss eine kontinuierliche Kollisionserkennung verwendet werden, in der geprüft wird, ob ein Partikel während eines Simulationsschrittes auf ein Dreieck trifft. Zusätzlich können Kante-Kante-Tests realisiert werden, die die Kollision zwischen zwei Kanten bestimmen. Da die in Abschnitt 7.14 verwendeten Modelle jedoch sehr hoch aufgelöst sind, genügt für visuell plausible Ergebnisse meist die Durchführung von Punkt-Dreieck-Tests.

Um den kontinuierlichen Test durchzuführen, ob ein Partikel mit einem Dreieck kollidiert, muss wie in [Pro97] beschrieben eine kubische Gleichung gelöst werden. Zusätzlich wird überprüft, ob der Abstand eines Partikels zu einem Dreieck nahe null ist, um frühzeitig eine mögliche Kollision zu erkennen. Da es sich hier um ein geschlossenes Dreiecksnetz handelt, kann die Entscheidung, ob sich der Punkt innerhalb des Körpers befindet, anhand der Dreicksnormalen getroffen werden. Es ist sehr aufwändig, alle möglichen Punkt-Dreieck-Tests durchzuführen. Deshalb muss die Anzahl an möglichen Tests reduziert werden. Dies erfolgt durch sogenannte *Bounding Volume Hierarchien* [LZ05], kurz BVH.

Der achsenparallele Hüllquader des Körpers wird quer zur längsten Achse in zwei Teile zerlegt, die ungefähr gleich viele Dreiecke enthalten. Die Unterteilung wird solange fortgesetzt, bis in den Blättern des so entstehenden Baumes nur noch wenige Dreiecke[1] enthalten sind. Die Hüllquader der Knoten des Baumes werden so gewählt, dass sie die Dreiecke vollständig enthalten. Die Hüllquader einer Ebene des Baumes können sich überlappen. Zur Bestimmung möglicher Kollisionskandidaten werden in jedem Zeitschritt die Hüllquader der Knoten aktualisiert. Liefert die Broad-Phase ein mögliches Kollisionspaar, wird, ausgehend von den Wurzeln der beiden Bäume, die Überlappung der in den Kindern gespeicherten Hüllquader getestet. Überlappen sich die Hüllquader, wird rekursiv die Überlappung der Hüllquader ihrer Kinder geprüft, bis man gegebenenfalls bei zwei Blättern der Bäume angelangt ist. Der so abgelaufene Baum wird auch *BVH Testbaum* genannt. Ist man bei einem Blatt angekommen, wird für die in den Blättern gespeicherten Primitiven ein Kollisionstest durchgeführt.

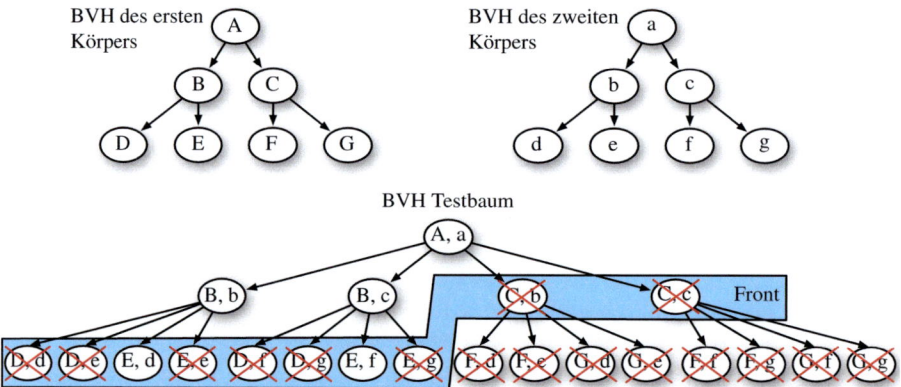

Abbildung 4.4: Um mögliche Kollisionen zwischen Primitiven schnell ermitteln zu können, werden die Überlappungen der Hüllquader durch Ablaufen des Testbaumes ermittelt. Nicht überlappende Hüllquader werden durch rote Kreuze dargestellt. Um den Baum nicht in jedem Zeitschritt komplett ablaufen zu müssen, kann die Front (blau) in jedem Zeitschritt aktualisiert werden. Der Baum muss dann nur noch, ausgehend von der Front, abgelaufen werden.

Diese Vorgehensweise kann weiter verbessert werden, indem die zeitliche Kohärenz zwischen den Simulationsschritten ausgenutzt wird. Da sich die Körper während eines Zeitschrittes nur wenig bewegen, ist davon auszugehen, dass sich die Menge der überlappenden Hüllquader der beiden Bäume nicht signifikant ändert. Anstatt die Bäume jeden Zeitschritt von den Wurzeln aus abzulaufen, wird ein inkrementelles Vorgehen verwendet, wie von Tang et al. [TMT10] vorgestellt. Hierfür wird eine Liste verwendet, die Paare von Knoten des Testbaumes aus dem letzten Zeitschritt beinhaltet. Sie enthält Paare, deren Hüllquader sich im letzten Zeitschritt nicht überlappt haben bzw. deren Knoten Blätter sind. Diese Liste wird als *BVH*

---

[1]Mit vier Dreiecken ergaben sich bei mehreren Beispielen die besten Laufzeiten.

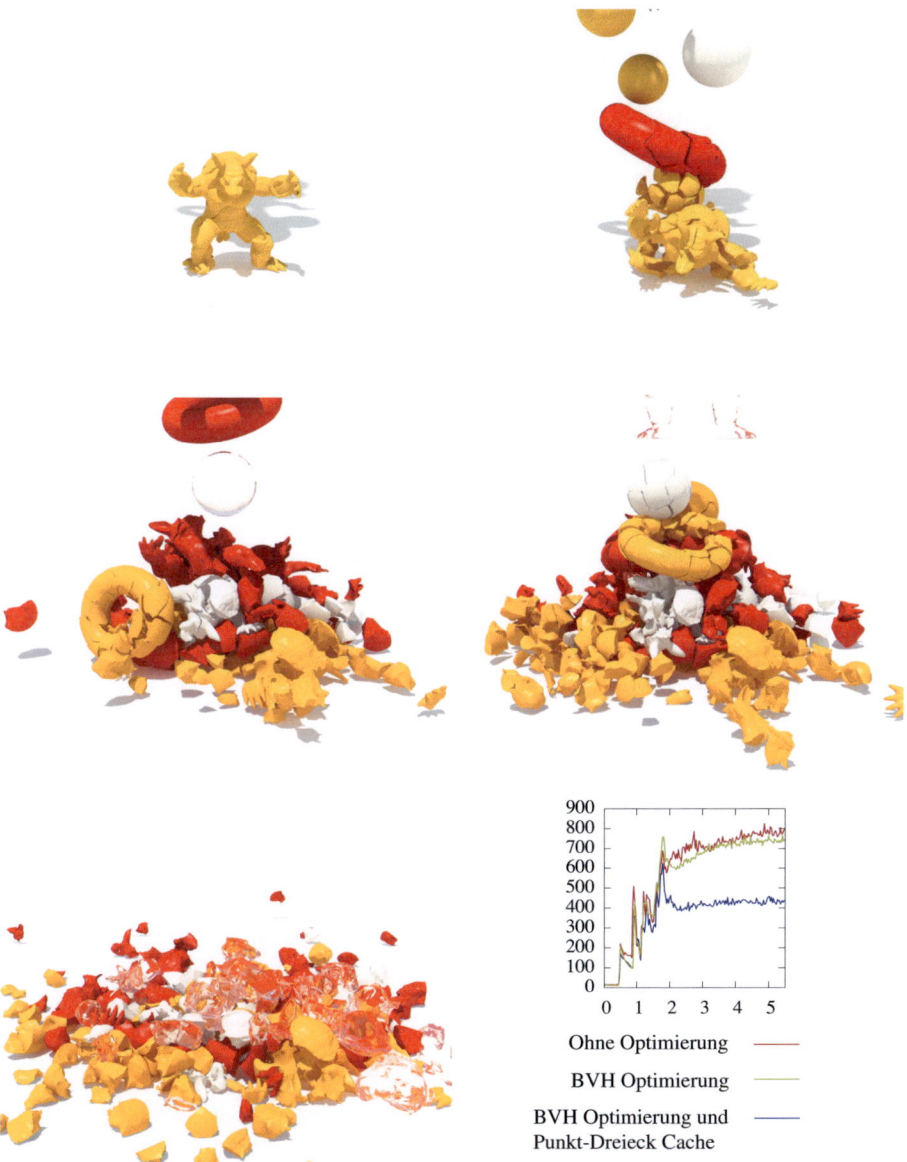

Ohne Optimierung

BVH Optimierung

BVH Optimierung und
Punkt-Dreieck Cache

Abbildung 4.5: Ausschnitte aus einer Simulation mit komplexer Oberflächengeometrie mit insgesamt 252541 Ecken und 503458 Dreiecken. Angegeben sind die Laufzeiten in Millisekunden mit den einzelnen Verbesserungen. Vor allem die Ausnutzung zeitlicher Kohärenz bei Punkt-Dreieck-Tests ergibt eine deutlich schnellere Laufzeit bei fast 100000 erkannten möglichen Kollisionen.

Front bezeichnet. Ausgehend von der Front kann nun der Baum erneut abgelaufen werden, ohne alle Knoten von der Wurzel aus zu betrachten. Überlappen sich die Knoten der Liste im aktuellen Zeitschritt, wird der Baum weiter nach unten abgelaufen, so dass sich die Front weiter nach unten verschiebt. Überlappen sich die Knoten jedoch auch im aktuellen Zeitschritt nicht, kann die Front weiter nach oben verschoben werden, falls für alle Kinder des Vaters keine Überlappung der Hüllquader vorliegt. Abbildung 4.4 veranschaulicht den Testbaum und dessen Front. Zusätzlich kann die Beobachtung ausgenutzt werden, dass ein Partikel, das eine Kollision mit einem Dreieck hat, wahrscheinlich auch eine Kollision mit dem gleichen Dreieck im nächsten Zeitschritt haben wird. Bevor der Baum abgelaufen wird, werden alle alten Punkt-Dreieck-Paare erneut auf Kollision getestet. Bei einer erneuten Kollision werden alle weiteren Tests mit dem jeweiligen Partikel übersprungen. Abbildung 4.5 zeigt eine Szene von zerbrechlichen Modellen, die durch Starrkörper modelliert wurden, zusammen mit den Laufzeiten der einzelnen Optimierungen. Die Bruchstellen wurden mit dem in [Kor11] beschriebenen Verfahren erstellt. Für die Kollisionserkennung wurde das Dreiecksnetz der Starrkörper verwendet. Die Dreiecksnetze der Szene bestanden aus insgesamt 252541 Ecken und 503458 Dreiecken, sodass die Kollisionserkennung zeitweise fast 100000 Kollisionen erzeugte. Durch das geschickte Ablaufen des Baumes konnten teilweise fast 100ms Rechenzeit eingespart werden. Wegen der hohen Anzahl an Kontakten wurde die Laufzeit durch Einsparung von Punkt-Dreieck-Tests sogar halbiert. Die Laufzeitmessung erfolgte auf einem Intel Core i7 950.

4.2 Kollisionsauflösung

Zur Realisierung der Kollisionsauflösung wird zunächst wieder vom Idealfall ausgegangen; d. h. es wird bis zu dem Zeitpunkt simuliert, an dem sich die Körper berühren und keine Durchdringung vorliegt. Somit besteht die Aufgabe der Kollisionsauflösung darin, die Geschwindigkeiten zu verändern. Dies kann wie in Abschnitt 4.2.1 beschrieben nach Newtons Stoßgesetz realisiert werden. Hierbei sind drei Fälle anhand der Geschwindigkeiten zu unterscheiden. Im ersten Fall bewegen sich zwei Körper aufeinander zu, so dass es zu einer *Kollision* kommt. Hier müssen die Geschwindigkeiten verändert werden, um diese Kollision aufzulösen. Bewegen sich die Körper hingegen auseinander, so muss nichts getan werden, da es zu keiner Kollision kommt. Im letzten Fall bewegen sich die Körper weder aufeinander zu noch voneinander weg. Die Körper berühren sich also weiterhin, sie bleiben in *Kontakt*. Die Kollisionsauflösung stellt somit Bedingungen an die Geschwindigkeiten, die in Form von Zwangsbedingungen formuliert und zu dem System mit den schon vorhandenen Zwangsbedingungen hinzugefügt werden. Anhand des zweiten Falls wird auch ersichtlich, warum es sich um Zwangsbedingungen in Form von Ungleichungen handelt. Da Positions- und Geschwindigkeitsbedingungen die Geschwindigkeiten beeinflussen, müssen alle Zwangsbedingungen für eine korrektes Ergebnis gemeinsam aufgelöst werden.

In der Praxis werden oft Vereinfachungen vorgenommen, um dieses Problem effizienter lösen zu können. Zunächst werden Positions- und Geschwindigkeitsbedingungen, wie z. B. in [Ben07a], getrennt behandelt. Als erstes wird eine Korrektur für die Positionsbedingungen durchgeführt. Diese verändert die Geschwindigkeiten und Positionen. Sind alle Positionsbedingungen erfüllt, werden in einem zweiten Schritt die Geschwindigkeiten anhand der Geschwindigkeitsbedingungen geändert, ohne die Positionen zu aktualisieren. Wird nach der Positionskorrektur die Zeit nur bis zu dem Zeitpunkt integriert, an dem sich die Körper gerade berühren, kann die Kollisionsauflösung zusammen mit der Geschwindigkeitskorrektur durchgeführt werden. Da in [Ben07a] adaptive Schrittweiten verwendet werden, genügt es, Kollisionen durch Geschwindigkeitsbedingungen zu behandeln.

Unter Verwendung einer festen Zeitschrittweite können hingegen Durchdringungen der Körper vorliegen. Wird bei einer Kollision nur die Geschwindigkeit nach Newtons Stoßgesetz und die Position durch die daraus resultierenden Geschwindigkeiten verändert, muss die Durchdringung nicht zwangsweise aufgelöst worden sein. Deswegen muss zusätzlich eine Positionsbedingung eingefügt werden, die sicherstellt, dass Durchdringungen aufgelöst werden. Um visuelle Artefakte zu vermeiden, muss allerdings zwischen Kollisionen und Kontakten unterschieden werden. Ruht ein Körper auf einer festen, sich nicht bewegenden Fläche, sollte seine Geschwindigkeit nach der Integration null sein und sich somit nicht bewegen. Die Vorschau der Geschwindigkeit, die in die Zwangsbedingung eingeht, ist hingegen nicht null. Wird nun Newtons Stoßgesetz angewendet, um die Kollision aufzulösen, kommt es bei der Simulation von Starrkörpern zu Vibrationen. Diese entstehen, da in den Kontaktpunkten immer Impulse angewendet werden, die Newtons Stoßgesetz erfüllen. Durch die Verwendung von Kontakten wird dies jedoch verhindert, da dann die relativen Geschwindigkeiten der beiden Körper identisch sein müssen und sich nicht abstoßen. Auch bei deformierbaren Körpern ist diese Vorgehensweise sinnvoll, um Vibrationen kollidierter Partikel zu verhindern.

Die Erfüllung aller Zwangsbedingungen für die Kollisionen und Kontakte kann zeitaufwändig sein, vor allem bei iterativer Auflösung, besonders wenn viele Körper aufeinander liegen. Aus diesem Grund beschleunigen Guendelman et al. [GBF03] die Kollisionsauflösung, indem sie, wie auch in [Ben07a] beschrieben, eine *Schockfortpflanzung* verwenden. Dieses Konzept wird in Abschnitt 4.2.2 behandelt.

4.2.1 Auflösen der Kollisionen nach Newton

Die Kollisionserkennung liefert zwei Punkte **a** und **b** der Körper, zwischen denen es zur Kollision kam, sowie die Kontaktnormale **n**, die zur Auflösung verwendet wird. Im Falle deformierbarer Körper ist **a** die Position eines Partikels und **b** ein

Punkt auf der Oberfläche des anderen Körpers[2]. Die Kontaktnormale $\mathbf{n}$ ist dann die Oberflächennormale im Kontaktpunkt $\mathbf{b}$. Aus den Geschwindigkeiten $\mathbf{v_a}$ und $\mathbf{v_b}$ in den Kontaktpunkten lässt sich die relative Geschwindigkeit $\mathbf{u}$ zwischen den beiden Körpern in den Kontaktpunkten bestimmen:

$$\mathbf{u} = \mathbf{v_a} - \mathbf{v_b} \; .$$

Um die Fallunterscheidung zu treffen, ob ein Kontakt oder eine Kollision vorliegt, muss die relative Geschwindigkeit u in Richtung der Kontaktnormalen bestimmt werden:

$$u = \mathbf{u}^{\mathrm{T}}\mathbf{n} \; .$$

Ob ein Kontakt vorliegt, wird nach dem Kriterium von Mirtich [Mir96b] entschieden. Wird in der Kollisionserkennung ein Toleranzwert ε verwendet, um frühzeitig eine mögliche Kollision zu erkennen, kann dieser Wert auch benutzt werden, um einen möglichen Kontakt zu bestimmen. Der Toleranzwert gibt einen Schlauch um die Oberfläche des Körpers an. Ein Körper erreicht durch die Gravitation $\mathbf{g}$ aus der Ruhelage heraus die Geschwindigkeit

$$\varepsilon_{\mathrm{v}} = \sqrt{2\|\mathbf{g}\|\varepsilon} \; ,$$

wenn er den Abstand ε zurück legt. Ein Kontakt liegt vor, falls $|u| \leq \varepsilon_{\mathrm{v}}$ gilt. Für $u < -\varepsilon_{\mathrm{v}}$ liegt eine Kollision vor. Andernfalls driften die beiden Körper auseinander und die Geschwindigkeiten müssen nicht verändert werden.

Nach Newtons Stoßgesetz muss für die relative Geschwindigkeit $\overline{u}$ in Richtung der Kontaktnormalen nach der Kollision gelten:

$$\overline{u} = -eu \; .$$

Dabei ist $e \in [0,1]$ der Elastizitätskoeffizient des Körpers. Für $e = 1$ liegt der vollelastische Stoß vor. Da für einen Kontakt die relative Geschwindigkeit null sein muss, wird für einen Kontakt der Elastizitätskoeffizient auf null gesetzt. Somit kann ein Korrekturimpuls $\mathbf{p_n}$ bestimmt werden, der die Geschwindigkeit nach Newtons Stoßgesetz verändert.

Der Impuls $\mathbf{p_n}$ in Normalenrichtung ergibt sich zu:

$$\mathbf{p_n} = \frac{1}{\frac{1}{m_\mathbf{a}} + \frac{1}{m_\mathbf{b}}}(\overline{u} - u)\mathbf{n} \; .$$

Hierbei ist $m_\mathbf{a}$ die Masse[3] des Partikels in Punkt $\mathbf{a}$. Die Masse $m_\mathbf{b}$ in Punkt $\mathbf{b}$ ergibt sich aus den Massen der drei Partikel des Dreiecks mit Positionen $\mathbf{x}_1$, $\mathbf{x}_2$, $\mathbf{x}_3$ und

---

[2]Kante-Kante-Tests werden in dieser Arbeit nicht berücksichtigt. In diesem Fall wären $\mathbf{a}$ und $\mathbf{b}$ zwei Punkte auf den entsprechenden Kanten.

[3]Für Festkörper ändert sich die Gleichung zu $\mathbf{p_n} = \frac{1}{\mathbf{n}^{\mathrm{T}}(\mathbf{K_1}+\mathbf{K_2})\mathbf{n}}(\overline{u} - u)\mathbf{n}$ ab, wobei die $\mathbf{K}_i$ die Matrizen der beiden Körper sind, die die Geschwindigkeitsveränderung mit Hilfe des Trägheitstensors beschreiben [GBF03].

Geschwindigkeiten $\mathbf{v}_1$, $\mathbf{v}_2$, $\mathbf{v}_3$, in dem $\mathbf{b}$ liegt. Sie ist $m_{\mathbf{b}} = \alpha m_1 + \beta m_2 + \gamma m_3$, wobei m_i die Massen der Partikel des Dreiecks sind und α, β und γ die baryzentrischen Koordinaten von $\mathbf{b}$ bezüglich des Dreiecks. Der Impuls $\mathbf{p}_{\mathbf{n}}$ wird auf das Partikel in Punkt $\mathbf{a}$ und der negative Impuls auf den Punkt $\mathbf{b}$ bzw. verteilt auf die drei Partikel des Dreiecks angewendet. Um die Lage des Punktes $\mathbf{b}$ bezüglich des Dreiecks zu berücksichtigen, müssen die auf die Partikel $\mathbf{x}_i$ angewendeten Impulse mit Faktoren w_i gewichtet werden. Für die Geschwindigkeit des Punktes $\mathbf{b}$ gilt nach Anwendung des Impulses:

$$\mathbf{v}_{\mathbf{b}} + \frac{1}{m_{\mathbf{b}}}\mathbf{p}_{\mathbf{n}} = \alpha(\mathbf{v}_1 + w_1\frac{1}{m_1}\mathbf{p}_{\mathbf{n}}) + \beta(\mathbf{v}_2 + w_2\frac{1}{m_2}\mathbf{p}_{\mathbf{n}}) + \gamma(\mathbf{v}_3 + w_3\frac{1}{m_3}\mathbf{p}_{\mathbf{n}}) \ .$$

Sind m_1, m_2 und m_3 gleich, muss für die Gewichte $\alpha w_1 + \beta w_2 + \gamma w_3 = 1$ und $\frac{w_1}{\alpha} = \frac{w_2}{\beta} = \frac{w_3}{\gamma}$ gelten. Somit erhält man für die Gewichte:

$$w_1 = \frac{\alpha}{\alpha^2 + \beta^2 + \gamma^2}$$
$$w_2 = \frac{\beta}{\alpha^2 + \beta^2 + \gamma^2}$$
$$w_3 = \frac{\gamma}{\alpha^2 + \beta^2 + \gamma^2} \ .$$

Für unterschiedliche Massen m_i der drei Partikel müssen die Gewichte w_i noch mit $\frac{m_i}{m_{\mathbf{b}}}$ multipliziert werden.

Zusätzlich zu Newtons Stoßgesetz kann noch Reibung, wie sie z. B. in [GBF03] beschrieben wird, simuliert werden. Das Coulombsche[4] Reibungsgesetz sagt für die Kräfte $\mathbf{f}_{\mathbf{n}}$ in Normalenrichtung und $\mathbf{f}_{\mathbf{t}}$ in Tangentialrichtung Folgendes über die relative Geschwindigkeit $\mathbf{u}_{\mathbf{t}}$ in Tangentialrichtung $\mathbf{t} = \mathbf{u}_{\mathbf{t}}/\|\mathbf{u}_{\mathbf{t}}\|$ aus:

$$\|\mathbf{u}_{\mathbf{t}}\| = 0 \quad \Rightarrow \quad \|\mathbf{f}_{\mathbf{t}}\| \leq \mu_{\mathrm{s}}\|\mathbf{f}_{\mathbf{n}}\|$$
$$\|\mathbf{u}_{\mathbf{t}}\| \neq 0 \quad \Rightarrow \quad \mathbf{f}_{\mathbf{t}} = -\mu_{\mathrm{d}}\|\mathbf{f}_{\mathbf{n}}\|\mathbf{t} \ .$$

Hierbei sind μ_{s} und μ_{d} die Koeffizienten für die statische und die dynamische Reibung. Die statische bzw. dynamische Reibung ist auch unter dem Begriff der Haftreibung bzw. Gleitreibung bekannt. Im ersten Fall liegt statische Reibung vor, d. h. die Körper haben relativ zueinander keine Tangentialbewegung. Die Tangentialkraft liegt dann im sogenannten Reibungskegel. Im Falle der dynamischen Reibung wirkt eine Reibungskraft entgegen der tangentialen Bewegungsrichtung.

Zur Simulation der Reibung kann anstatt der Kraft auch der Impuls verwendet werden. Zunächst kann ein Impuls bestimmt werden, der statische Reibung simuliert. Die relative Geschwindigkeit $\overline{\mathbf{u}}$ nach Anwendung des Impulses $\mathbf{p}$ soll keine tangentiale Komponente mehr enthalten:

$$\overline{\mathbf{u}} = \overline{u}\mathbf{n} = \mathbf{u} + \left(\frac{1}{m_{\mathbf{a}}} + \frac{1}{m_{\mathbf{b}}}\right)\mathbf{p} \ .$$

---

[4]Charles Augustin de Coulomb, 1736-1806, war ein französischer Physiker.

Für den so berechneten Impuls muss nach dem Coulombschen Gesetz Folgendes gelten:

$$\|\mathbf{p} - (\mathbf{p}^\mathrm{T}\mathbf{n})\mathbf{n}\| \leq \mu_\mathrm{s}\mathbf{p}^\mathrm{T}\mathbf{n} \ .$$

Ist dies der Fall, liegt statische Reibung vor und der Impuls kann auf die beiden Körper angewendet werden. Andernfalls muss ein Impuls für die dynamische Reibung bestimmt werden. Der anzuwendende Impuls $\mathbf{p}$ kann dann, um das Coulombsche Gesetz für die dynamische Reibung zu erfüllen, in einen Normal- und einen Tangentialanteil zerlegt werden, wobei p die Länge des Impulses in Normalenrichtung ist:

$$\mathbf{p} = p\mathbf{n} - \mu_\mathrm{d}p\mathbf{t} \ .$$

Wegen Newtons Stoßgesetz muss für den Impuls $\mathbf{p}$ Folgendes gelten:

$$\overline{u} = u + \left(\frac{1}{m_\mathrm{a}} + \frac{1}{m_\mathrm{b}}\right)\mathbf{n}^\mathrm{T}\mathbf{p}$$

$$= u + \left(\frac{1}{m_\mathrm{a}} + \frac{1}{m_\mathrm{b}}\right)\mathbf{n}^\mathrm{T}\left(\mathbf{n} - \mu_\mathrm{d}\mathbf{t}\right)p \ .$$

Auflösen nach p ergibt

$$p = \frac{1}{\left(\frac{1}{m_\mathrm{a}} + \frac{1}{m_\mathrm{b}}\right)\mathbf{n}^\mathrm{T}\left(\mathbf{n} - \mu_\mathrm{d}\mathbf{t}\right)}(\overline{u} - u) \ ,$$

womit man den gesuchten Impuls $\mathbf{p}$ erhält.

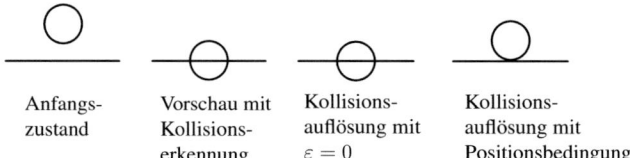

Anfangs-   Vorschau mit   Kollisions-   Kollisions-
zustand   Kollisions-   auflösung mit   auflösung mit
              erkennung $\varepsilon = 0$ Positionsbedingung

Abbildung 4.6: Wird bei der Kollisionsauflösung bei fester Zeitschrittweite nur die Geschwindigkeit verändert, hier z. B. mit $\varepsilon = 0$, kann eine Durchdringung nicht vollständig aufgelöst werden. Deswegen müssen zusätzlich Positionsbedingungen hinzugefügt werden.

Je nach gewähltem Elastizitätskoeffizient löst die Geschwindigkeitsbedingung eine Durchdringung jedoch nicht komplett auf. Ein Beispiel hierfür ist in Abbildung 4.6 zu sehen. Deswegen wird zusätzlich folgende Positionsbedingung in das System eingefügt:

$$C := \mathbf{n}^\mathrm{T}(\mathbf{a} - \mathbf{b}) \geq 0 \ .$$

Da zunächst Positionsbedingungen gelöst werden, wird die Durchdringung aufgelöst. Danach werden die Geschwindigkeitsbedingungen berücksichtigt und somit die Geschwindigkeiten für eine Kollision und einen Kontakt angepasst.

4.2.2 Schockfortpflanzung

Die Kollisionsauflösung von Guendelman et al. [GBF03] geht in zwei Schritten vor. Zunächst werden iterativ Kollisionen aufgelöst. Das Auflösen einer Kollision kann jedoch eine neue Kollision erzeugen. Anstatt alle Kollisionen komplett aufzulösen, wird dieser Vorgang nach einigen Iterationen abgebrochen. Die Körper haben dann genügend miteinander interagiert, um ein visuell plausibles Ergebnis zu erzeugen. Da Vibrationen bei Starrkörpern sehr unnatürlich wirken, müssen die Kontakte korrekt aufgelöst werden. Bei einem Stapel von Starrkörpern, der auf einer festen Ebene ruht, durchdringt bei der Vorschau nur der unterste Körper die Ebene. Alle anderen Körper fallen gleichmäßig nach unten und durchdringen sich nicht. Wird nun der Kontakt des untersten Körpers wiederhergestellt, wie es in Abbildung 4.7 zu sehen ist, durchdringen sich zwei andere Körper des Stapels. Es genügt also nicht, nur einige Iterationen der Kontaktauflösung durchzuführen. Um die Anzahl der benötigten Iterationen zu begrenzen, wird folgende *Schockfortpflanzung* verwendet.

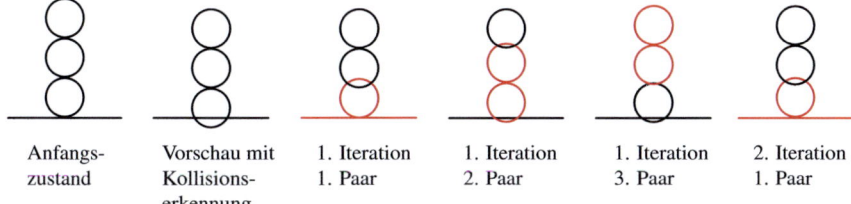

| Anfangs-zustand | Vorschau mit Kollisions-erkennung | 1. Iteration 1. Paar | 1. Iteration 2. Paar | 1. Iteration 3. Paar | 2. Iteration 1. Paar |

Abbildung 4.7: Ruhen Körper übereinander auf einem Stapel, so kann die Auflösung der Kontakte viele Iterationen benötigen, da sich die Kontakte gegenseitig beeinflussen. In jeder Iteration der Kontaktauflösung werden alle Paare (jeweils rot gekennzeichnet) nacheinander korrigiert. Deswegen liegen am Anfang der zweiten Iteration immer noch Durchdringungen vor.

Zunächst wird ein *Kontaktgraph* erzeugt. Die Knoten des Kontaktgraphen repräsentieren die einzelnen Körper der Szene. Sind zwei Körper in Kontakt, wird eine gerichtete Kante in den Graphen eingefügt. Die Richtung der Kante wird anhand der Lage der Körper entschieden, sodass die Kante vom unteren zum oberen Körper zeigt. Welcher Körper unten ist wird anhand der Gravitationsrichtung bestimmt. Dieser Graph kann verwendet werden, um die Kontaktauflösung zu beschleunigen. Nach einigen Iterationen der Kontaktauflösung wird der Graph, ausgehend vom untersten Element, nach oben abgelaufen. Die Ebenen in der die Körper liegen und somit die Ablaufreihenfolge des Graphen werden durch topologisches Sortieren bestimmt. Zunächst werden die Kontakte zwischen den untersten Elementen aufgelöst und die Körper danach "eingefroren", indem die Massen auf unendlich gesetzt werden. Die inversen Massen sind dann null. Die Anwendung weiterer Impulse bewirkt somit keine Geschwindigkeitsveränderung mehr. Danach werden für die Körper der nächsten Ebene des Graphen die Impulse für die Kontaktauflösung bestimmt und angewendet. Diese Impulse verändern allerdings nur noch die Geschwindigkeit der oberen Körper. Der Graph wird weiter abgelaufen bis alle Kontakte gelöst sind. In seltenen Fällen, z. B. bei im Kreis aufeinander liegenden Dominosteinen, kann es im Graph zu Zyklen kommen. Alle im Zyklus vorkommenden Körper werden einer Ebene des Graphen zugeordnet. Abbildung 4.8 zeigt den Kontaktgraph für ein Beispiel sowie die Reihenfolge, in der die Kontakte abgearbeitet werden.

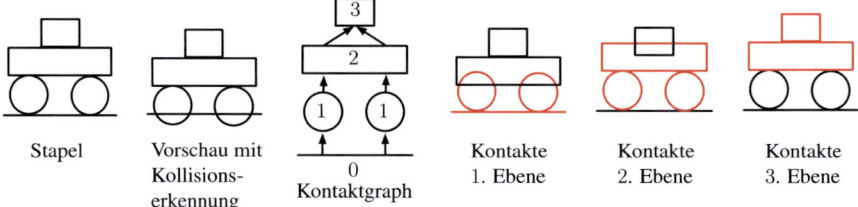

Stapel   Vorschau mit   Kontaktgraph   Kontakte   Kontakte   Kontakte
          Kollisions-   1. Ebene   2. Ebene   3. Ebene
          erkennung

Abbildung 4.8: Körper werden im Kontaktgraph eingeordnet, sodass Kontakte schnell gelöst werden können. Körper zweier aufeinanderfolgender Ebenen des Graphen, zwischen denen Kontakte wiederhergestellt werden, sind rot markiert. Sie werden anschließend "eingefroren".

Kapitel 5

Impulsbasierte Volumenerhaltung

In diesem Kapitel wird ein neues Verfahren zur Simulation der Bewegung inkompressibler deformierbarer Körper entwickelt, das bereits von Diziol et al. [DBB09b] veröffentlicht wurde. Die Körper werden durch Tetraedernetze dargestellt. In Abschnitt 5.1 wird beschrieben, wie diese Tetraedernetze aus Dreiecksnetzen erzeugt werden können. Es werden sowohl bekannte Verfahren beschrieben, als auch neue Verbesserungen existierender Verfahren entwickelt, sodass Tetraedernetze aus beliebigen Dreiecksmengen erzeugt werden können. Um die Deformierbarkeit der Körper zu realisieren, werden Masse-Feder-Modelle verwendet. Für die Volumenerhaltung wird ein neues *Volumengelenk* entwickelt, das mit Hilfe von Impulsen eingehalten wird, ähnlich zur Vorgehensweise der impulsbasierten Methode aus Abschnitt 2.5.2. Das Volumengelenk wird in Abschnitt 5.2 vorgestellt.

5.1 Modellgenerierung

Das in diesem Kapitel entwickelte Verfahren zur Simulation inkompressibler deformierbarer Körper benötigt ein Tetraedernetz, ähnlich wie die Finite-Elemente-Methode, welche in Abschnitt 3.2 beschrieben wurde. Ein Tetraeder besteht aus vier Knoten und sechs Kanten, seine Oberfläche aus vier Dreiecken. Ein Tetraedernetz setzt sich aus Tetraedern mit gemeinsamen Knoten und Kanten zusammen und bildet die Grundstruktur des Simulationsmodells. Da das zu simulierende Objekt meist aus einem Dreiecksnetz besteht, muss für die Simulation zunächst ein Tetraedernetz aus dem Dreiecksnetz erzeugt werden. Hierfür gibt es unterschiedliche Algorithmen, die in diesem Abschnitt beschrieben werden.

Hat man ein geschlossenes 2-mannigfaltiges[1] Dreiecksnetz $\mathcal{T}$ eines Körpers $\mathcal{K}$ ohne

---

[1] In jedem Punkt der Oberfläche existiert ein Homöomorphismus (d. h. eine bijektive, stetige Abbildung mit stetiger Umkehrabbildung) zu einer offenen Kreisscheibe.

Durchdringungen gegeben, so ist das Volumen des Objektes eindeutig bestimmt und das Dreiecksnetz bildet die *Isofläche* $\Phi(\mathbf{x}) = 0$ des vorzeichenbehafteten Distanzfeldes

$$\Phi(\mathbf{x}) = \begin{cases} \text{dist}(\mathbf{x}, \mathcal{T}) & \text{falls } \mathbf{x} \text{ außerhalb von } \mathcal{K}, \\ -\text{dist}(\mathbf{x}, \mathcal{T}) & \text{sonst}, \end{cases}$$

wobei $\text{dist}(\mathbf{x}, \mathcal{T})$ den Abstand des Punktes $\mathbf{x}$ zum Dreiecksnetz $\mathcal{T}$ bezeichnet. Die Distanzfunktion wird nur an bestimmten Punkten im Raum ausgewertet. Hierfür kann z. B. ein regelmäßiges Gitter [OF02] oder eine adaptive Octree[2]-Datenstruktur [FPRJ00, Str99] verwendet werden. Durch die *Marching-Cubes*-Methode [LC87, NH91] lässt sich aus der diskreten Distanzfunktion, falls benötigt, auch wieder ein Dreiecksnetz berechnen, das die ursprüngliche Fläche approximativ darstellt. Dies wird z. B. bei der Simulation von Flüssigkeiten [Bri08] benötigt, die durch Isoflächen beschrieben werden können.

Mit Hilfe der diskret abgetasteten Distanzfunktion lässt sich, wie z. B. durch das Verfahren von Molino et al. [MBTF03], ein Tetraedernetz generieren. Hierbei wird sehr viel Wert auf die Form der erzeugten Tetraeder gelegt, da speziell bei spitzen Tetraedern, d. h. bei Tetraedern mit sehr kleinen bzw. großen Öffnungswinkeln, Probleme auftreten können [FKS99], wie z. B. das Invertierungsproblem (vergleiche Abschnitt 3.2). Deswegen werden Tetraeder bevorzugt, die die Delaunay[3]-Bedingung erfüllen, d. h. die Umkugel des Tetraeders enthält nur die vier Ecken des Tetraeders und keine weiteren Ecken des Tetraedernetzes. Ist ein Tetraedernetz gefordert, das minimale bzw. maximale Öffnungswinkel garantiert, kann z. B. das Verfahren von Labelle et al. [LS07] verwendet werden. Auch dieses Verfahren generiert das Tetraedernetz aus einer Distanzfunktion.

Der große Nachteil dieser Verfahren liegt darin, dass zunächst aus dem Dreiecksnetz eine diskrete Distanzfunktion erzeugt werden muss. Eine weitere Schwierigkeit besteht darin, dass in der Praxis viele Dreiecksnetze nicht geschlossen sind, obwohl sie Oberflächen dreidimensionaler Körper darstellen. Im schlimmsten Fall liegt einfach eine Menge nicht zusammenhängender Dreiecke vor, oft auch als *Dreieckssuppe* bezeichnet. In dieser Arbeit wird das Verfahren von Spillmann et al. [SWT06] erweitert, welches Tetraedernetze aus beliebigen Dreieckssuppen erzeugen kann.

Die zugrundeliegende Idee des Verfahrens von Spillmann et al. [SWT06] besteht darin, ein *Pseudovolumen* aus der Dreieckssuppe zu erzeugen, das das Volumen eines dreidimensionalen Körpers, der durch $\mathcal{T}$ gegeben ist, möglichst gut beschreibt. Das Pseudovolumen ist eine Menge von Voxeln, die das Innere des Körpers definieren. Damit das Dreiecksnetz später in das Tetraedernetz eingebettet und zur Visualisierung mitbewegt werden kann, muss das Pseudovolumen alle Ecken des

---

[2]Dies ist ein Baum, bei dem ein Knoten acht Kinder enthält.

[3]Boris Nikolajewitsch Delone, 1890-1980, war ein sowjetischer Mathematiker, nach dem die Delaunay-Triangulierung, das duale Gegenstück zum Voronoi-Diagramm, benannt ist.

Dreiecksnetzes enthalten. Das Verfahren von Spillmann et al. [SWT06] geht in drei Schritten vor. Im ersten Schritt wird für jedes Zentrum eines Voxelgitters, in dem der Körper liegt, eine Wahrscheinlichkeit bestimmt, die angibt, wie wahrscheinlich es ist, dass das Voxelzentrum auf der Oberfläche des Körpers liegt. Im nächsten Schritt wird aus diesen Wahrscheinlichkeiten das Pseudovolumen bestimmt. Hierfür werden Strahlen, die im Folgenden genauer beschrieben werden, durch das Voxelgitter geschossen und dabei die Wahrscheinlichkeiten in den Voxelzentren betrachtet. Die Klassifikation, ob ein Voxel im Inneren des Körpers liegt oder nicht, wird von Spillmann et al. anhand eines Schwellwerts bestimmt. Die Verwendung eines einzelnen Schwellwerts kann jedoch zu Fehlklassifikationen führen. Deswegen wird in diesem Abschnitt ein neues Vorgehen entwickelt, das anhand von zwei Schwellwerten eine bessere Klassifikation durchführen kann. Im letzten Schritt wird aus dem Pseudovolumen das Tetraedernetz erstellt.

Bevor das Pseudovolumen bestimmt werden kann, muss zunächst die Distanz an Gitterpunkten zum Dreiecksnetz berechnet werden. Da die Abstände zum Dreiecksnetz nicht exakt sein müssen, wird in [SWT06] ein schnelles Verfahren [Bær05], das gerenderte Tiefenbilder verwendet, vorgeschlagen. Das Distanzfeld wird über einem achsenparallelen Hüllquader des Dreiecksnetzes berechnet. Dieser wird in Voxel unterteilt und den Voxelzentren $\mathbf{x}_i$ werden folgende Wahrscheinlichkeiten zugeordnet:

$$P(\mathbf{x}_i) = 1 - c\,\mathrm{dist}(\mathbf{x}_i, \mathcal{T})\ .$$

Der Normalisierungsparameter c sorgt dafür, dass $0 \leq P(\mathbf{x}) \leq 1$ gilt. Die Wahrscheinlichkeit ist also genau dann eins, falls $\mathbf{x}_i$ auf $\mathcal{T}$ liegt. Je weiter der Punkt von $\mathcal{T}$ entfernt ist, desto kleiner ist sie. Hat das Gitter, in dem das Distanzfeld berechnet wird, eine andere Auflösung als die Voxelunterteilung für das zu bestimmende Pseudovolumen, so kann $\mathrm{dist}(\mathbf{x}_i)$ durch trilineare Interpolation aus den Distanzwerten des Gitters berechnet werden. Die Wahrscheinlichkeiten werden zur Entscheidung benutzt, ob ein Voxel innerhalb des Pseudovolumens liegt oder nicht. Diese Klassifikation wird dadurch bestimmt, dass 26 Strahlen in unterschiedlichen Richtungen, ausgehend von Punkten außerhalb des Körpers durch das Voxelgitter geschossen und dabei die Wahrscheinlichkeiten $P(\mathbf{x}_i)$ beim Traversieren des Strahles betrachtet werden. Die Richtungen sind dabei so gewählt, dass sie parallel zu einer der drei Raumrichtungen bzw. diagonal zum Voxelgitter verlaufen. Jeder so traversierte Strahl entscheidet dann für jedes besuchte Voxel, ob es Teil des Pseudovolumens ist oder nicht. Die finale Klassifikation wird schließlich durch einen Mehrheitsentscheid über alle Strahlen ermittelt.

Wird ein Strahl mit Ursprung $\mathbf{p}$ und Richtung $\mathbf{v}$ durch das Voxelgitter geschossen, so wird mit Hilfe der Wahrscheinlichkeit $P(\mathbf{x}_i)$ mit $\mathbf{x}_i = \mathbf{p} + \lambda\mathbf{v}$, $\lambda > 0$ entschieden, wie wahrscheinlich es ist, dass der Strahl das Pseudovolumen betritt oder verlässt. Das Ereignis, dass der Strahl das Pseudovolumen betritt oder verlässt, wird als *Volumenwechsel* bezeichnet. Spillmann et al. [SWT06] verwenden einen Schwellwert

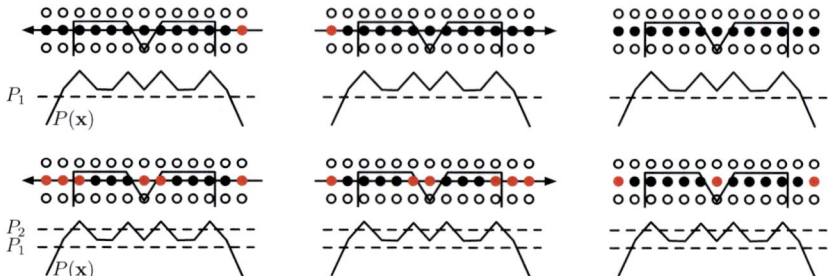

Abbildung 5.1: Klassifikation des Pseudovolumens anhand eines Schwellwerts (oben) und mit zwei Schwellwerten (unten). Die Abbildung enthält sowohl das zu klassifizierende Voxelgitter, als auch die entsprechenden Wahrscheinlichkeiten $P(\mathbf{x})$ mit den dazugehörigen Schwellwerten P_1 und P_2. Hier werden zwei Strahlen durch das Voxelgitter geschossen (links und Mitte), um zur finalen Klassifikation (rechts) zu gelangen. Hierbei stellen schwarze Punkte Voxel im Peusodolumen und rote Punkte Voxel außerhalb des Peusovolumens dar, das mit Hilfe des Strahls klassifiziert wird.

P_1, um einen Volumenwechsel zu detektieren. Überschreitet $P(\mathbf{x}_i)$ den Schwellwert, wird ein Volumenwechsel registriert. Bevor ein erneuter Volumenwechsel registiert werden kann, muss die Wahrscheinlichkeit also zunächst wieder unter den Schwellwert fallen. Anschaulich gibt dieser Schwellwert also an, wie nah der Strahl der Oberfläche kommen muss, um einen Volumenwechsel zu erzeugen. Der Strahl muss dann wieder weit genug von der Oberfläche entfernt sein, bevor ein erneuter Volumenwechsel erzeugt werden kann. Ist hingegen ein Körper sehr dünn oder die Distanzfunktion zu grob abgetastet, fällt die Wahrscheinlichkeit nach Eintritt in das Volumen nicht zwangsweise wieder unter den Schwellwert und es wird somit kein Volumenaustritt erkannt.

Durch die Verwendung eines einzelnen Schwellwerts können also Fehlklassifikationen auftreten. Ein Beispiel hierfür ist in Abbildung 5.1 zu sehen, welches die Vorgehensweise von Spillmann et al. zu der in dieser Arbeit entwickelten Klassifikation vergleicht. Um die Zahl der Fehlklassifikationen reduzieren zu können, wird in dieser Arbeit dem Benutzer ein zweiter Schwellwert P_2 zur Verfügung gestellt. Der erste Schwellwert P_1 hat die gleiche anschauliche Bedeutung wie im Verfahren von Spillmann et al. Der zweite Schwellwert gibt an, wie weit sich der Strahl von der Oberfläche entfernen muss, bevor ein erneuter Volumenwechsel registriert werden kann. Der Strahl tritt also in das Pseudovolumen ein oder verlässt es, falls $P(\mathbf{x}) > P_1$ und $\frac{\partial P}{\partial \mathbf{v}}(\mathbf{x}) > 0$ und falls nach dem letzten Volumenwechsel einmal die Bedingungen $P(\mathbf{x}) < P_2$ und $\frac{\partial P}{\partial \mathbf{v}}(\mathbf{x}) < 0$ erfüllt wurden oder noch kein Volumenwechsel registriert wurde. Die Richtungsableitung $\frac{\partial P}{\partial \mathbf{v}}(\mathbf{x})$ wird durch die Differenz der letzten beiden Wahrscheinlichkeiten der Voxelzentren approximiert, die der Strahl passiert hat. Im Falle von $P_1 = P_2$ ist das neu entwickelte Verfahren identisch zum Verfahren von Spillmann et al.

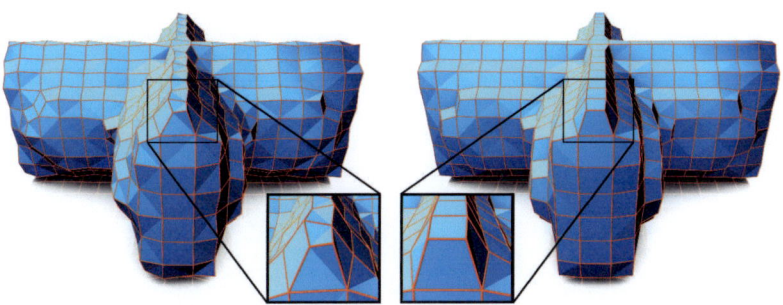

Abbildung 5.2: Vergleich des geglätteten Netzes basierend auf Dreiecks- und Vierecksnetzen. Da durch die Glättung des Dreiecksnetzes (links) die Symmetrie verloren geht, wird in dieser Arbeit das Vierecksnetz (rechts) geglättet.

Nachdem für jedes Voxel entschieden wurde, ob es Teil des Pseudovolumens ist, kann daraus das eigentliche Tetraedernetz erzeugt werden. Hierfür wird der achsenparallele Hüllquader wieder in Voxel unterteilt, wobei sich die Auflösung der Voxel zur Voxelauflösung des Pseudovolumens unterscheiden kann. Dies hat den Vorteil, dass die Auflösung des finalen Modells schnell geändert werden kann, wenn das Pseudovolumen einmal berechnet wurde. Ein Voxel mit Volumen V liegt innerhalb des Pseudovolumens, falls der Quotient

$$\rho(V) = \frac{m(V)}{M(V)}$$

größer als ein benutzerdefinierter Schwellwert ist. $M(V)$ ist die Anzahl aller Voxel in V und $m(V)$ die Anzahl der Voxel innerhalb des Pseudovolumens. Jedes Voxel kann in fünf Tetraeder unterteilt werden. Da das Tetraedernetz auch für die Kollisionserkennung und -auflösung verwendet wird, ist die so erzeugte treppenförmige Struktur der Oberfläche nachteilig. Deshalb wird die Oberfläche des erzeugten Tetraedernetzes mit Hilfe eines Laplace-Filters mit Volumenerhaltung [KCVS98, Tau95, DMSB99] geglättet. Um eine möglichst symmetrische Glättung zu erhalten, wird nicht das Dreiecksnetz, das durch die Oberfläche des Tetraedernetz beschrieben wird, sondern das Vierecksnetz geglättet, das man durch die Voxelstruktur erhalten hat. Da der diskrete Laplace-Operator, auch Regenschirmoperator[4] genannt, von der Triangulation abhängt, können, wie in Abbildung 5.2 zu sehen, Symmetrien des Vierecksnetzes verloren gehen.

---

[4]Die Namensgebung erhält der Operator durch seine Regenschirm ähnliche Form.

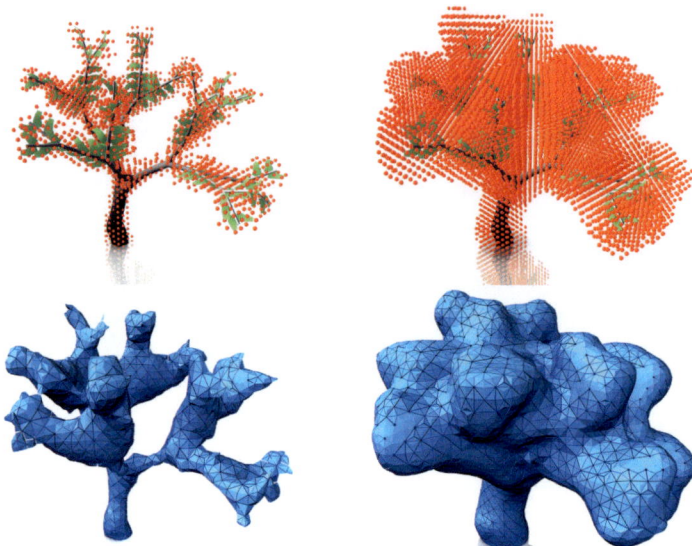

Abbildung 5.3: Resultate des hier entwickelten Verfahrens zur Erzeugung von Tetraedernetzen mit großen (links) und kleinen Schwellwerten (rechts). Zu sehen sind die Voxelzentren des Pseudovolumens (oben rot) und das daraus erzeugte Tetraedernetz (unten).

Durch die geeignete Wahl der Parameter könnte der Benutzer sicherstellen, dass alle Ecken des ursprünglichen Dreiecksnetzes in einem Tetraeder liegen[5]. Allerdings können kleinere Löcher entstehen bzw. das so gewonnene Modell kann mehrere nicht verbundene Komponenten enthalten. Deshalb werden zusätzlich alle Voxel, in denen Ecken des Dreiecksnetzes liegen, dem Modell hinzugefügt und solange Nachbarvoxel hinzugenommen, bis die neu hinzugefügten Voxel mit den schon erzeugten Voxeln verbunden sind. Aus diesen Voxeln werden dann auch Tetraeder erzeugt. Abbildung 5.3 zeigt die Resultate des Algorithmus zur Erzeugung von Tetraedernetzen für einen Baum unter Verwendung unterschiedlicher Schwellwerte.

Zur Visualisierung wird das ursprüngliche Dreiecksnetz in das Tetraedernetz eingebettet, indem für die Ecken des Dreiecksnetzes die baryzentrischen Koordinaten bezüglich der Ecken des Tetraeders, in dem sie enthalten sind, gespeichert werden. Während der Deformation werden die Ecken des Dreiecksnetzes anhand der baryzentrischen Koordinaten aktualisiert. Einbettungen höherer Ordnung sind auch möglich, indem die Positionen der Ecken nicht nur bzgl. eines Tetraeders bewegt werden, sondern mehrere Tetraeder in der Umgebung betrachtet werden. Hierzu

---

[5]$P_1 = 0.8$ und $P_2 = 0.9$ liefern in der Regel gute Ergebnisse.

müssen dann z. B. Mittelwert-Koordinaten [FKR05] oder Green-Koordinaten [LL-CO08] verwendet werden.

5.2 Simulationsmodell

Nachdem ein Tetraedernetz nach dem in Abschnitt 5.1 entwickelten Verfahren generiert wurde, kann daraus das eigentlich zu simulierende Modell erstellt werden. Wegen ihrer Einfachheit und Geschwindigkeit werden oft einfache Masse-Feder-Modelle verwendet. Deshalb wird in diesem Abschnitt ein Verfahren entwickelt, das mit Hilfe von Impulsen eine Volumenerhaltung solcher Modelle ermöglicht.

Zunächst wird für jede Ecke des Tetraedernetzes ein Partikel erzeugt. Im Gegensatz zur Kleidungssimulation, wie sie in Abschnitt 2.6 beschrieben wurde, werden zwischen den Partikeln keine Distanzgelenke verwendet, die exakt eingehalten werden, sondern Federn, die die Flexibilität des Materials ermöglichen. Es werden zwei unterschiedliche Arten von Federn verwendet, die sich in ihren Federkonstanten unterscheiden: Federn, die die Distanz zwischen den Partikeln einhalten sollen und Federn, die für die Scherkräfte innerhalb des Modells verantwortlich sind. Wie in Abbildung 5.4 gezeigt, wird ein Voxel des Tetraedernetzes in fünf Tetraeder zerlegt. An den Voxelkanten werden die Federn eingefügt, die für die Distanzerhaltung zuständig sind. Die Diagonalfedern sorgen dafür, dass ein Voxel, dessen Deformation durch eine Scherung zustande gekommen ist, wieder in seine ursprüngliche Form gezogen wird.

Die anzuwendende Federkraft kann durch den kräftebasierten Ansatz nach Abschnitt 2.5.4 aus einem Distanzgelenk $C(\mathbf{x}_i, \mathbf{x}_j) := \|\mathbf{x}_i - \mathbf{x}_j\| - l_{ij} = 0$ mit den Partikelpositionen $\mathbf{x}_i$ und $\mathbf{x}_j$, die in Ruhelage die Distanz l_{ij} haben, und einer Federkonstanten k bestimmt werden:

$$\mathbf{f}_i = -k \frac{\mathbf{x}_i - \mathbf{x}_j}{\|\mathbf{x}_i - \mathbf{x}_j\|} (\|\mathbf{x}_i - \mathbf{x}_j\| - l_{ij})$$
$$\mathbf{f}_j = -k \frac{\mathbf{x}_j - \mathbf{x}_i}{\|\mathbf{x}_i - \mathbf{x}_j\|} (\|\mathbf{x}_i - \mathbf{x}_j\| - l_{ij}) \,.$$

Da die Federn das Volumen nicht erhalten können, werden Zwangsbedingungen zur Volumenerhaltung in das System eingefügt. Eine Möglichkeit wäre es, das Volumen jedes einzelnen Tetraeders zu erhalten, also für jeden Tetraeder eine Zwangsbedingung einzufügen. Schaut man sich das daraus resultierende Gleichungssystem der impulsbasierten Methode aus Gleichung (2.12) an, so stellt man fest, dass das Gleichungssystem überbestimmt ist. Dies liegt daran, dass ein Tetraedernetz mit n Partikeln, also mit $3n$ Freiheitsgraden, ungefähr $4n$ Tetraeder hat. Es liegt hier ein Verklemmungsproblem vor, wie in Abschnitt 3.3 beschrieben.

Deshalb werden Zwangsbedingungen eingefügt, die das Volumen eines aus fünf Tetraedern bestehenden Voxels erhalten. Das Volumen V des Voxels berechnet

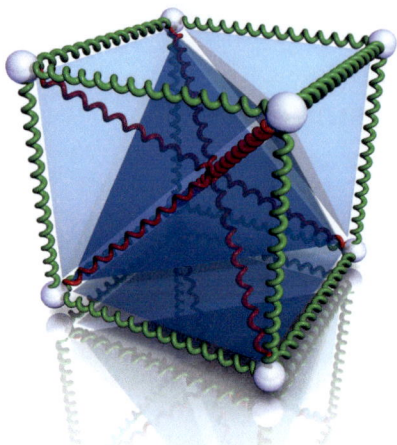

Abbildung 5.4: Ein Voxel wird durch das im vorangegangenen Kapitel beschriebene Verfahren in fünf Tetraeder zerlegt. Den Ecken der Tetraeder werden Partikel zugewiesen, die mit zwei unterschiedlichen Typen von Federn verbunden werden. Die grünen Federn sorgen dafür, dass die Distanz der Partikel zueinander eingehalten wird. Die roten Federn hingegen wirken Scherkräften entgegen.

sich über die Summe der fünf Tetraedervolumen vol_i mit den Partikeln $\mathbf{x}_i$, $\mathbf{x}_j$, $\mathbf{x}_k$ und $\mathbf{x}_l$ eines Tetraeders zu:

$$\mathrm{vol}_i(\mathbf{x}_i, \mathbf{x}_j, \mathbf{x}_k, \mathbf{x}_l) = \frac{1}{6}(\mathbf{x}_i - \mathbf{x}_l)((\mathbf{x}_j - \mathbf{x}_l) \times (\mathbf{x}_k - \mathbf{x}_l)) \tag{5.1}$$

$$V = \sum_{i=1}^{5} |\mathrm{vol}_i| . \tag{5.2}$$

Ähnlich zur iterativen impulsbasierten Methode werden hier Korrekturimpulse bestimmt, sodass nacheinander für alle Voxel die Zwangsbedingungen erfüllt werden. Diese Impulse lassen sich sehr einfach berechnen, wenn die Partikel $\mathbf{x}_i$, $i = 1, \ldots, 8$ eines Voxels in die Orte $\lambda(\mathbf{x}_i - \mathbf{c})$ verschoben werden, wobei $\mathbf{c} = \left(\sum_{i=1}^{8} m_i\right)^{-1} \sum_{i=1}^{8} m_i \mathbf{x}_i$ der Masseschwerpunkt ist. Setzt man diese verschobenen Partikelpositionen in Gleichung (5.2) ein, so erhält man das neue Volumen $\lambda^3 V$. Um das *Volumengelenk* $V - V_0 = 0$ mit initialem Volumen V_0 des Voxels zu erfüllen, muss $\lambda = \sqrt[3]{\frac{V_0}{V}}$ sein. Somit erhält man für die Partikel $\mathbf{x}_i$ mit den Massen m_i Korrekturimpulse:

$$\mathbf{p}_i = \frac{m_i}{\Delta t}(\lambda - 1)(\mathbf{x}_i - \mathbf{c}) .$$

Wendet man die Impulse auf die Partikel des Voxels an, verändern sich die Volumen der Nachbartetraeder. Das Anwenden der Impulse wird auch *Gelenkkorrektur* genannt. Um das Invertieren von Nachbartetraedern zu verhindern, wird das Vorzeichen des Volumens von jedem Nachbartetraeder aus Gleichung (5.1) überprüft. Ist ein Vorzeichen negativ, wird die Schrittweite Δt so lange halbiert, bis das Vorzeichen positiv ist. Dann werden die Zwangsbedingungen mit der neuen Zeitschrittweite gelöst. Die Invertierungsprobleme treten auf, wenn die Tetraeder, z. B. durch die Glättung auf der Oberfläche des Tetraedernetzes, stark deformiert sind oder starke externe Kräfte bzw. Impulse die Tetraeder stark verformen. Da bei der Kollisionsauflösung, abhängig von der Schrittweite Δt große Positionsänderungen auftreten können, kann es auch hier zur Invertierung von Tetraedern kommen, weswegen die Schrittweite dann dynamisch gesenkt werden muss. Dies kann zu langen Rechenzeiten führen.

5.3 Ergebnisse

Wegen der Verwendung von Impulsen kann das Verfahren aus Abschnitt 5.2 mit der impulsbasierten Methode kombiniert werden. Allerdings steigt die Anzahl benötigter Iterationen bei der Verwendung deformierbarer Körper merklich an. Wird das Volumen eines Voxels im Inneren des Körpers korrigiert, so ändert dies nichts am Gesamtvolumen des Körpers, es werden lediglich die Volumen von Nachbarvoxeln verändert. Dies führt dazu, dass viele Iterationen benötigt werden, bis eine Volumenveränderung, die z. B. durch eine Kollision verursacht wurde, durch den Körper propagiert worden ist.

Zur Analyse des Volumens und zur Laufzeitmessung wurden zwei deformierbare, aus 1500 Tetraedern bestehende Quader verwendet, die mit dem Boden und einem Starrkörper kollidieren. Der Starrkörper und die durch die Kollisionen entstehenden Zwangsbedingungen wurden mit der impulsbasierten Methode simuliert. Abbildung 5.5 zeigt Ausschnitte aus der Simulation mit Schrittweite von $\Delta t = 5$ms der beiden Körper. Durch die Variation der Federkonstanten konnten unterschiedlich große Deformationen realisiert werden, wobei das Volumen pro Voxel bis auf eine Genauigkeit von $\varepsilon = 0.01$ korrigiert wurde. Für größere Deformationen benötigt das Verfahren jedoch über 60 Iterationen für die Volumenkorrektur, womit sich Laufzeiten[6] von über 20ms ergeben. Bei weniger großen Deformationen, wie sie durch harte Federn zustande kommen, werden weniger Iterationen benötigt.

Zwar kann durch das in diesem Kapitel entwickelte Verfahren eine volumenerhaltende Simulation durchgeführt werden, es ist jedoch für interaktive Simulationen komplexer Objekte mit vielen Tetraedern nicht geeignet. Allerdings kann das Vo-

---

[6]Kollisionserkennung und -auflösung nicht mitgemessen. Die Laufzeiten wurden auf einem Core i7 950 gemessen.

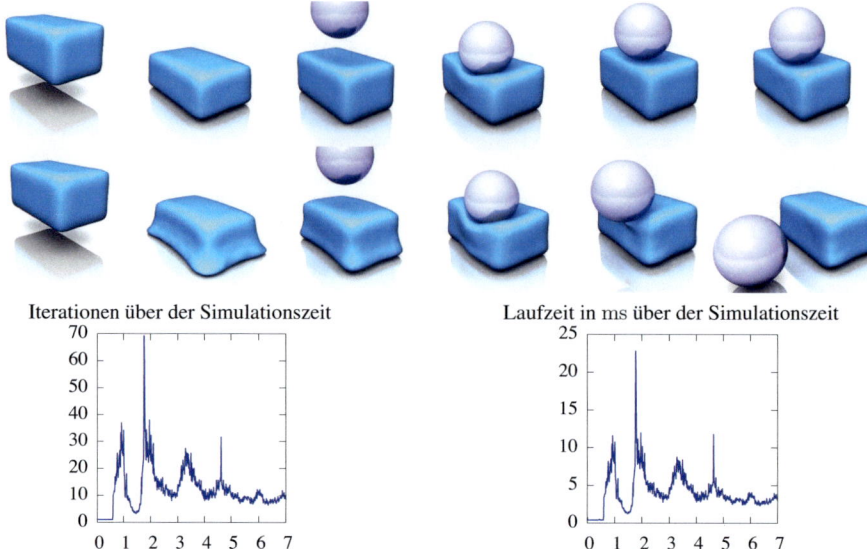

Iterationen über der Simulationszeit   Laufzeit in ms über der Simulationszeit

Abbildung 5.5: Ausschnitte aus einer Simulation eines deformierbaren Quaders mit 1500 Tetraedern mit harten Federn (oben) und weichen Federn (unten) mit dem hier vorgestellten Verfahren. Die Volumenkorrektur wurde bis auf eine Genauigkeit von $\varepsilon = 0.01$ durchgeführt. Für die Simulation mit weichen Federn sind zusätzlich die Anzahl benötigter Iterationen für die Volumenkorrektur sowie die dafür benötigte Laufzeit in Millisekunden während der Simulation angegeben. Die Anzahl an benötigten Iterationen für den Körper mit harten Federn war etwas geringer, da die Federn zu große Deformationen verhinderten.

lumen beliebig genau eingehalten werden, wodurch es für Anwendungen, bei der es nicht auf die Echtzeitfähigkeit ankommt, interessant sein könnte.

Kapitel 6

Schnelle Volumenerhaltung durch Approximation

Im letzten Kapitel wurde vorgestellt, wie mit Hilfe von iterativ angewendeten Impulsen eine Volumenkorrektur durchführt werden kann. Da die Laufzeiten je nach Anzahl benötigter Iterationen stark schwanken und die Laufzeiten des Verfahrens schon für Objekte mit relativ wenigen Tetraedern die Echtzeitfähigkeit übersteigen, ist für interaktive Simulationen ein Verfahren erforderlich, das geringere und möglichst gleich bleibende Laufzeiten hat.

In diesem Kapitel wird eine schnell zu berechnende approximative Volumenerhaltung entwickelt, die bereits von Diziol et al. [DBB09a] veröffentlicht wurde. Im Gegensatz zu dem Verfahren aus Diziol et al. [DBB09b], das in Abschnitt 5.2 beschrieben wurde, wird jedoch nicht über die Volumengelenke itertiert bis der Volumenfehler unter einer Toleranzgrenze liegt, sondern jedes Gelenk wird nur einmal korrigiert, wodurch das ursprüngliche Volumen ungefähr eingehalten werden kann. Die erste Iteration der Gelenkkorrektur beseitigt in der Regel den größten Fehler, wie es in Abbildung 2.3 zu sehen ist. Durch ein Volumengelenk für Eins-Ringe von Tetraedern kann in der Praxis eine gute Volumenerhaltung ermöglicht werden. Anhand von Beispielen wird gezeigt, dass dieses neue Verfahren gegenüber anderen schnell zu berechnenden Verfahren eine bessere Volumenerhaltung ermöglicht.

In Abschnitt 6.1 wird das Verfahren von Teschner et al. [THMG04] vorgestellt, das die Bewegung deformierbarer Körper schnell berechnen kann. Das Verfahren verwendet die kräftebasierte Methode, um anhand von Zwangsbedingungen die Kräfte, die auf die Partikel wirken, bestimmen zu können. In Abschnitt 6.2 wird ein neues Volumengelenk entwickelt, mit dem sich das Volumen im Vergleich zu dem Verfahren von Teschner et al. besser wiederherstellen lässt. Dies wird in Kapitel 6.3 anhand von Beispielen ausführlich belegt und die Laufzeiten sowie der Volumenverlust beider Verfahren miteinander verglichen.

6.1 Elastizität des Modells

Das in diesem Kapitel entwickelte Verfahren sowie das Verfahren von Teschner et al. [THMG04] verwenden Tetraedernetze zur Simulation deformierbarer Körper. Die Tetraedernetze werden, wie in Abschnitt 5.1 vorgestellt, generiert und das ursprüngliche Dreiecksnetz zur Visualisierung in das Tetraedernetz eingebettet. Abbildung 6.1 zeigt das Dreiecksnetz eines Armadillo Modells mit dem zugehörigen generierten Tetraedernetz, das zur Simulation verwendet wird.

Abbildung 6.1: Erzeugtes Tetraedernetz nach dem Verfahren aus Abschnitt 5.1 für das Armadillo Modell[1].

Für die Simulation elastischer Körper wird in dem in diesem Kapitel entwickelten Verfahren das Verfahren von Teschner et al. [THMG04] verwendet und um ein neues Volumengelenk erweitert. In dem Verfahren von Teschner et al. werden unterschiedliche Zwangsbedingunen der Form $C(\mathbf{x}_1, \ldots, \mathbf{x}_n) = 0$ in Abhängigkeit von Partikelpositionen $\mathbf{x}_1, \ldots, \mathbf{x}_n$ definiert. Diese Zwangsbedingungen werden, um die Elastizität des Modells zu ermöglichen, mit dem in Abschnitt 2.5.4 vorgestellten kräftebasierten Verfahren gelöst. Um auf die zu wirkende Kraft zu kommen, wird die potentielle Energie

$$E(\mathbf{x}_1, \ldots, \mathbf{x}_n) = \frac{1}{2} k C(\mathbf{x}_1, \ldots, \mathbf{x}_n)^2$$

mit Steifigkeit k aufgestellt und daraus die Kraft $\mathbf{f}_i$ berechnet:

$$\mathbf{f}_i(\mathbf{x}_1, \ldots, \mathbf{x}_n) = -\frac{\partial E}{\partial \mathbf{x}_i} = -kC\frac{\partial C}{\partial \mathbf{x}_i} \ .$$

---

[1]Das Armadillo Modell ist Teil des Stanford Scanning Repository.

Teschner et al. verwenden drei unterschiedliche Energieterme, um die Elastizität zu simulieren. Um die Tetraeder in Form zu halten, wird jeder Kante des Tetraedernetzes ein Distanzgelenk zugewiesen, womit sich die Energie mit Steifigkeit k_D und initialer Länge l_{ij} ergibt:

$$E_D(\mathbf{x}_i, \mathbf{x}_j) = \frac{1}{2}k_D(\|\mathbf{x}_i - \mathbf{x}_j\| - l_{ij})^2 .$$

Weiterhin wird eine Zwangsbedingung vorgeschlagen, die die Flächenerhaltung der Oberfläche ermöglicht. Hierfür wird für jedes Dreieck der Oberfläche mit initialer Fläche A_{ijk} und Positionen $\mathbf{x}_i$, $\mathbf{x}_j$ und $\mathbf{x}_k$ die Energie E_A mit zugehöriger Steifigkeit k_A definiert:

$$E_A(\mathbf{x}_i, \mathbf{x}_j, \mathbf{x}_k) = \frac{1}{2}k_A \left(\frac{1}{2}\|(\mathbf{x}_j - \mathbf{x}_i) \times (\mathbf{x}_k - \mathbf{x}_i)\| - A_{ijk} \right)^2 .$$

Für die Volumenerhaltung verwenden Teschner et al. die Energie E_V mit zugeordneter Steifigkeit k_V, die von den Partikelpositionen $\mathbf{x}_i$, $\mathbf{x}_j$, $\mathbf{x}_k$ und $\mathbf{x}_l$ eines Tetraeder mit initialem Volumen V_{ijkl} abhängt:

$$E_V(\mathbf{x}_i, \mathbf{x}_j, \mathbf{x}_k, \mathbf{x}_l) = \frac{1}{2}k_V \left(\frac{1}{6}(\mathbf{x}_i - \mathbf{x}_l)((\mathbf{x}_j - \mathbf{x}_l) \times (\mathbf{x}_k - \mathbf{x}_l)) - V_{ijkl} \right)^2 .$$

Die durch E_V entstehenden Kräfte berücksichtigen das Vorzeichen des Volumens. Somit wirken die Kräfte einer Invertierung des Tetraeders entgegen, was für degenerierte Deformationen wichtig ist. Die resultierende Kraft, die auf das i-te Partikel wirkt, steht orthogonal auf der durch $\mathbf{x}_j$, $\mathbf{x}_k$ und $\mathbf{x}_l$ gegebenen Ebene mit der Länge von einem Drittel der Fläche, die durch das Dreieck $\mathbf{x}_j$, $\mathbf{x}_k$ und $\mathbf{x}_l$ gegeben ist.

Zusätzlich dämpfen Teschner at al. die durch den Energieterm gewonnene Kraft. Die Kraft hängt dann von den Partikelpositionen $\mathbf{x}_1, \dots, \mathbf{x}_n$ und ihren Geschwindigkeiten $\mathbf{v}_1, \dots, \mathbf{v}_n$ mit Dämpfungskonstante d ab:

$$\mathbf{f}_i(\mathbf{x}_1, \dots, \mathbf{x}_n, \mathbf{v}_1, \dots, \mathbf{v}_n) = \left(-kC - d\sum_{j=1}^{n} \frac{\partial C}{\partial \mathbf{x}_j}^T \mathbf{v}_j \right) \frac{\partial C}{\partial \mathbf{x}_i} .$$

Gedämpfte Kräfte sorgen nicht nur für eine bessere visuelle Plausibilität, da natürliche Bewegungen in der Regel immer gedämpft sind, sondern können bei geeigneter Wahl der Dämpfungskonstante auch zu einer stabileren Simulation mit expliziten Integrationsverfahren führen. Diese Dämpfung wird in [DBB09a], wie von Teschner et al. vorgeschlagen, nur für die Distanzgelenke angewendet.

6.2 Erhaltung des Volumens

Wie gut das Volumen eines Körpers mit dem Verfahren von Teschner et al. [THMG04] eingehalten werden kann, hängt von der Steifigkeit k_V ab. Je größer die Steifigkeit gewählt wird, desto besser sollte die Volumenerhaltung sein. Teschner et al. verwenden allerdings, um die Laufzeiten gering zu halten, kein implizites Integrationsverfahren. Daher kann eine zu groß gewählte Steifigkeit den Volumenfehler in einem Zeitschritt noch weiter verschlechtern. In den darauf folgenden Zeitschritten wird deshalb der Volumenfehler immer größer; dies führt zu einer instabilen Simulation. Doch auch unter Verwendung einer impliziten Integration sind noch Probleme zu erwarten. Die Steifigkeit bestimmt, wie gut jede Zwangsbedingung eingehalten wird. Wird jedoch jede Zwangsbedingung exakt eingehalten, liegt das Verklemmungsproblem (siehe Abschnitt 3.3) vor. Je größer also die Steifigkeit gewählt wird, desto wahrscheinlicher werden Verklemmungsprobleme.

Das hier entwickelte neue Verfahren hingegen vermeidet das Verklemmungsproblem und kann auch ohne implizite Integration eine gute Volumenerhaltung erzielen. Um das Verklemmungsproblem zu lösen, wird, wie von Irving et al. [ISF07] vorgeschlagen, für jedes Partikel eine Zwangsbedingung aufgestellt, die garantiert, dass das Volumen des Eins-Ringes erhalten bleibt. Um diese Bedingung aufzustellen, wird zunächst eine Bedingung für einen einzelnen Tetraeder betrachtet.

Das Verschlechtern des Volumenfehlers eines einzelnen Tetraeders kann unter Verwendung des Verfahrens von Teschner et al. verhindert werden, indem der Parameter k_V in jedem Simulationsschritt für jeden Tetraeder optimal bestimmt wird. Gesucht sind somit Positionsänderungen $\Delta \mathbf{x}_i = k_V \frac{\partial C}{\partial \mathbf{x}_i}$ der Tertraederecken in Richtung des Gradienten, so dass das Volumen erhalten bleibt. Somit ist die nach k_V zu lösende kubische Gleichung:

$$\mathrm{vol}\left(\mathbf{x}_i - k_V \frac{\partial C}{\partial \mathbf{x}_i}, \mathbf{x}_j - k_V \frac{\partial C}{\partial \mathbf{x}_j}, \mathbf{x}_k - k_V \frac{\partial C}{\partial \mathbf{x}_k}, \mathbf{x}_l - k_V \frac{\partial C}{\partial \mathbf{x}_l} \right) - V_{ijkl} = 0$$

$$\Leftrightarrow \sum_{i=0}^{3} \alpha_i k_V^i = 0 \,. \quad (6.1)$$

Hier sind $\mathbf{x}_i$ die unter Berücksichtigung der externen Kräfte integrierten Partikelpositionen und vol das in Gleichung (5.1) definierte Tetraedervolumen. Die genaue Berechnung der Koeffizienten α_i ist in Anhang D gegeben. Die kubische Gleichung hat bis zu drei Nullstellen, wovon der kleinste positive Wert für k_V gewählt wird. Somit verändern sich die Partikelpositionen so wenig wie möglich.

Nachdem gezeigt wurde, wie k_V für die Korrektur des Volumens eines Tetraeders zu bestimmen ist, kann die Korrektur des Volumens eines Eins-Ringes betrachtet werden. Besteht der Eins-Ring eines Partikels aus m Tetraedern, ist die Zwangsbedingung für dieses Partikel von der Form:

$$\sum_{j=1}^{m} \sum_{i=0}^{3} \alpha_{ij} k_V^i = \sum_{i=0}^{3} \gamma_i k_V^i = 0.$$

Wieder wird die kleinste positive Lösung für k_V gewählt. Zusätzlich wird k_V so begrenzt, dass kein Tetraeder im Eins-Ring und kein Nachbartetraeder des Eins-Rings invertiert wird.

Um die Invertierung von Tetraedern bei der Korrektur zu verhindern, wird das Volumen der Nachbartetraeder bei der Korrektur betrachtet. Hat man k_V für ein Tetraeder bestimmt, ändert sich das Volumen eines Nachbartetraeders linear, quadratisch oder kubisch in k_V, abhängig ob die Tetraeder nur einen gemeinsamen Punkt, eine gemeinsame Kante oder eine gemeinsame Fläche haben, d. h. das Volumen V eines Nachbartetraeders ist in Abhängigkeit von k_V gegeben:

$$V(k_V) = \sum_{i=0}^{c} \beta_i k_V^i \quad , c = 1, 2, 3 \ .$$

Die Koeffizienten β_i können ähnlich wie die Koeffizienten α_i bestimmt werden. Um die Invertierung der Nachbartetraeder zu verhindern, wird k_V so begrenzt, dass für alle Nachbartetraeder $V(k_V) > \varepsilon$ gilt. Für die in Abschnitt 6.3 vorgestellten Ergebnisse wurde $\varepsilon = \frac{V_0}{2}$ gewählt, wobei V_0 das initiale Volumen eines Tetraeders darstellt.

Wenn nur das Volumen des Eins-Rings betrachtet wird, können einige Tetraeder auf Kosten anderer übermäßig wachsen. Deswegen wird vor der Volumenkorrektur der Eins-Ringe zunächst der optimale Parameter k_V für die Volumenkorrektur der einzelnen Tetraeder bestimmt und dieser wird mit einem Faktor $\lambda \in [0, 1)$ multipliziert. Somit wird das Volumen eines einzelnen Tetraeders in jedem Zeitschritt nur zu einem gewissen Grad wiederhergestellt und man vermeidet deshalb Verklemmungsprobleme. Der Vorteil λk_V zum Korrigieren des Volumens zu verwenden, liegt darin, dass somit kein implizites Integrationsverfahren nötig ist, um das System stabil zu integrieren. In der Praxis liefert $\lambda = \frac{1}{8}$ gute Ergebnisse.

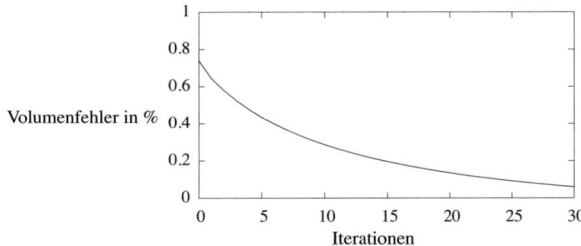

Abbildung 6.2: Werden die Zwangsbedingungen iterativ gelöst, so verringert sich der Volumenfehler in jeder Iteration. Die größte Volumenkorrektur wird dabei in den ersten Iterationen erzielt.

Um eine korrekte Volumenerhaltung durchzuführen, müssten iterativ die Zwangsbedingungen gelöst werden. Versuche haben jedoch gezeigt, dass schon nach einer Iteration eine gute Volumenerhaltung möglich ist. Die Volumenverbesserung nach einigen Iterationen ist in Abbildung 6.2 zu sehen. Es wurde für das Beispiel aus dem folgenden Abschnitt, das in Abbildung 6.5 gezeigt wird, für den Zeitschritt des dritten (rechten) Bildes insgesamt 30 Iterationen durchgeführt. In der ersten Iteration wird dabei der größte Fehler korrigiert. Wie groß die Korrektur des ersten Iterationsschrittes ist, kann stark variieren und ist für alle Beispiele des folgenden Abschnitts in den jeweiligen Abbildungen zu sehen.

Würden größere Regionen, also n-Ringe, betrachtet, würde eine Iteration der Gelenkkorrektur noch bessere Volumenerhaltungen bewirken, da Volumenänderungen schneller durch den Körper propagiert werden könnten. Im Grenzfall, wenn ein Ring alle Tetraeder des Modells beinhaltet, wird das Volumen in einer Iteration komplett wiederhergestellt.

6.3 Ergebnisse

Um die Verbesserung der Volumenerhaltung des hier entwickelten Verfahrens mit der Arbeit von Teschner et al. [THMG04] vergleichen zu können, wurden mehrere Simulationen durchgeführt. In allen Beispielen wurde für das Verfahren von Teschner et al. der Parameter $k_V = 1.4$ so gewählt, dass alle Simulationen stabil liefen. Die Masse der Körper wurde für beide Verfahren auf $m = 1$ gesetzt und gleichmäßig auf die Partikel verteilt. Die Steifigkeit k_D wurde in den Beispielen variiert, um unterschiedlich steife Objekte zu simulieren. Die Energie zur Erhaltung der Oberfläche wurde nicht verwendet, da sie, wie auch von Teschner et al. beschrieben, wenig Auswirkung auf die Simulation von Tetraedernetzen hat. Der Volumenverlust der Objekte lag in allen Beispielen mit dem hier entwickelten Verfahren unter 1%, der Volumenverlust unter Verwendung des Verfahrens von Teschner et al. ist in den folgenden Abbildungen zu sehen. Auch abgebildet sind die Volumenverbesserungen in jedem Simulationsschritt mit dem hier entwickelten Verfahren. Die hier für die einzelnen Szenen angegebenen Laufzeiten wurden, im Gegensatz zu [DBB09a], bei dem ein Intel Xeon mit 2.8GHz verwendet wurde, auf einem Intel Core i7 950 gemessen. Die Zwangsbedingungen wurden parallel mit Hilfe von OpenMP [CJvdP07] abgearbeitet, indem eine Gruppeneinteilung, ähnlich zu der Einteilung von Bayer et al. [BBD09a], vorgenommen wurde. Die Parallelisierung des Ansatzes von Teschner et al. mit OpenMP bringt im Gegensatz zur Parallelisierung des hier entwickelten Verfahrens weniger Laufzeitverbesserung, da das Initialisieren der Threads in jedem Simulationsschritt einen festen Aufwand hat.

Im ersten Beispiel, zu sehen in Abbildung 6.3, werden die Partikel auf der Vorderseite eines Quaders, bestehend aus 4320 Tetraedern, durch externe Kräfte rotiert, wodurch sich der Quader verdreht. Die Steifigkeit wurde auf $k_D = 0.4$ gesetzt. Bei der größten Auslenkung durch die Rotation verlor der Quader mit dem Ansatz nach Teschner et al. fast 7% seines ursprünglichen Volumens, während der Volumenverlust mit dem neuen Ansatz unter 1% lag. Durch die komplexe Bewegung ist der Unterschied jedoch wenig sichtbar. Die Laufzeit für das Verfahren von Teschner et al. lag bei maximal 1.22ms pro Simulationsschritt. Das neue Verfahren benötigte maximal 5.91ms für einen Simulationsschritt.

Das in Abbildung 6.4 gezeigte Beispiel zeigt einen Starrkörper, der mit einem Quader kollidiert, für den der Parameter $k_D = 0.8$ gewählt wurde. Durch die entstandene Kollision verliert der Quader nach dem Ansatz von Teschner et al. 3.5% Volumen. Dieser Fehler kann mit der neuen Methode verringert werden. Der geringere Volumenverlust bei dem Verfahren nach Teschner et al. im Vergleich zum ersten Beispiel kommt jedoch hauptsächlich durch die steiferen Federn. Die gemessenen maximalen Laufzeiten sind mit 1.21ms für das Verfahren von Teschner et al. und 5.80ms für das hier entwickelte Verfahren vergleichbar mit den Laufzeiten aus dem ersten Beispiel, da die Quader die gleiche Anzahl an Tetraedern haben.

Im dritten Beispiel, zu sehen in Abbildung 6.5, werden die Nachteile der kräftebasierten Volumenerhaltung sehr deutlich. Ein Würfel, bestehend aus 8640 Tetraedern, kollidiert zunächst mit dem Boden und wird dann von einem Starrkörper getroffen. Die Steifigkeit wurde auf $k_D = 0.2$ gesetzt, um größere Deformationen zuzulassen. Durch den Einschlag der Kugel verliert der Würfel mit dem Verfahren nach Teschner et al. fast 50% Volumen. Dies führt zu einer unnatürlich wirkenden Deformation. Durch manuelle Einstellung des Parameters k_V kann der Volumenverlust zwar reduziert werden, bei größeren Werten kann dies jedoch durch die explizite Integration zu Instabilitäten führen. Das neue Verfahren benötigt keine manuelle Einstellung, da in jedem Zeitschritt die optimale Steifigkeit berechnet wird und somit einen maximalen Volumenverlust von ca. 1% erreicht. Die Laufzeiten lagen bei 2.08ms für das Verfahren von Teschner et al. und 9.76ms für das hier entwickelte Verfahren.

In Abbildung 6.6 ist ein Armadillo Modell bestehend aus 6510 Tetraedern mit Steifigkeit $k_D = 1.5$ zu sehen. Durch den Volumenverlust von 12% des kräftebasierten Verfahrens knicken die Füße des Modells bei der Kollision mit dem Boden stark ein. Durch die neue Methode konnte ein Einknicken der Füße verhindert werden. Die Laufzeiten der beiden Verfahren sind 1.59ms und 8.51ms.

Ein interessanter Aspekt wird durch das Beispiel in Abbildung 6.7 deutlich. Hier wurde eine Platte bestehend aus 2240 Tetraedern und mit Steifigkeit $k_D = 8.0$ auf eine Kugel fallen gelassen. Hierbei wurden plastische Deformationen erlaubt. Die Plastizität wurde, wie in [OBH02, THMG04] beschrieben, modelliert und führt zu einer Änderung der elastischen Kräfte. Da sich die Kräfte resultierend aus der Volumenbedingung mit den geänderten elastischen Kräften aufheben, bleibt in diesem Beispiel nach der plastischen Deformation mit dem kräftebasierten Verfahren ein Volumenverlust von ca. 6% bestehen. Da durch das neue Verfahren jedoch das Volumen der Teraederringe genauer korrigiert wird, bleibt der Volumenverlust gering. Die Laufzeiten bei diesem Beispiel lagen bei 0.61ms für das Verfahren von Teschner et al. und 3.91ms für das neue Verfahren.

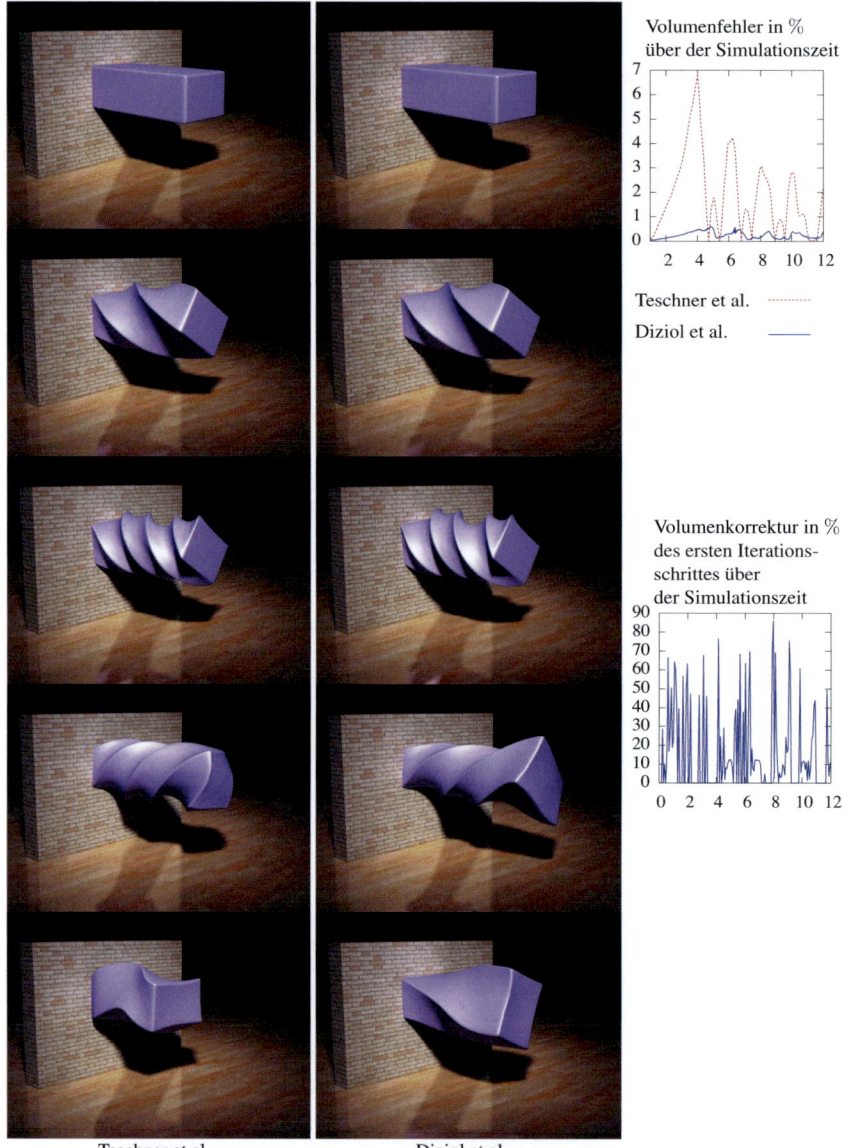

Abbildung 6.3: Auschnitte aus einer Simulation mit dem Verfahren nach Teschner et al. (links) im Vergleich zu dem neuen Verfahren nach Diziol et al. (rechts), bei der ein Quader verdreht und losgelassen wurde. Ebenfalls angegeben ist der prozentuale Volumenverlust über die Simulationszeit für beide Verfahren, sowie die prozentuale Volumenkorrektur nach dem ersten Iterationsschritt für das neu entwickelte Verfahren.

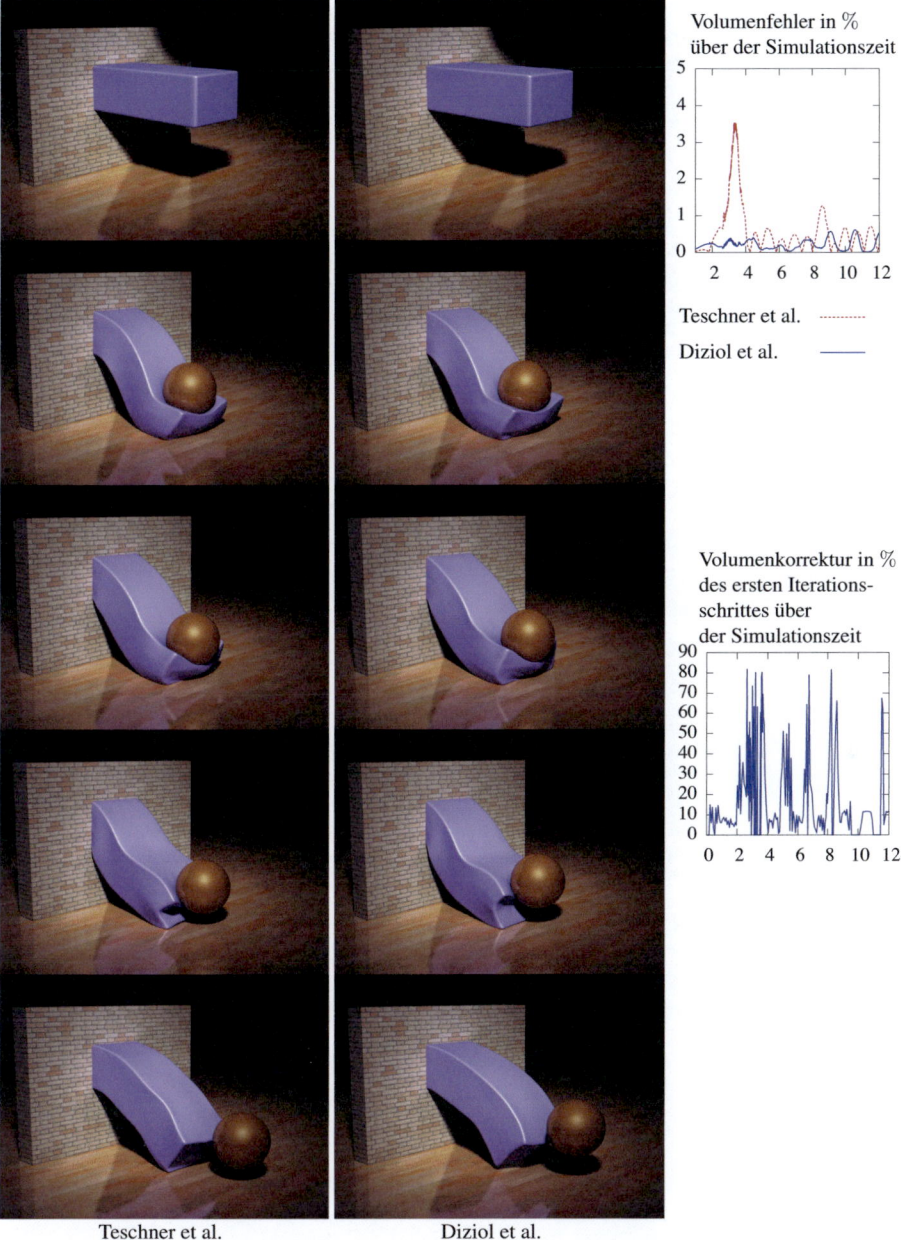

Volumenfehler in %
über der Simulationszeit

Teschner et al. ----------
Diziol et al. ——————

Volumenkorrektur in %
des ersten Iterations-
schrittes über
der Simulationszeit

Teschner et al.

Diziol et al.

Abbildung 6.4: Auschnitte aus einer Simulation mit dem Verfahren nach Teschner et al. (links) im Vergleich zu dem neuen Verfahren nach Diziol et al. (rechts), bei der ein Quader mit einem Starrkörper kollidiert. Ebenfalls angegeben ist der prozentuale Volumenverlust über die Simulationszeit.

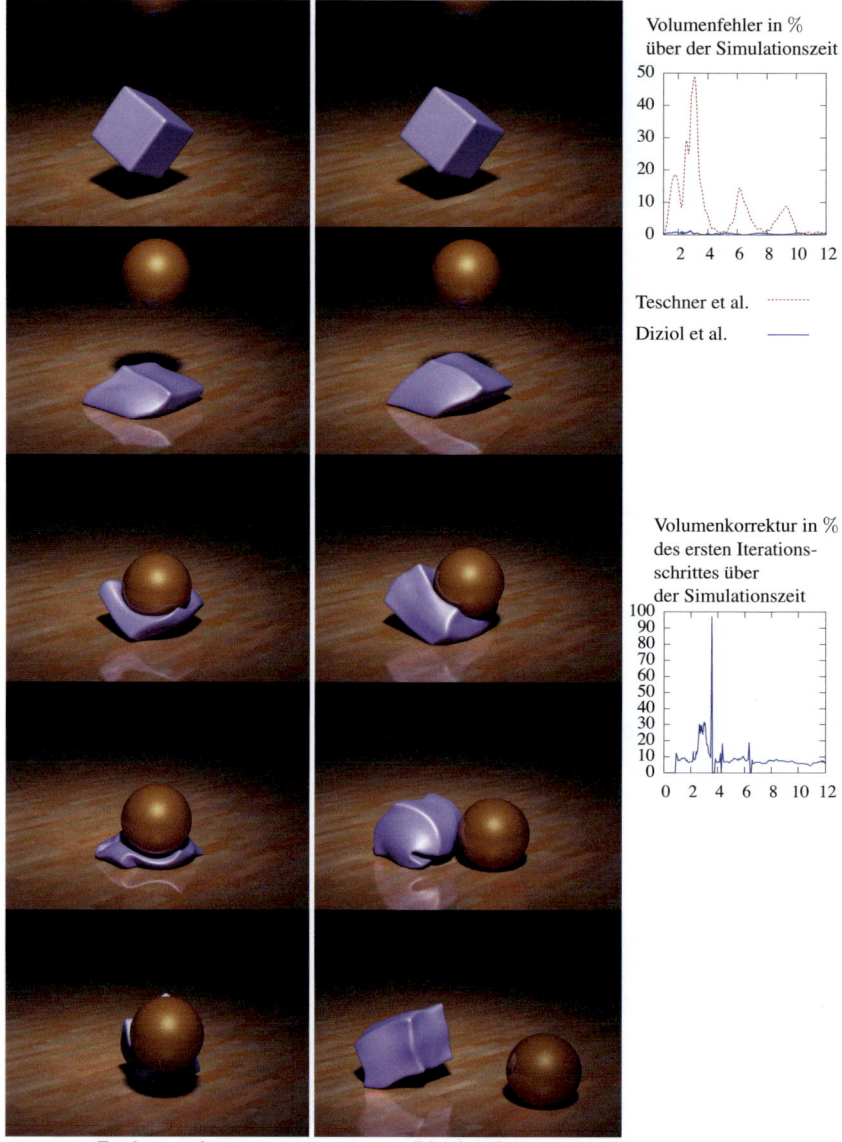

Teschner et al.   Diziol et al.

Abbildung 6.5: Auschnitte aus einer Simulation mit dem Verfahren nach Teschner et al. (links), bei der durch den großen Volumenverlust im Vergleich zu dem neuen Verfahren nach Diziol et al. (rechts) eine unnatürlich aussehende Deformation entsteht. Ebenfalls angegeben ist der prozentuale Volumenverlust über die Simulationszeit für beide Verfahren, sowie die prozentuale Volumenkorrektur nach dem ersten Iterationsschritt für das neu entwickelte Verfahren.

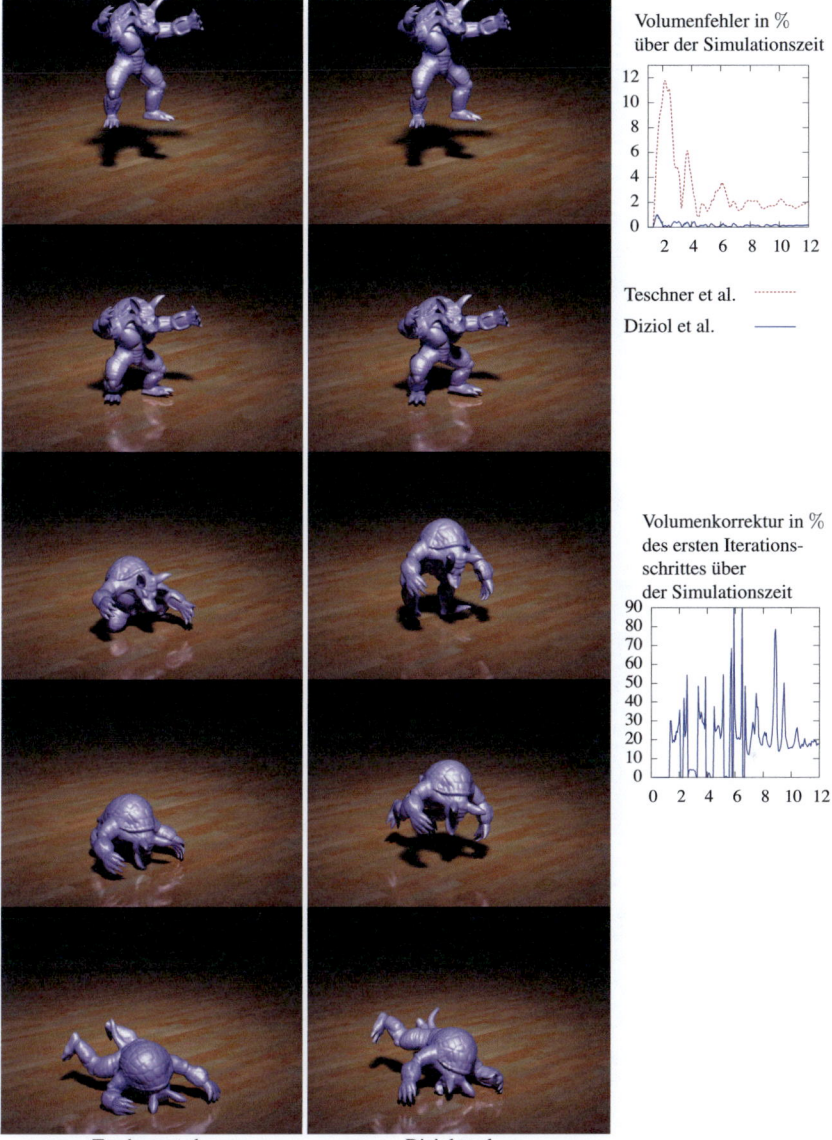

Volumenfehler in %
über der Simulationszeit

Teschner et al. ·············
Diziol et al. ———

Volumenkorrektur in %
des ersten Iterations-
schrittes über
der Simulationszeit

Teschner et al.   Diziol et al.

Abbildung 6.6: Auschnitte aus einer Simulation eines deformierbaren Armadillo Modells mit dem Verfahren nach Teschner et al. (links) im Vergleich zu dem neuen Verfahren nach Diziol et al. (rechts). Ebenfalls angegeben ist der prozentuale Volumenverlust über die Simulationszeit für beide Verfahren, sowie die prozentuale Volumenkorrektur nach dem ersten Iterationsschritt für das neu entwickelte Verfahren.

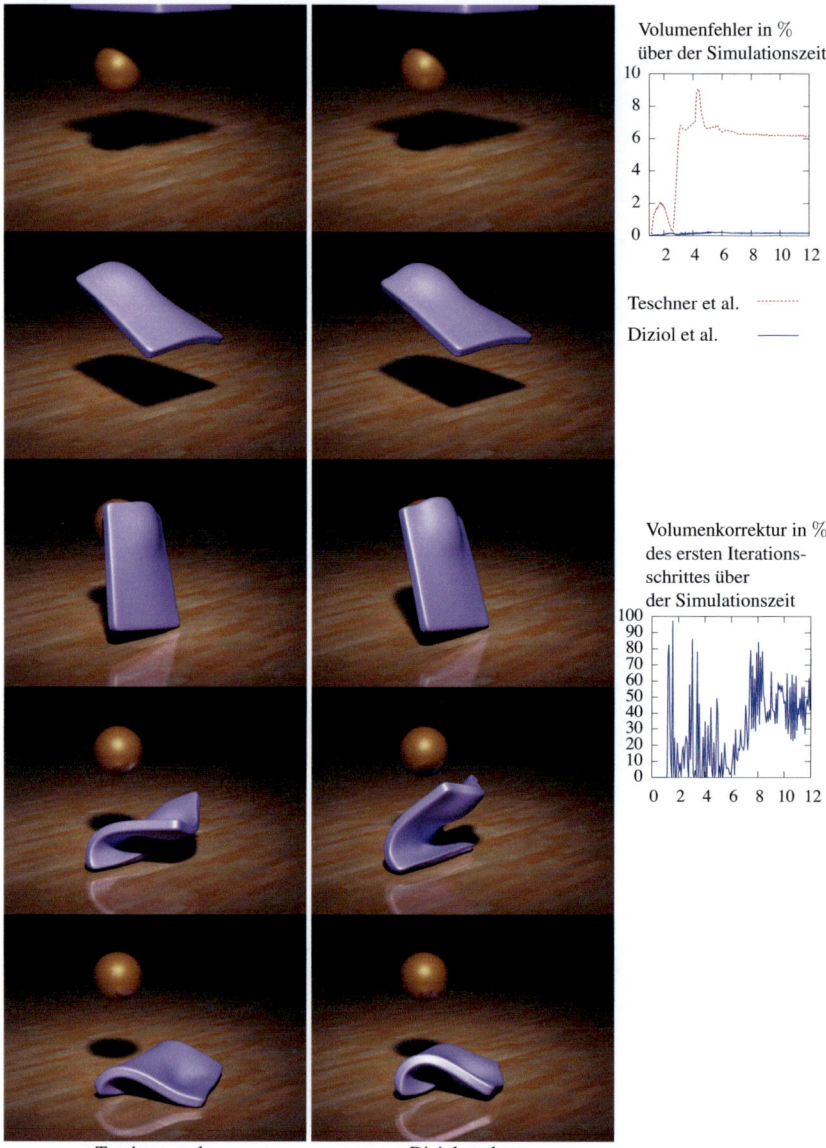

Abbildung 6.7: Auschnitte aus einer Simulation mit plastischer Deformation mit dem Verfahren nach Teschner et al. (links), bei der das Volumen verloren geht, im Vergleich zu dem neuen Verfahren nach Diziol et al. (rechts). Ebenfalls angegeben ist der prozentuale Volumenverlust über die Simulationszeit für beide Verfahren, sowie die prozentuale Volumenkorrektur nach dem ersten Iterationsschritt für das neu entwickelte Verfahren.

Kapitel 7

Oberflächenbasierte Simulation

Alle bisher vorgestellten Verfahren zur Simulation deformierbarer Körper benötigen volumetrische Strukturen, meist Tetraedernetze. Je nach Algorithmus kann dies schon für wenige tausend zu simulierender Elemente zu Rechenzeiten führen, die für interaktive Simulationen nicht mehr brauchbar sind. Gerade die Simulation volumenerhaltender Körper stellt hier eine Herausforderung dar.

Des Weiteren stellt die Anforderung nach Stabilität der Simulation ein großes Problem dar. Physikalisch basierte Ansätze, wie z. B. das Verfahren der Finite-Elemente-Methode aus Kapitel 3.2, benötigen für eine stabile Simulation steifer Körper ein implizites Integrationsverfahren. Dies bedeutet wiederum, dass ein lineares bzw. nicht-lineares Gleichungssystem zu lösen ist, was für mehrere tausend Elemente ein Problem für interaktive Simulationen sein kann, da die Laufzeit nicht linear mit der Anzahl der Elemente skaliert. Lineare Gleichungssystemen müssen auch bei Systemen mit Zwangsbedingungen gelöst werden, was zu ähnlichen Rechenzeiten wie bei impliziten Integrationsverfahren führt.

Geringere Laufzeiten lassen sich mit nicht volumetrischen Beschreibungen erzielen. Da es für die Visualisierung nur auf die Oberfläche ankommt, wird in diesem Kapitel ein Ansatz entwickelt, bei dem das Körperinnere nicht betrachtet werden muss. Das in diesem Kapitel entwickelte und schon von Diziol et al. [DBB11] veröffentlichte Verfahren ermöglicht eine effiziente und robuste Simulation inkompressibler deformierbarer Körper, die nur durch ihre Oberfläche beschrieben werden. Anstelle von Tetraedernetzen werden Dreiecksnetze für die Simulation verwendet. Somit wird auch weniger Speicher benötigt, da innere Partikel komplett entfallen. Zusätzlich werden keine speziellen Simulationsmodelle benötigt, die zunächst aus dem Dreicksnetz gewonnen werden müssten. Das in diesem Kapitel entwickelte neue Verfahren kann Körper mit tausenden von Partikeln in Echtzeit deformieren, hat keine Stabilitätsprobleme, kann das Volumen des Körpers erhalten, produziert hoch qualitative und visuell plausible Deformationen, ist einfach zu implementieren und profitiert von der Geschwindigkeit heutiger Grafikprozessoren.

Da der Trend von heutigen Prozessorarchitekturen hin zu Mehrkernprozessoren geht, sollten neue Algorithmen eine parallele Abarbeitung des Problems ermöglichen. Gerade für rechenintensive Operationen bieten sich hier mittels Grafikhardware beschleunigte Algorithmen an. Moderne Grafikprozessoren können im Schnitt bis zu hundertmal mehr Fließkommaoperationen berechnen als ein herkömmlicher Prozessor. Auch die Anbindung an den internen Speicher der Grafikkarte ist deutlich schneller als die Anbindung zum herkömmlichen Speicher, was besonders bei Algorithmen mit großen Datenmengen wichtig ist.

7.1 Zugrundeliegende Ansätze

Um eine implizite Integration zu umgehen und trotzdem eine stabile Simulation zu ermöglichen, wird in diesem Kapitel ein geometrisch stabiler Ansatz, die *Geometrie-Anpassung*[1] [MHTG05], verwendet. Mit diesem Ansatz lassen sich visuell plausible, elastische und plastische Deformationen von Partikel-Wolken simulieren. Das Verfahren passt die bewegten Partikel, die mehreren überlappenden Regionen zugeordnet sind, einer möglichst guten Starrkörperbewegung an. Die Zuordnung der Partikel in Regionen wird in Abschnitt 7.4 beschrieben. Da Müller et al. [MHTG05] nur wenige solcher überlappenden Regionen in Echtzeit simulieren können, erweitern Rivers und James [RJ07] deren Methode um eine geschickte schnelle Summationstechnik für gleichmäßige Gitter. Diese Summationstechnik kann nicht effizient parallel abgearbeitet werden, was jedoch für eine effiziente Ausführung auf einem Grafikprozessor benötigt wird. Die in diesem Kapitel entwickelte neue Summation hingegen kann für irreguläre Dreiecksnetze verwendet werden und ermöglicht eine effiziente Ausführung auf der Grafikkarte.

Für die Geometrie-Anpassung wird in diesem Kapitel zusätzlich eine neue Volumenerhaltung entwickelt, die rein Oberflächen-basiert ist. Wie im nächsten Abschnitt vorgestellt, wird die Volumenerhaltung nach der Kollisionsauflösung realisiert, weswegen für die Volumenzwangsbedingung fertig aufgelöste Kontakte und Kollisionen betrachtet werden müssen. Die Volumenzwangsbedingung wird durch Korrektur der Partikelpositionen gelöst, ähnlich wie in der positionsbasierten Methode (siehe Abschnitt 2.5.3). Um die physikalische Plausibilität zu erhalten, müssen wie in der positionsbasierten Methode die Geschwindigkeiten entsprechend angepasst werden. Durch einfache Positionsänderungen kann die Geschwindigkeit oszillieren, wie es auch von Irving et al. [ISF07] festgestellt wurde. Deswegen wird zusätzlich eine Geschwindigkeitskorrektur durchgeführt. Um nicht nur globale, sondern auch lokale Volumenkorrekturen anhand der Oberfläche realisieren zu können, wird eine neue Formulierung entwickelt, die auch schon von Hong et al. [HJCW06] entdeckt wurde. In diesem Kapitel wird außerdem eine neue Heuristik entwickelt,

---

[1] Englischer Begriff des Verfahrens: Shape Matching.

mit deren Hilfe auch lokale Volumenkorrekturen durchgeführt werden können. Die hier entwickelte Volumenzwangsbedingung kann darüber hinaus nicht nur mit der Geometrie-Anpassung verwendet werden, sondern für jede Simulation, die geschlossene deformierbare Oberflächen verwendet.

7.2 Übersicht über das Verfahren

In dem Integrationsschema der Simulation müssen die Elastizität der Körper, Zwangsbedingungen zwischen den Körpern (wie Kollisionen) und die Volumen der Körper berücksichtigt werden. Das Volumen kann sich durch die Modifikation der Positionen direkt oder durch die Geschwindigkeiten indirekt verändern. Wird ein Partikel verschoben, ändert sich seine Geschwindigkeit und entsprechend das Volumen im nächsten Zeitschritt, d. h. es kommt zu Oszillationen. Abbildung 7.1 veranschaulicht diesen Sachverhalt. Um dieses Problem zu umgehen, werden Positionen und Geschwindigkeiten getrennt behandelt.

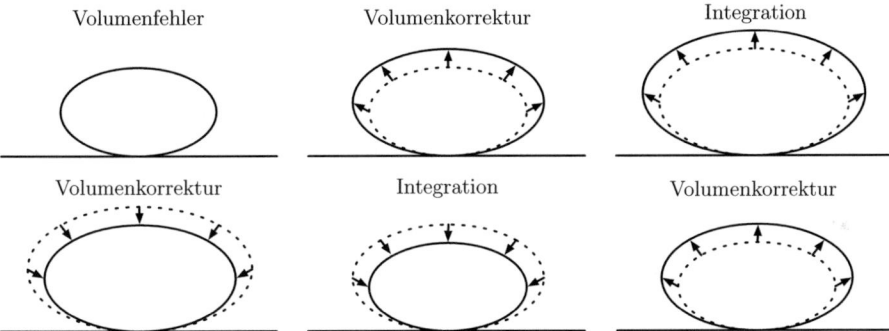

Abbildung 7.1: Um den Volumenfehler (oben links) zu korrigieren, werden die Partikelpositionen des Körpers entsprechend angepasst (oben Mitte), womit sich die Geschwindigkeiten (durch Pfeile angedeutet) ändern. Durch die Integration im nächsten Zeitschritt (oben rechts) wird das Volumen deshalb wieder verletzt, weshalb eine neue Volumenkorrektur nötig ist (unten links). Durch erneute Integration (unten Mitte) verliert der Körper an Volumen, womit sich das Objekt nach erneuter Volumenkorrektur (unten rechts) wieder in der Ausgangssituation (oben Mitte) befindet. Diese Oszillationen können durch eine Geschwindigkeitskorrektur vermieden werden.

Der in diesem Kapitel entwickelte neue Ansatz verwendet geschlossene Dreiecksnetze. Jeder Ecke des Netzes wird ein Partikel zugeordnet. Die Simulation eines Zeitschrittes mit Schrittweite Δt und externer Beschleunigung $\mathbf{a}$, wie z. B. der Gravitation, ist in folgende Schritte unterteilt, um die Partikel mit Positionen und Geschwindigkeiten von $[\mathbf{x}^n, \mathbf{v}^n]^T$ in den Zustand $[\mathbf{x}^{n+1}, \mathbf{v}^{n+1}]^T$ zu überführen:

1. Führe eine semi-implizite Euler-Integration der Partikel durch:
$$\mathbf{v}^{n+1} = \mathbf{v}^n + \Delta t\, \mathbf{a}$$
$$\mathbf{x}^{n+1} = \mathbf{x}^n + \Delta t\, \mathbf{v}^{n+1} \quad .$$

2. Modifiziere die Positionen $\mathbf{x}^{n+1}$ und Geschwindigkeiten $\mathbf{v}^{n+1}$ anhand der Elastizität des Körpers.

3. Berechne Kollisionen, modifiziere Positionen $\mathbf{x}^{n+1}$, um einen kollisionsfreien Zustand zu erhalten, und verändere die Geschwindigkeiten $\mathbf{v}^{n+1}$ durch die Reibung.

4. Korrigiere die Positionen $\mathbf{x}^{n+1}$, um das Volumen wiederherzustellen, ohne aufgelöste Kollisionen zu verletzen.

5. Korrigiere die Geschwindigkeiten $\mathbf{v}^{n+1}$, um Oszillationen zu vermeiden.

Im ersten Schritt dieses Schemas werden die Positionen und Geschwindigkeiten der Partikel mit einem semi-expliziten Euler-Verfahren integriert, ohne Zwangsbedingungen oder Elastizität zu berücksichtigen. Dabei treten keine Instabilitäten des Systems auf. In Schritt zwei (siehe Abschnitt 7.3) wird die Elastizität des Objekts durch die robuste Geometrie-Anpassung simuliert. Da sie immer stabil ist, wird keine implizite Integration benötigt. In Schritt drei werden Kollisionen bestimmt und eine Kollisionsauflösung durchgeführt, wie es in Kapitel 4 beschrieben wurde. Durch die Kollisionsauflösung wird zwar wiederum das Objekt deformiert. Diese Deformation wird erst im nächsten Zeitschritt durch die Geometrie-Anpassung berücksichtigt. Für visuell plausible Animationen stellt dies keine Probleme dar. Im vierten Schritt wird das Volumen wiederhergestellt, das durch die ersten Schritte verloren gegangen sein kann. Hierbei dürfen bereits korrigierte Kollisionen jedoch nicht zerstört werden. Im letzten Schritt werden dann die Geschwindigkeiten gesondert behandelt, um Oszillationen zu vermeiden. Schritt vier und fünf werden in Abschitt 7.9 behandelt.

7.3 Die Geometrie-Anpassung

Das elastische Verhalten deformierbarer Körper kann auf unterschiedliche Arten realisiert werden. Masse-Feder-Systeme [THMG04], wie in Abschnitt 6.1 beschrieben, oder die Finite-Elemente-Methode aus Abschnitt 3.2 zur Berechnung des Deformationsverhaltens können hierfür verwendet werden. Beide Verfahren haben jedoch den Nachteil, dass sie nicht unbedingt stabil mit schnellen expliziten Integrationsverfahren integriert werden können. Dies liegt daran, dass die Kräfte beliebig groß werden können, womit sich die Partikel in jedem Zeitschritt weiter von der Ruhelage entfernen. Implizite Integrationsverfahren hingegen benötigen mehr

Rechenzeit, was die Anzahl der Partikel, die interaktiv simuliert werden können, stark einschränkt.

Mit der von Müller et al. [MHTG05] vorgestellten Geometrie-Anpassung kann diese Limitierung jedoch umgangen werden. Zunächst werden die Partikel mit einem expliziten Verfahren integriert, ohne interne Kräfte oder Zwangsbedingungen zu berücksichtigen, die ein instabiles System verursachen könnten. Die Partikel des Körpers können sich also beliebig bewegen. Ziel ist es, die Partikel wieder in Richtung Ruhelage zu bewegen. Hierfür muss die initiale Pose der Ruhelage, bestehend aus den Partikeln $\mathbf{x}_i(t_0) = \mathbf{x}_i^0$, durch eine Starrkörperbewegung in eine Lage gebracht werden, die die aktuelle Pose möglichst gut beschreibt. Um diese Anpassung zu finden, wird eine Rotationsmatrix $\mathbf{R}$ und die Translation $\mathbf{t}^0 - \mathbf{t}$ gesucht, die die quadratischen Abstände zwischen den Partikeln minimiert:

$$\sum_i m_i \left(\mathbf{R} \left(\mathbf{x}_i^0 - \mathbf{t}^0 \right) + \mathbf{t} - \mathbf{x}_i \right)^2 .$$

Hierbei sind m_i die Massen der einzelnen Partikel, $\mathbf{t}^0$ die initiale und $\mathbf{t}$ die aktuelle Translation des Körpers. Auf den ersten Blick scheint der Vektor $\mathbf{t}^0$ überflüssig zu sein, da man die initialen Partikelpositionen $\mathbf{x}_i^0$ so verschieben könnte, dass $\mathbf{t}^0 = \mathbf{0}$ gilt. Dieses Hilfskonstrukt ist aber für die in Abschnitt 7.5 beschriebene Optimierung wichtig, da man sonst keine schnelle Summation durchführen könnte. Abbildung 7.2 veranschaulicht schematisch das Vorgehen der Geometrie-Anpassung. Die an die aktuellen Partikelpositionen angepasste initiale Pose definiert somit Zielpositionen $\mathbf{g}_i = \mathbf{R}(\mathbf{x}_i^0 - \mathbf{t}^0) + \mathbf{t}$ für jedes einzelne Partikel. Diese Zielpositionen beschreiben den undeformierten Zustand des Objekts bezüglich der aktuellen Lage der Partikel. Da der undeformierte Zustand der einzelnen Partikel nun bekannt ist, kann jedes Partikel in Richtung der Zielpositionen verschoben werden. Somit wird ein Überschießen der Partikel verhindert, womit das System immer stabil bleibt.

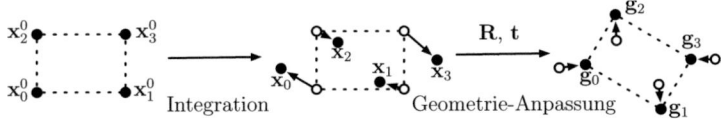

Abbildung 7.2: Bei der Geometrie-Anpassung wird die initiale Pose (links) mit einer Starrköperbewegung an die integrierten Partikelpositionen (Mitte) angepasst, um für jeden Partikel eine Zielposition zu erhalten (rechts).

Nach Arkun et al. [AHB87] berechnen sich die Vektoren $\mathbf{t}^0$ der initialen Pose und $\mathbf{t}$ der deformierten Pose durch die Schwerpunkte der Partikel mit Hilfe der Masse des Körpers $M = \sum_i m_i$,

$$\mathbf{t}^0 = \frac{1}{M} \sum_i m_i \mathbf{x}_i^0 \tag{7.1}$$

$$\mathbf{t} = \frac{1}{M} \sum_i m_i \mathbf{x}_i \tag{7.2}$$

und die Matrix $\mathbf{R}$ ist der rotatorische Anteil der Kreuzkovarianzmatrix

$$\mathbf{A} = \sum_i m_i \left(\mathbf{x}_i - \mathbf{t} \right) \left(\mathbf{x}_i^0 - \mathbf{t}^0 \right)^{\mathrm{T}}, \tag{7.3}$$

die mit Hilfe der Polarzerlegung $\mathbf{A} = \mathbf{RU}$ berechnet werden kann. Die Matrix $\mathbf{R}$ ist eine orthonormale Matrix und $\mathbf{U} = \sqrt{\mathbf{A}^{\mathrm{T}}\mathbf{A}}$ eine symmetrische Matrix. Unterschiedliche Verfahren zur Berechnung der Polarzerlegung finden sich in Anhang E.

In dieser Arbeit werden zyklische Jacobi-Iterationen mit einem Warmstart (siehe [GVL96]) verwendet, um $\mathbf{U}$ zu extrahieren und so $\mathbf{R} = \mathbf{AU}^{-1}$ zu erhalten. Der Warmstart (wie auch in Anhang E beschrieben) hilft die Anzahl der Jacobi-Iterationen zu verringern. Bezüglich der optimalen Starrkörperbewegung ergeben sich dann die Zielpositionen $\mathbf{g}_i$ der einzelnen Partikel mit Hilfe der Transformationsmatrix $\mathbf{T} = [\mathbf{R} \ (\mathbf{t} - \mathbf{Rt}^0)]$ zu:

$$\mathbf{g}_i = \mathbf{T} \begin{bmatrix} \mathbf{x}_i^0 \\ 1 \end{bmatrix}.$$

Durch die so gewonnenen Zielpositionen lassen sich die Geschwindigkeiten und Positionen der Partikel aktualisieren:

$$\mathbf{v}_i^{n+1} := \mathbf{v}_i^{n+1} + s \frac{\mathbf{g}_i - \mathbf{x}_i}{\Delta t} \tag{7.4}$$
$$\mathbf{x}_i^{n+1} = \mathbf{x}_i^n + \Delta t \, \mathbf{v}_i^{n+1}.$$

Der skalare Parameter $s \in [0, 1]$ beschreibt hierbei die Steifigkeit des Objekts und kontrolliert, wie schnell sich die Partikel in ihre Ruhelage bewegen. Werden alle Partikel direkt auf die Zielpositionen verschoben ($s = 1$), erhält man eine Starrkörperbewegung, werden sie hingegen nur ein wenig in Richtung der Zielpositionen verschoben ($s < 1$), erhält man die Bewegung eines elastischen Körpers. Indem die Geschwindigkeiten $\mathbf{v}_i^{n+1}$ mit Hilfe der Zielpositionen aktualisiert werden, kann ein Überschießen verhindert und eine unbedingt stabile Simulation gewährleistet werden. Zusätzlich können die Geschwindigkeiten mit einem stabilen Dämpfungsverfahren gedämpft werden, bevor die Partikelpositionen aktualisiert werden. Die Dämpfung der Geschwindigkeiten wird in Abschnitt 7.11 behandelt.

Dieser Ansatz kann nicht nur verwendet werden, um die Elastizität von volumetrischen Körpern zu beschreiben, auch bei der Simulation von Kleidung wurde diese Technik erfolgreich von Stumpp et al. [SSBT08] eingesetzt. Hier kann die Polarzerlegung sogar in geschlossener Form angegeben werden, da die Rotation in der Ebene eines Dreiecks des Kleidungsstücks berechnet wird und somit nur zwei-dimensional ist. Dies erlaubt eine schnellere Berechnung der Polarzerlegung.

7.4 Überlappende Regionen

Werden alle Zielpositionen mit einer Starrkörpertransformation bestimmt, können keine großen Deformationen erfolgen. Um dieses Problem zu umgehen, weisen Müller et al. [MHTG05] die Partikel überlappenden Regionen zu. Diese Regionen werden bestimmt, indem der Raum um das Objekt in Voxel aufgeteilt wird und die Partikel den Voxeln zugeordnet werden. Jedem Voxel wird eine Region $\mathfrak{R}_j$ zugeteilt, die die Partikel in diesem Voxel und all seinen angrenzenden Voxeln enthält. Für jede Region wird dann die Geometrie-Anpassung anhand der Partikel in der Region durchgeführt und somit die regionsspezifischen Zielpositionen bestimmt. Um die endgültigen Zielpositionen für die Partikel zu erhalten, werden die Zielpositionen aus dem Mittel aller regionsspezifischen Zielpositionen bestimmt:

$$\mathbf{g}_i = \frac{1}{|\mathfrak{R}_i|} \sum_{j \in \mathfrak{R}_i} \mathbf{T}_j \begin{bmatrix} \mathbf{x}_i^0 \\ 1 \end{bmatrix}. \tag{7.5}$$

Hierbei ist $\mathbf{T}_j$ die durch die Geometrie-Anpassung gewonnene Transformationsmatrix für die Region $\mathfrak{R}_j$. Müller et al. [MHTG05] verwenden in ihrer Arbeit nur wenige überlappende Regionen. Wie in der Arbeit von Rivers und James [RJ07] gezeigt, beeinflusst die Größe der Überlappungen der Regionen die Steifigkeit des Körpers. Werden viele kleine Regionen mit wenig überlappenden Partikeln verwendet, werden durch benachbarte Regionen im Allgemeinen sehr unterschiedliche Zielpositionen bestimmt. Dies führt zu größeren Deformationen. Je größer die Überlappungen jedoch sind, desto ähnlicher werden die Zielpositionen benachbarter Regionen. Die Steifigkeit des Objektes wird somit erhöht. Abbildung 7.3 vergleicht die Deformation eines Objektes mit kleinen und großen Regionen.

Werden große Überlappungen der Regionen zugelassen, kann sich die Laufzeit zur Berechnung der Zielpositionen drastisch erhöhen. Dieser Sachverhalt wird in Abschnitt 7.5 und Abschnitt 7.7 genauer behandelt. Anstatt viele Regionen mit großen Überlappungen zu verwenden, schlagen Müller et al. [MHTG05] alternativ vor, quadratische anstatt lineare Transformationen zur Bestimmung der Zielpositionen zu verwenden. Allerdings hilft dieses Vorgehen bei großen Deformationen nicht, da wenige Regionen die Deformation nicht genau genug beschreiben können. Abbildung 7.4 zeigt den Unterschied zwischen der Verwendung von linearen und quadratischen Transformationen mit weniger Regionen und linearen Transformationen mit vielen Regionen.

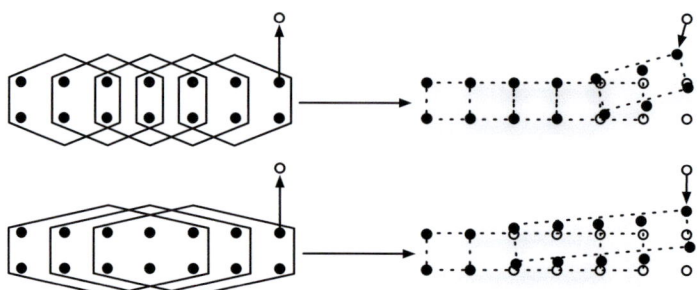

Abbildung 7.3: Änderung der Steifigkeit bei unterschiedlichen Regionsgrößen. Oben werden kleine Regionen mit jeweils sechs Partikeln zur Geometrie-Anpassung verwendet, was zu größeren Deformationen führt. Verwendet man dagegen größere Regionen, wie unten im Bild zu sehen ist, wird das Objekt bei Auslenkung eines Partikels weniger deformiert.

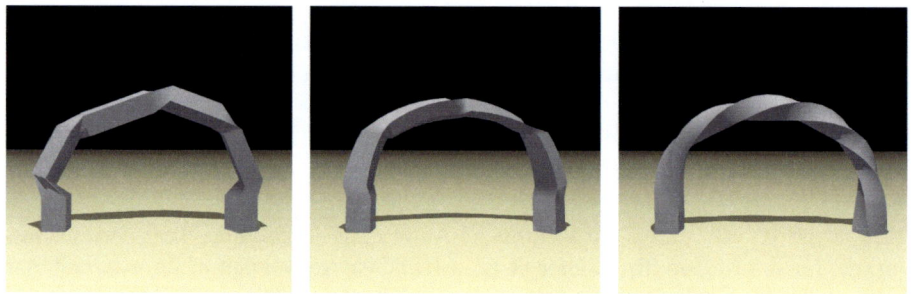

Abbildung 7.4: Vergleich zwischen der Verwendung von linearen (links) und quadratischen Transformationen (Mitte) mit wenigen Regionen und linearen Transformationen (rechts) mit vielen Regionen. Auch mit Hilfe quadratischer Transformationen lassen sich keine großen Deformationen ohne Artefakte realisieren. Quelle: [RJ07].

7.5 Schnelle Summation für regelmäßige Gitter

Bei der Verwendung weniger Regionen kann es zu schlechten Deformationen kommen. Deshalb ist eine effiziente Behandlung vieler Regionen nötig. Da sich die Regionen überlappen, werden bei der Berechnung des Schwerpunktes und der Matrix die Partikel mehrfach aufsummiert. In dem Ansatz von Rivers und James [RJ07] muss hingegen zur Summenbildung von Gleichungen (7.2) und (7.3) jedes Partikel nur einmal betrachtet werden, da sie eine gitterförmige Netzstruktur zur Simulation verwenden. Dieses Konzept wird auch von Steinmann et al. [SOG08] verwendet, um eine schnelle Summation für adaptive, auf Octrees basierenden, Gitterstrukturen zu realisieren.

Rivers und James verwenden nicht das ursprüngliche Netz zur Simulation, um zu einer geschickten Summation zu kommen. Stattdessen wird der achsenparallele Hüllquader des Objektes in ein regelmäßiges Gitter unterteilt und an jedem Gitterpunkt wird ein Partikel platziert. Das ursprüngliche Netz wird in das Gitter eingebettet und zur Visualisierung anhand des Gitters mit bewegt. Die Regionen für die Geometrie-Anpassung ergeben sich aus dem Gitter. Jedem Gitterpunkt wird eine Region zugewiesen, die das Partikel des Gitterpunktes selbst sowie alle Partikel in der ω-Nachbarschaft des Gitters enthält. Die Größe ω der Nachbarschaft spielt hierbei eine wichtige Rolle für die Steifigkeit des Objektes, beeinflusst aber auch die Laufzeit signifikant.

Um die Translation $\mathbf{t}$ und die Matrix $\mathbf{A}$ der Gleichungen (7.2) und (7.3) aufstellen zu können, müssen bei einer Regionsgröße ω und n Regionen $n(2\omega + 1)^3 = O(n\omega^3)$ Elemente aufaddiert werden. Diese Terme können jedoch aufgrund der regelmäßigen Gitterstruktur durch eine geschickte Umformulierung der Summe in konstanter Laufzeit summiert werden. Die zu berechnende Summe S_{xyz} der Region $\mathfrak{R}_{xyz}$ ist

$$S_{xyz} = \sum_{k=z-\omega}^{z+\omega} \sum_{j=y-\omega}^{y+\omega} \sum_{i=x-\omega}^{x+\omega} e_{ijk} \, ,$$

mit den skalaren Werten e_{ijk} aus der Translation $\mathbf{t}$ und der Matrix $\mathbf{A}$ (also insgesamt 12 Summen). Für eine schnelle Summation kann diese Summe in drei Schritten über die drei Raumrichtungen des Gitters unterteilt werden:

$$X_{xyz} = \sum_{i=x-\omega}^{x+\omega} e_{iyz}$$

$$XY_{xyz} = \sum_{j=y-\omega}^{y+\omega} X_{xjz}$$

$$S_{xyz} = \sum_{k=z-\omega}^{z+\omega} XY_{xyk} \, .$$

Durch diese Aufteilung müssen nur noch $3n(2\omega + 1)$ Elemente für die Summe betrachtet werden. Da sich die Regionen und somit die Elemente der Summen überlappen, kann die Berechnung durch folgendes, rekursives Summieren auf die Laufzeit $O(n)$ reduziert werden:

$$X_{xyz} = X_{(x-1)yz} - e_{(x-\omega-1)yz} + e_{(x+\omega)yz}$$
$$XY_{xyz} = XY_{x(y-1)z} - X_{x(y-\omega-1)z} + X_{x(y+\omega)z}$$
$$S_{xyz} = S_{xy(z-1)} - XY_{xy(z-\omega-1)} + XY_{xy(z+\omega)} \, . \tag{7.6}$$

Diese Vorschrift kann für alle im Inneren[2] des Gitters liegende Partikel verwendet

---

[2]Der Würfel, der die Region bildet, muss voll mit Partikeln besetzt sein.

werden. Nur für am Rand liegende Partikel müssen Sonderfälle betrachtet werden, sodass man am Rand nicht auf eine Laufzeit von $O(n)$ kommt.

Durch diese Summationsvorschrift wird deutlich, warum man die Variable $\mathbf{t}_r^0$ der r-ten Region aus Gleichung (7.1) benötigt und nicht die Punkte zum regionenspezifischen Schwerpunkt verschieben kann, sodass $\mathbf{t}_r^0 = \mathbf{0}$ gilt. Dann wären nämlich die Summen über die Partikel, die sich aus zwei überlappenden Regionen ergeben, nicht mehr identisch. Das gleiche Problem tritt auch bei der Summe über die Matrix $\mathbf{A}_r$ der r-ten Region aus Gleichung (7.3) auf. Diese enthält die Terme $\mathbf{t}_r$ und $\mathbf{t}_r^0$, die für jede Region verschieden sind. Um die schnelle Summation durchführen zu können, müssen die regionsspezifischen Teile der Matrix getrennt betrachtet werden. Hierfür kann die Matrix wie folgt zerlegt werden:

$$
\begin{aligned}
\mathbf{A}_r &= \sum_{i \in \Re_r} m_i \left(\mathbf{x}_i - \mathbf{t}_r\right) \left(\mathbf{x}_i^0 - \mathbf{t}_r^0\right)^{\mathrm{T}} \\
&= \sum_{i \in \Re_r} m_i \left(\mathbf{x}_i \mathbf{x}_i^{0\mathrm{T}}\right) - \left(\sum_{i \in \Re_r} m_i \mathbf{x}_i\right) \mathbf{t}_r^{0\mathrm{T}} - \mathbf{t}_r \left(\sum_{i \in \Re_r} m_i \mathbf{x}_i^0\right)^{\mathrm{T}} + M_r \mathbf{t}_r \mathbf{t}_r^{0\mathrm{T}} \\
&= \sum_{i \in \Re_r} m_i \left(\mathbf{x}_i \mathbf{x}_i^{0\mathrm{T}}\right) - M_r \mathbf{t}_r \mathbf{t}_r^{0\mathrm{T}} - M_r \mathbf{t}_r \mathbf{t}_r^{0\mathrm{T}} + M_r \mathbf{t}_r \mathbf{t}_r^{0\mathrm{T}} \\
&= \sum_{i \in \Re_r} m_i \left(\mathbf{x}_i \mathbf{x}_i^{0\mathrm{T}}\right) - M_r \mathbf{t}_r \mathbf{t}_r^{0\mathrm{T}} \; .
\end{aligned}
\tag{7.7}
$$

Der Wert M_r ist hier die vorberechnete Masse aller Partikel der r-ten Region. Für die Berechnung der schnellen Summe wird der Schwerpunkt $\mathbf{t}$ jeder Region und folgende Matrix bestimmt:

$$
\overline{\mathbf{A}}_r = \sum_{i \in \Re_r} m_i \left(\mathbf{x}_i \mathbf{x}_i^{0\mathrm{T}}\right) \; .
$$

Danach kann der Term $M_r \mathbf{t}_t \mathbf{t}_r^{0\mathrm{T}}$ von $\overline{\mathbf{A}}_r$ abgezogen werden. Nach der Bestimmung der Zielpositionen für die Partikel der Regionen, müssen die finalen Zielpositionen aus Gleichung (7.5) der Partikel ermittelt werden. Um diese effizient zu berechnen, kann wieder die schnelle Summation verwendet werden.

Durch die Verwendung vieler Regionen ergeben sich dennoch Probleme für die Laufzeit. Zunächst einmal muss für jede Region die optimale Bewegung bestimmt werden, weshalb auch für jede Region die Polarzerlegung berechnet werden muss. Da auf einem heutigen Prozessor nur ca. 1500 Polarzerlegungen[3] in einer Millisekunde berechnet werden können, limitiert dies die Anzahl an Regionen für Echtzeitanwendungen. Dieses Problem wird, wie in Abschnitt 7.13 beschrieben, durch Verwendung von Spezialhardware umgangen.

---

[3]Gemessen auf einem Intel Core i7 950.

7.6 Oberflächenbasierte Simulation

Wie in Abbildung 7.4 gezeigt, benötigt man für komplexe Deformationen viele Regionen. Um die Anzahl an Regionen und somit die Laufzeit reduzieren zu können, wird in dem hier entwickelten Verfahren ausschließlich die Oberfläche eines Körpers für die Simulation betrachtet. Dies hat mehrere Vorteile. Da der Betrachter das Körperinnere nicht sieht, müssen keine Partikel ins Innere gelegt werden. Stattdessen können, ohne die Rechenzeit zu erhöhen, mehr Partikel auf der Oberfläche platziert werden, was zu glatteren Deformationen der Oberfläche führt. Zusätzlich zur Laufzeitersparnis benötigt man auch weniger Speicher. Weiterhin ist keine weitere Datenstruktur erforderlich, sondern man kann direkt das Dreiecksnetz zur Simulation verwenden. Dies ermöglicht, bei der Kollisionserkennung und -auflösung genauere Resultate zu erzielen, da nicht, wie z. B. bei der Verwendung von Tetraedernetzen, das leicht zur visualisierten Oberfläche versetzte Simulationsnetz verwendet wird.

Ähnlich zu der Arbeit von Rivers und James [RJ07] wird in dem hier entwickelten neuen Ansatz pro Partikel des Dreiecksnetzes eine Region $\mathfrak{R}_i$ definiert. Sie beinhaltet das Partikel selbst sowie alle Partikel seines ω-Rings. Der ω-Ring, wie in Abbildung 7.5 zu sehen, besteht aus allen Partikeln, die über ω Kanten erreicht werden können.

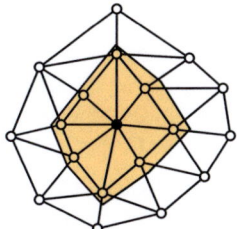 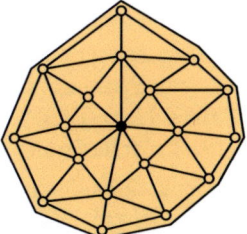

Abbildung 7.5: Um die Regionen für die Geometrie-Anpassung zu definieren wird der ω-Ring eines Partikels (dicker Punkt) verwendet. Im Bild zu sehen der 1-Ring (links) und der 2-Ring (rechts).

Ein generelles Problem der Geometrie-Anpassung ist es, dass, je nach verwendeter Methode zur Extraktion der Polarzerlegung, im Falle von $\det \mathbf{A} \leq 0$ keine echte Rotation aus der Matrix $\mathbf{A}$ bestimmt werden kann. Dieses Problem tritt in den Arbeiten von Müller et al. [MHTG05] und Rivers und James [RJ07] jedoch selten auf und wird deswegen nicht diskutiert[4]. Wird hingegen rein die Oberfläche betrachtet, ist schon in der Anfangspose bei koplanaren Regionen die Determinante null. Um dieses Problem zu umgehen, wird in dem in diesem Kapitel entwickelten

---

[4] Bei einer räumlichen Verteilung der Partikel ist die Determinante von $\mathbf{A}$ meist positiv.

Verfahren ein zusätzlicher Punkt $\mathbf{p}$ zur Region $\mathfrak{R}_i$ hinzugefügt und bei der Berechnung von $\mathbf{A}$ in die Summe mit aufgenommen. Seine Position ist durch die Position $\mathbf{x}_i$ und durch die Oberflächennormale[5] $\mathbf{n}_i$ bestimmt:

$$\mathbf{p} = \mathbf{x}_i + l\mathbf{n}_i \ .$$

Der Faktor

$$l = \frac{1}{|\mathfrak{R}_i|} \sum_{j \in \mathfrak{R}_i} m_j \|\mathbf{x}_j^0 - \mathbf{t}_0\|$$

stellt hierbei die durchschnittliche initiale Distanz der Partikel aus der i-ten Region zu ihrem Schwerpunkt dar und wird benötigt, damit der Extrapunkt ähnlichen Einfluss wie die Partikel auf die zu extrahierende Rotation hat. Da der Extrapunkt jedoch nicht det $\mathbf{A} < 0$ immer verhindern kann, wird wie in [WDAH10] vorgeschlagen, die letzte Spalte von $\mathbf{A}$ im Falle einer negativen Determinante negiert. Dies ist nötig, wenn wie in dieser Arbeit zur Berechnung der Polarzerlegung zyklische Jacobi-Iterationen für die Berechnung der Wurzel aus $\mathbf{A}^{\mathrm{T}}\mathbf{A}$ verwendet werden. Eine andere Möglichkeit ist die Verwendung der Singulärwertzerlegung $\mathbf{A} = \mathbf{WDV}^{\mathrm{T}}$ mit Hilfe zweiseitiger Jacobi-Rotationen, wie in [TKA10] vorgeschlagen. Da diese Methode jedoch etwas langsamer ist und zudem für einen Warmstart noch die zusätzliche Matrix $\mathbf{W}$ gespeichert werden muss, wird diese Methode hier nicht verwendet. Die Singulärwertzerlegung kann auch mit einseitigen Jacobi-Rotationen berechnet werden, was genauso schnell wie zyklische Jacobi-Iterationen[6] ist. Dies kann jedoch zu numerischen Schwierigkeiten für fast singuläre Eigenwerte führen, da $\mathbf{W}$ mit Hilfe von Spaltenskalierung bestimmt wird, was die Orthogonalität von $\mathbf{W}$ beeinträchtigen kann. Eine genauere Beschreibung der einzelnen Verfahren zur Bestimmung der Polarzerlegung findet sich in Anhang E.

Es ist anzumerken, dass Versuche in der Praxis gezeigt haben, dass durch Hinzufügen des Extrapunktes genug Stabilität gewährleistet werden kann, um selbst komplett degenerierte (und auch invertierte) Objekte wiederherzustellen. Abbildung 7.6 zeigt wie ein Armadillo Modell komplett degeneriert und dennoch, nach Einschalten der Geometrie-Anpassung, wiederhergestellt werden kann.

Eine ähnliche Methode zur Stabilisierung der berechneten Rotation wurde von Müller und Chentanez [MC11] vorgeschlagen. Sie verwenden "orientierte Partikel", d.h. jedem Partikel wird zusätzlich eine Rotationsmatrix und eine Winkelgeschwindigkeit zugeordnet. Diese werden dann wie Starrkörper (vergleiche Abschnitt 2.4) integriert. Bei der Bestimmung der Matrix $\mathbf{A}_i$ einer Region werden zusätzlich Punkte bzw. deren Differenzvektoren zum Schwerpunkt hinzugenommen, die die Spalten der Rotationsmatrizen der Partikel darstellen, wobei diese,

---

[5]Die Normale ist die gemittelte Normale aus den an dem i-ten Partikel angrenzenden Dreiecksnormalen.

[6]Die nicht diagonalen Einträge der Elemente von $\mathbf{A}^{\mathrm{T}}\mathbf{A}$ sind dann implizit auf null gesetzt.

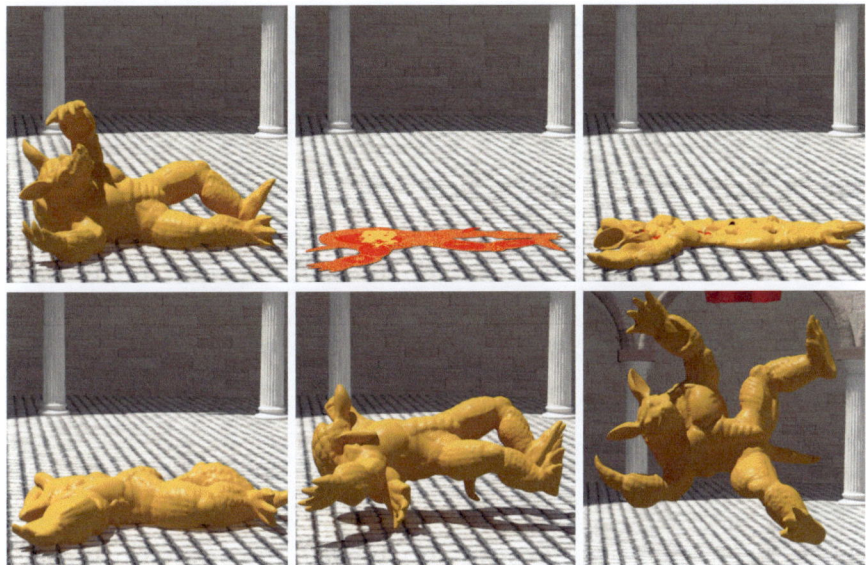

Abbildung 7.6: Ausschnitt aus einer Simulation mit dem Armadillo Modell (von oben links nach unten rechts). Wird die Simulation der Elastizität ausgeschaltet, so degeneriert das Modell vollständig (oben Mitte). Durch die stabile Simulation ist es nach Anschalten der Elastizität möglich, das Objekt nach wenigen Simulationsschritten wiederherzustellen.

ähnlich wie der in diesem Abschnitt hinzugenommene Extrapunkt, skaliert werden. Die Winkelgeschwindigkeit wird dann aus den Rotationsmatrizen vor und nach der Geometrie-Anpassung bestimmt.

7.7 Schnelle Summation auf Dreiecksnetzen

Um bei der oberflächenbasierten Geometrie-Anpassung eine effiziente Simulation zu ermöglichen, wird wie bei Rivers und James [RJ07] eine schnelle Summationstechnik benötigt. Da heutige Grafikprozessoren Fließkommaoperationen deutlich schneller[7] als normale Prozessoren durchführen können, wird hier eine Ausführung auf der Grafikkarte vorgeschlagen. Da Grafikprozessoren den Programmcode parallel abarbeiten, muss die schnelle Summation parallelisierbar sein. Eine effiziente Parallelisierung der Summationstechnik von Rivers und James ist jedoch nicht möglich, da die rekursive Summenzerlegung aus Gleichung (7.6) Abhängig-

---

[7]Auf einer NVidia GTX 470 Grafikkarte benötigten 150000 Polarzerlegungen ca. eine Millisekunde, auf einem Core i7 850 hingegen fast 100 Millisekunden.

keiten zu den Nachbarn aufweist. Die Summe X_{xyz} kann nicht berechnet werden, bevor $X_{(x-1)yz}$ berechnet wurde. Weiterhin kann wegen der unregelmäßigen Struktur der Dreiecksnetze die Technik von Rivers und James nicht angewendet werden. Stattdessen wird ein neuer Summationsalgorithmus entwickelt, dessen Laufzeit linear (anstatt quadratisch) in der Regionsgröße ω ist. Implementierungsdetails zur Berechnung auf einem Grafikprozessor finden sich in Abschnitt 7.13.

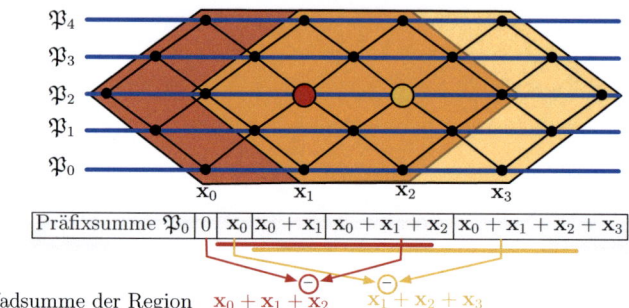

Abbildung 7.7: Schematische Abbildung der schnellen Summation für Dreiecksnetze: Überlappende Regionen der Größe $\omega = 2$ für zwei Partikel (rot und gelb) mit den dazugehörigen Pfaden $\mathfrak{P}_i$ (blau). Die Summe der Region wird berechnet, indem zuerst die Präfixsumme über den Pfaden berechnet wird. Danach wird die Differenz der Elemente an den Grenzen der jeweiligen Regionen der Präfixsumme zu der Summe der Region addiert, wie es beispielhaft für den Pfad $\mathfrak{P}_0$ gezeigt wird.

Für jede Region müssen folgende Größen während eines Simulationsschrittes bestimmt werden:

$$\mathbf{t}_i = \frac{1}{M_i} \sum_{j \in \mathfrak{R}_i} m_j \mathbf{x}_j$$

$$\mathbf{A}_i = \sum_{j \in \mathfrak{R}_i} m_j \left(\mathbf{x}_j - \mathbf{t}_i\right) \left(\mathbf{x}_j^0 - \mathbf{t}_i^0\right)^{\mathrm{T}}$$

$$= \sum_{j \in \mathfrak{R}_i} m_j \mathbf{x}_j \mathbf{x}_j^{0\,\mathrm{T}} - M_i \mathbf{t}_i \mathbf{t}_i^{0\,\mathrm{T}} .$$

Um diese Summen effizient bestimmen zu können, werden zunächst Pfade durch die Kanten des Dreiecksnetzes gelegt. Beispiele für solche Pfade auf Modellen sind in Abbildung 7.8 zu sehen. Ein Pfad ist ein Kantenzug durch das Netz. Die Knoten eines Pfades $\mathfrak{P}_i$ der Länge $n = n_i$ werden mit $\mathbf{x}_{i_1}, \ldots, \mathbf{x}_{i_n}$ bezeichnet. Die Pfade decken alle Partikel des Dreiecksnetzes ab, sodass jedes Partikel zu genau einem Pfad gehört. Die eigentliche Summenberechnung, wie sie schematisch in Abbildung 7.7 dargestellt ist, erfolgt dann in zwei Schritten.

Als erstes wird die Präfixsumme [Ngu07]

$$\overline{\mathbf{t}}_{i_j} = \sum_{k=1}^{j} m_{i_k} \mathbf{x}_{i_k}$$

$$\overline{\mathbf{A}}_{i_j} = \sum_{k=1}^{j} m_{i_k} \mathbf{x}_{i_k} \mathbf{x}_{i_k}^{0\,\mathrm{T}}$$

für jeden Pfad $\mathfrak{P}_i$ mit den Partikeln $\mathbf{x}_{i_j}$, $j \in [1, \dots, n_i]$ bestimmt. Die Berechnung der Präfixsumme benötigt $O(n)$ Operationen und kann effizient parallel abgearbeitet werden (siehe Abschnitt 7.13.2). Im zweiten Schritt werden die eigentlichen Summen über den Regionen bestimmt. Für jede Region werden die Variablen mit $\mathbf{t}_i := \mathbf{0}$ und $\mathbf{A}_i := \mathbf{0}$ initialisiert. Beinhaltet die i-te Region eine Teilmenge an Partikeln des j-ten Pfades mit Indizes $[i_k, \dots, i_l]$, werden die folgenden Terme zur Summe der Region addiert:

$$\mathbf{t}_i := \mathbf{t}_i + \overline{\mathbf{t}}_{i_l} - \overline{\mathbf{t}}_{i_{k-1}} \tag{7.8}$$
$$\mathbf{A}_i := \mathbf{A}_i + \overline{\mathbf{A}}_{i_l} - \overline{\mathbf{A}}_{i_{k-1}} \,.$$

Die Kreuzkovarianzmatrix einer Region ist dann nach Gleichung (7.7):

$$\mathbf{A}_i := \mathbf{A}_i - M_i \mathbf{t}_i \mathbf{t}_i^{0\,\mathrm{T}} \,.$$

Der zweite Schritt der Summenbestimmung benötigt $O(\omega n)$ Operationen, da durch eine Region ca. $2\omega + 1$ Pfade verlaufen (vergleiche hierfür Abbildung 7.7 für ein regelmäßiges Netz). Auch der zweite Schritt kann effizient parallel abgearbeitet werden, indem jeder Thread die Summe über die Pfade einer Region bestimmt. Es ist noch einmal anzumerken, dass die schnelle Summation nur funktioniert, da die berechnete Präfixsumme nur regionsunabhängige Werte beinhaltet, d. h. ein Teil der Kreuzkovarianzmatrix hängt nur von den Partikeln j, aber nicht von der Region i ab.

Analog zur Berechnung der Schwerpunkte $\mathbf{t}_i$ und der Matrizen $\mathbf{A}_i$ können die Zielpositionen mit Hilfe der Pfade parallel berechnet werden. Hierfür wird in jedem Partikel die der Region zugeordnete Transformationsmatrix $\mathbf{T}_i$ aus Gleichung (7.5) gespeichert. Über diesen Matrizen werden anhand der Pfade wieder die Präfixsummen bestimmt und somit die Summe der Transformationsmatrizen für die jeweiligen Partikel.

7.8 Pfaderzeugung

Um die schnelle Summation auf Dreiecksnetzen durchführen zu können, müssen Pfade über den Kanten des Dreiecksnetzes in einem Vorberechnungsschritt bestimmt werden. Das Layout der Pfade hat direkten Einfluss auf die Geschwindigkeit des Algorithmus. Es wäre optimal, wenn durch jede Region nur ein Pfad verlaufen würde, da dann zur Bestimmung der Summe nur eine einzige Subtraktion durchgeführt werden müsste (vergleiche Gleichung (7.8)). Leider ist dies nicht möglich. Deswegen wird versucht, dass so wenige Pfade wie möglich die Regionen schneiden. Somit müssen weniger Subtraktionen bei der Summenbestimmung der Regionen durchgeführt werden. Dies ist vor allem wichtig, um Speicherzugriffe zu reduzieren.

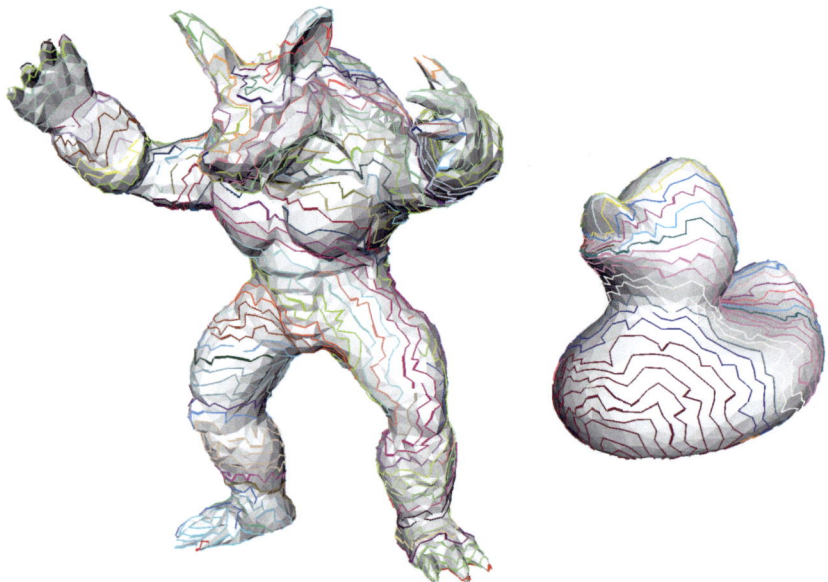

Abbildung 7.8: Die von dem hier beschriebenen Pfaderzeugungsalgorithmus erzeugten Pfade (jeder Pfad wird in einer anderen Farbe dargestellt) für das Armadillo Modell und für eine Ente[8], die zur Berechnung der schnellen Summation benötigt werden.

Da es schwer ist, ein optimales Pfadlayout zu erzeugen, wird hier eine Heuristik verwendet. Gestartet wird mit einer Ecke des Dreiecksnetzes. Dieser Ecke werden dann sukzessive über Kanten verbundene Nachbarecken hinzugefügt, bis die Pfadlänge eine maximale Anzahl an Ecken überschreitet oder der Pfad nicht weiter vergrößert werden kann. Um den Pfad zu verlängern, werden, ausgehend von der zuletzt hinzugefügten Ecke $\mathbf{p}$, alle Nachbarn $\mathbf{q}_i$ von $\mathbf{p}$ als mögliche Kandidaten ausgewählt, sofern diese nicht schon Teil eines Pfades sind. Unter den möglichen Kandidaten $\mathbf{q}_i$ wird dann die Ecke gewählt, die folgenden zwei Kriterien entspricht: Die Ecke sollte eine Nachbarecke haben[9], die schon Teil eines Pfades ist. Desweite-

---

[8]The duck model is provided courtesy of Marco Attene by the AIM@SHAPE Shape Repository.

[9]Die ursprüngliche Ecke $\mathbf{p}$ wird ausgeschlossen.

ren wird diejenige Ecke ausgewählt, die den kleinsten Abstand zu der Ebene hat, die parallel zur X-Y-Ebene durch die Ecke verläuft, bei der der Pfad begonnen hat. Das erste Kriterium verhindert, dass kleine Löcher bei der Erzeugung der Pfade entstehen und somit später keine kleinen Pfade hinzugefügt werden müssen, was die Anzahl an Pfaden pro Region erhöhen würde. Durch das erste Kriterium wird eine Teilmenge der Ecken $\mathbf{q}_i$ ausgewählt, die als mögliche Kandidaten für den Pfad in Frage kommen. Ist die Menge leer, werden alle Ecken $\mathbf{q}_i$ der Menge hinzugefügt. Um die endgültige Ecke aus dieser Menge zu bestimmen, die dem Pfad hinzugefügt wird, wird das zweite Kriterium angewendet. Dieses versucht möglichst geradlinig verlaufende Pfade zu erzeugen. Die nicht zu dem Pfad hinzugefügten Ecken werden in einer Schlange gespeichert, aus der dann eine Ecke genommen wird, um den nächsten Pfad zu beginnen[10], falls der aktuelle Pfad nicht weiter vergrößert werden kann. Diese beiden Kriterien bilden möglichst parallel zueinander verlaufende Pfade. Dies hat für die parallele Abarbeitung im Hinblick auf den Speicherzugriff Vorteile, da somit benachbarte Regionen bei der Subtraktion zur Summenbestimmung auf den gleichen Pfad zugreifen (vergleiche schematische Abbildung 7.7). Somit können die Cache-Treffer erhöht und ein höherer Speicherdurchsatz realisiert werden. Abbildung 7.8 zeigt Beispiele der so erzeugten Pfade.

7.9 Globale Volumenerhaltung

Die Simulation deformierbarer Körper ohne die Betrachtung des Volumens kann große Volumenänderungen bewirken. Wie schon in Abbildung 6.5 gezeigt, kann dies zu unnatürlichen Deformationen führen. Die bisherigen Ansätze von Müller et al. [MHTG05] und Rivers und James [RJ07] ignorieren den Aspekt der Volumenerhaltung. Wird rein die Oberfläche für die Simulation betrachtet, ist die Volumenerhaltung umso wichtiger, da Partikel im Inneren des Körpers fehlen, die ein zu starkes Schrumpfen des Objektes verhindern könnten. Abbildung 7.9 vergleicht zwei Simulationen mit und ohne Volumenerhaltung, die mit der hier entwickelten, auf Oberflächen basierten Geometrie-Anpassung simuliert wurden.

Um nicht plausibel aussehende Deformationen zu vermeiden, wird eine Volumenerhaltung vorgeschlagen, die rein die Oberfläche des Körpers in Betracht zieht. Hierfür wird, ähnlich wie in dem Verfahren von Hong et al. [HJCW06], das Volumenintegral eines Vektorfeldes $\mathbf{f}(\mathbf{x}) \in \mathbb{R}^3$ über dem Volumen V in ein Oberflächenintegral mit Hilfe des Divergenztheorems umgewandelt:

$$\iiint_V \nabla \cdot \mathbf{f}(\mathbf{x})\, d\mathbf{x} = \iint_{\partial V} \mathbf{f}(\mathbf{x})^{\mathrm{T}} \mathbf{n}(\mathbf{x})\, d\mathbf{x} \,.$$

---

[10]Wenn die Schlange leer ist, wird eine Ecke des Netzes ausgewählt, die in keinem Pfad enthalten ist.

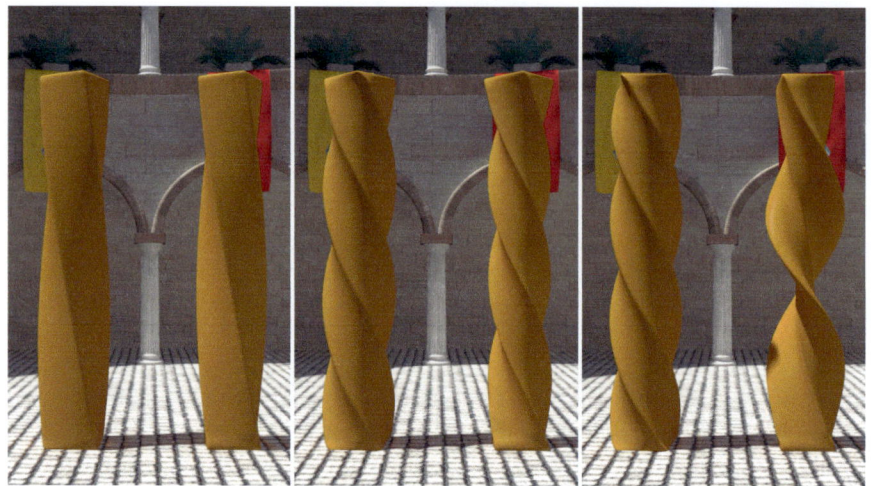

Abbildung 7.9: Drei Bilder aus einer Simulation von einem sich verdrehen-
den Objekt: Die Volumenerhaltung (linkes Objekt) verhindert unnatürlich
wirkende große Deformationen (rechtes Objekt), indem rein die Oberfläche
betrachtet wird.

Hierbei stellt ∂V den Rand des Volumens V mit nach außen zeigenden Normalen
$\mathbf{n}$ dar. Indem die Identität $\mathbf{f}(\mathbf{x}) = \mathbf{x}$ in das Integral eingesetzt wird, kann das
Volumen des Körpers anhand der Oberfläche berechnet werden:

$$\iint_{\partial V} \mathbf{x}^{\mathrm{T}} \mathbf{n} \, d\mathbf{x} = \iiint_V \nabla \cdot \mathbf{x} \, d\mathbf{x} = 3V \ . \tag{7.9}$$

Gleichung (7.9) definiert somit die Zwangsbedingung

$$C := \iint_{\partial V} \mathbf{x}^{\mathrm{T}} \mathbf{n} \, d\mathbf{x} - 3V_0 = 0 \ , \tag{7.10}$$

mit dem Volumen V_0 des Körpers in undeformiertem Zustand, das während der
Simulation eingehalten werden muss. Da hier nur Dreiecksnetze betrachtet werden,
kann das Integral durch eine Summe über die Dreiecke T_i, $i = 1, \ldots, m$ mit Parti-
kelpositionen $\mathbf{a}_i$, $\mathbf{b}_i$ und $\mathbf{c}_i$ bestimmt werden. Sei $\mathbf{n}_i$ die Normale und A_i die Fläche
des Dreiecks T_i und seien α, β und γ die baryzentrischen Koordinaten bezüglich
$\mathbf{a}_i \mathbf{b}_i \mathbf{c}_i$. Dann gilt:

$$\iint_{\partial V} \mathbf{x}^{\mathrm{T}} \mathbf{n} \, d\mathbf{x} = \sum_{i=1}^{m} \iint_{T_i} (\alpha \mathbf{a_i} + \beta \mathbf{b_i} + \gamma \mathbf{c_i})^{\mathrm{T}} \mathbf{n}_i d\mathbf{x}$$

$$= \frac{1}{3} \sum_{i=1}^{m} A_i (\mathbf{a}_i + \mathbf{b}_i + \mathbf{c}_i)^{\mathrm{T}} \mathbf{n}_i \ .$$

Sind die Positionen aller Partikel nach der Geometrie-Anpassung durch $\mathbf{X} = [\mathbf{x}_1^T, \ldots, \mathbf{x}_n^T]^T$ gegeben, muss die Translation[11] $\Delta\mathbf{X}$ bestimmt werden, sodass $C(\mathbf{X} + \Delta\mathbf{X}) = 0$ gilt. Durch Linearisierung der Zwangsbedingung mit Hilfe der Taylorreihe ersten Grades erhält man

$$C(\mathbf{X} + \Delta\mathbf{X}) \approx C(\mathbf{X}) + \nabla C(\mathbf{X})^T \Delta\mathbf{X} = 0 .$$

Wie bei der positionsbasierten Simulation (vergleiche Abschnitt 2.5.3) verschiebt man die Positionen nur in die Richtung des Gradienten $\nabla C(\mathbf{X})$:

$$\Delta\mathbf{X} = -\frac{C(\mathbf{X})}{\|\nabla C(\mathbf{X})\|_2^2} \nabla C(\mathbf{X})$$

Zur Bestimmung der Translation muss der Gradient von $C(\mathbf{X})$ berechnet werden. Da es für die Berechnung auf einem Grafikprozessor geschickter ist, eine Summe über den Partikelpositionen $\mathbf{x}_i$, $i = 1, \ldots, n$ anstatt über den Dreiecken T_i zu betrachten, wird das diskrete Oberflächenintegral wie folgt umgeformt

$$\frac{1}{3}\sum_{i=1}^{m} A_i(\mathbf{a}_i + \mathbf{b}_i + \mathbf{c}_i)^T \mathbf{n}_i = \frac{1}{3}\sum_{i=1}^{n} \mathbf{x}_i^T \overline{\mathbf{n}}_i , \qquad (7.11)$$

wobei $\overline{\mathbf{n}}_i = \sum A_j \mathbf{n}_j$ die gewichtete Summe der Normalenvektoren aller Dreiecke ist, die das i-te Partikel beinhalten. Zur vereinfachten Berechnung des Gradienten wird auf der Grafikkarte der Gradient approximiert, indem konstante Normalen während des Zeitschrittes angenommen werden. Der approximierte Gradient ist dann

$$\nabla C(\mathbf{X}) \approx \frac{1}{3}[\overline{\mathbf{n}}_1^T, \ldots, \overline{\mathbf{n}}_n^T]^T .$$

In der Praxis hat sich gezeigt, dass sich das Ergebnis durch die Approximation nicht signifikant im Gegensatz zur Verwendung des exakten Gradienten verändert, der noch zusätzliche Terme der Form $\mathbf{x}_i \partial \overline{\mathbf{n}}_i / \partial \mathbf{x}_j$ enthält.

Werden die Partikelpositionen durch die Volumenkorrektur verschoben, müssen auch die Geschwindigkeiten entsprechend angepasst werden, um die physikalische Plausibilität zu erhalten. Dies hat jedoch zur Folge, dass durch die Geschwindigkeitsänderung das Volumen im nächsten Zeitschritt wieder falsch ist und es somit zu Oszillationen kommt (vergleiche Abbildung 7.1). Um diese Oszillationen zu vermeiden, wird eine zusätzliche Geschwindigkeitskorrektur durchgeführt. Die Geschwindigkeiten sollen so angepasst werden, dass sie das Volumen im nächsten Zeitschritt nicht wieder verändern. Leitet man das Volumenintegral

$$\iiint_V \nabla \cdot \mathbf{x}\, d\mathbf{x} = 3V$$

---

[11]Hiermit ist nicht eine Translation des Körpers gemeint, sondern eine Translation für jedes Partikel.

nach der Zeit ab, unter der Annahme, dass das Volumen konstant ist, ergibt sich die Bedingung an die Geschwindigkeiten:

$$\iiint_V \nabla \cdot \mathbf{v}\, d\mathbf{x} = \iint_{\partial V} \mathbf{v}^T \mathbf{n}\, d\mathbf{x} = 0 \ . \tag{7.12}$$

Diese Gleichung wird in der Flüssigkeitssimulation als Nebenbedingung der Navier-Stokes-Gleichung [Bri08] verwendet, um inkompressible Flüssigkeiten zu simulieren. Es handelt sich hierbei um ein divergenzfreies Geschwindigkeitsfeld. Die Gleichung (7.12) wird verwendet, um die Zwangsbedingung

$$C_{\mathbf{v}} := \iint_{\partial V} \mathbf{v}^T \mathbf{n}\, d\mathbf{x} = 0 \tag{7.13}$$

für die Geschwindigkeiten aufzustellen. Die Zwangsbedingung wird analog zu der Positionsbedingung gelöst, indem für jedes Partikel die Geschwindigkeitskorrektur $\Delta \mathbf{v}_i$ bestimmt wird. Abbildung 7.10 zeigt Ausschnitte aus einer Simulation zweier Würfel, die mit und ohne Geschwindigkeitskorrektur simuliert wurden.

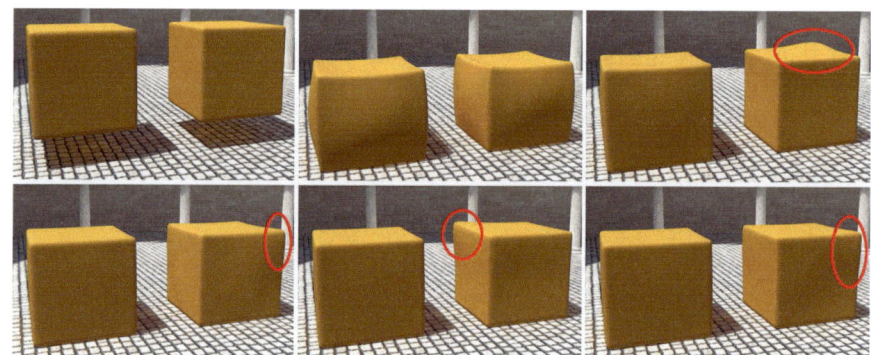

Abbildung 7.10: Ausschnitte (von oben links nach unten rechts) aus einer Simulation zweier Würfel mit (linker Würfel) und ohne (rechter Würfel) Geschwindigkeitskorrektur. Wird keine Geschwindigkeitskorrektur verwendet, kommt es zu Oszillationen, die Beulen (rot eingekreist) im Modell während der Simulation erzeugen.

7.10   Lokale Volumenerhaltung

Das im vorigen Abschnitt entwickelte Verfahren zur Volumenerhaltung wirkt sich global auf die gesamte Oberfläche aus. Wird ein einzelnes Partikel in das Objekt hineingedrückt, verändern sich alle Partikelpositionen. Um dieses Problem zu beheben, kann jedem Partikel ein Gewicht $w_i \geq 0$ gegeben werden, das den Einfluss auf die Volumenkorrektur steuert. Hierfür wird $\Delta\mathbf{x}_i$ mit $w_i / \sum_j w_j$ multipliziert. Die Gewichte w_i werden so bestimmt, dass nur Partikel, durch deren Bewegung sich das Volumen verändert hat, ein Gewicht größer null bekommen. Hierfür wird eine Heuristik verwendet, die auf folgendem Gedanken basiert: Das Volumen ändert sich an den Stellen, an denen externe oder interne Kräfte groß sind. Deshalb werden die Gewichte w_i in Relation zur Länge der Positionsänderung gesetzt, die durch die Geometrie-Anpassung bestimmt wurden:

$$w_i = (1 - \alpha) \underbrace{\left(\frac{\|\mathbf{c}_i\|}{\sum_j \|\mathbf{c}_j\|} \right)}_{= g_i} + \alpha \frac{1}{n} \, . \tag{7.14}$$

Der Vektor $\mathbf{c}_i$ ist hier die Änderung der Partikelposition durch die Geometrie-Anpassung. Der Skalar $\alpha \in [0, 1]$ erlaubt es dem Benutzer, eine mehr lokale oder globale Volumenerhaltung einzustellen. Durch die Verwendung der lokalen Gewichte g_i beteiligen sich Partikel, die eine große Positionsveränderung erfahren haben, mehr an der Volumenerhaltung, als Partikel, die sich z. B. nicht bewegt haben. Durch das Normalisieren der Gewichte, also $\sum g_i = 1$, erhält man ein ähnliches Verhalten bei Änderungen von α bei verschieden starken Partikeländerungen.

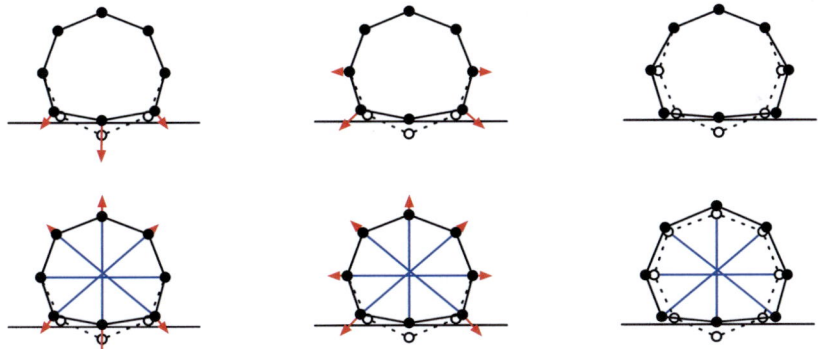

Abbildung 7.11: Schematischer Vergleich der Volumenerhaltung mit (unten) und ohne (oben) Distanzgelenke (blau). Ein Objekt (nicht deformiert gestrichelt dargestellt) kollidiert mit dem Boden (links) und wird durch die Geometrie-Anpassung und durch die Kollisionsauflösung deformiert. Daraus werden die Gewichte (rot) für die Volumenkorrektur berechnet. Durch das Setzen der Gewichte von kollidierten Partikeln auf null werden schon aufgelöste Kollisionen berücksichtigt und durch das Glätten der Gewichte (Mitte) werden glattere Deformationen für die Volumenerhaltung (rechts) ermöglicht. Mit Hilfe der Distanzgelenke lässt sich die Volumenkorrektur auch durch den Körper propagieren (Vergleiche unten rechts und oben rechts).

Um das Verhalten der Volumenkorrektur noch weiter zu verbessern, soll die innere Dynamik des Körpers, also wie sich die Volumenänderung innerhalb des Körpers ausbreitet, imitiert werden. Durch die Positionsänderung der Geometrie-Anpassung können Volumenveränderungen nur auf der Oberfläche des Körpers, wie Abbildung 7.11 zeigt, propagiert werden. Deswegen werden Distanzgelenke (vergleiche Abschnitt 2.6) im Inneren des Körpers platziert. Diese werden verwendet, um zu messen, wie schnell sich die Volumenveränderung durch das Innere des Körpers ausbreiten sollte. Um sie zu generieren, werden in einem Vorberechnungsschritt, ausgehend von den undeformierten Partikeln $\mathbf{x}_i^0$, Strahlen $\mathbf{x}_i^0 - \lambda \overline{\mathbf{n}}_i^0$, $\lambda > 0$ entlang der Normalen mit dem Dreiecksnetz geschnitten. Ein Distanzgelenk

$$C(\mathbf{x}_i, \mathbf{x}_k) := \|\mathbf{x}_i - \mathbf{x}_k\| - \|\mathbf{x}_i^0 - \mathbf{x}_k^0\| = 0$$

wird dann mit dem nächsten Partikel $\mathbf{x}_k^0$ des ersten geschnittenen Dreiecks erstellt.

Diese Distanzgelenke verändern hier nicht Positionen oder Geschwindigkeiten der Partikel, sondern werden nur zur Messung verwendet, wie schnell die Volumenveränderung durch das Objekt hindurch propagiert werden sollte. Hierfür werden die Gewichte g_i aus Gleichung (7.14) durch

$$g_i = \frac{\beta s_i d_i + (1 - \beta)\|\mathbf{c}_i\|}{\sum_j (\beta s_j d_j + (1 - \beta)\|\mathbf{c}_j\|)}$$

ersetzt, wobei $d_i = |C(\mathbf{x}_i, \mathbf{x}_k)|$ der Fehler des Distanzgelenkes gewichtet mit der Steifigkeit s_i ist. Der Parameter $\beta \in [0, 1]$ erlaubt dem Benutzer, den Einfluss des Distanzgelenkes auf die Volumenerhaltung einzustellen. Der Steifigkeitsparamter s_i des Distanzgelenkes wird für unterschiedliche Dicken des Objekts verwendet. Im Gegensatz zu dicken Strukturen, sollten dünnere Strukturen nicht zu stark gequetscht werden können. Um dies zu ermöglichen, definiert der Benutzer zwei Steifigkeiten $s_{\max} \in [0, 1]$ für das kürzeste Distanzgelenk und $s_{\min} \in [0, 1]$ für das längste Distanzgelenk des undeformierten Körpers. Die Steifigkeit s_i jedes individuellen Distanzgelenkes ist dann die lineare Interpolation zwischen $s_{\min}$ und $s_{\max}$ in Abhängigkeit seiner initialen Länge. Abbildung 7.12 zeigt die Einflüsse unterschiedlicher Parameter bei der Deformation einer Kugel. Jede Kugel, bestehend aus 1562 Partikeln, wurde von einer Platte zerdrückt und der so entstandene Volumenverlust gemessen. Die linke Kugel wurde mit globaler Volumenerhaltung simuliert, die beiden inneren Kugeln mit lokaler Volumenerhaltung. Durch die rein globale Volumenerhaltung verändert die linke Kugel ihre Form beim Auftreffen auf den Boden nicht signifikant, die lokale Volumenerhaltung lässt hier hingegen mehr Deformation zu. Da bei der dritten Kugel keine inneren Strukturen verwendet wurden, wird sie hingegen stärker deformiert als die zweite Kugel. Die letzte Kugel verwendet überhaupt keine Volumenerhaltung, weswegen sie bis zu 40% ihres Volumens während der Simulation verliert.

Da die Kollisionsauflösung das Volumen wieder verändern würde, wird die Volumenerhaltung danach realisiert, wie in der Übersicht des Verfahrens in Abschnitt 7.2

Abbildung 7.12: Volumenvergleich bei der Deformation von vier Kugeln (von links nach rechts): Globale Volumenerhaltung, lokale Volumenerhaltung mit Distanzgelenken ($\beta = 0.1$), lokale Volumenerhaltung ohne Distanzgelenke ($\beta = 0$) und komplett ohne Volumenerhaltung. Der maximale Volumenverlust liegt bei 0.6%, 0.7%, 0.7% und 40% für die Kugeln.

gezeigt. Jedoch muss darauf geachtet werden, dass Partikel, die mit einem Objekt kollidiert sind, nicht durch die Volumenerhaltung schon aufgelöste Kollisionen wieder ungültig machen. Deswegen werden die Gewichte kollidierter Partikel auf null gesetzt, jedoch nur für die Positionskorrektur und nicht für die Geschwindigkeitskorrektur. Dieses Vorgehen erlaubt, dass schon aufgelöste Kollisionen nicht ungültig gemacht werden, wobei die Volumenerhaltung dennoch die kollidierten Objekte durch die Geschwindigkeitskorrektur beeinflusst. Zusätzlich werden die Gewichte mit einem Laplace-Filter [KCVS98, Tau95, DMSB99] geglättet, um drastische Veränderungen der Gewichte in der Umgebung kollidierter Partikel zu vermeiden. Dies kann auch effizient auf dem Grafikprozessor berechnet werden, indem die schnelle Summationstechnik aus Abschnitt 7.7 angewendet wird.

7.11 Dämpfung der Geschwindigkeiten

Oft ist es wünschenswert, Geschwindigkeiten künstlich zu dämpfen. Da alle Objekte, z. B. durch Luftreibung, auf der Erde eine Dämpfung erfahren, wirken ungedämpfte Simulationen oft unnatürlich. Die verwendete Dämpfungsmethode soll jedoch nicht die Stabilität des Systems gefährden. Da die Geometrie-Anpassung im Extremfall nur Starrkörperbewegungen zulässt, sollen die Geschwindigkeiten für die Partikel so abgeändert werden, dass sie einer Starrkörperbewegung entsprechen. Hierfür wird der von Müller et al. [MHHR07] vorgeschlagene Dämpfungsalgorithmus verwendet (für einen Überblick über Starrkörper siehe Abschnitt 2.4):

1. Berechne den Masseschwerpunkt $\mathbf{t} = \frac{1}{M} \sum_i m_i \mathbf{x}_i$.

2. Berechne die Schwerpunktsgeschwindigkeit $\mathbf{v_t} = \frac{1}{M} \sum_i m_i \mathbf{v}_i$.

3. Berechne den Drehimpuls $\mathbf{L} = \sum_i m_i \overline{\mathbf{p}}_i \mathbf{v}_i$.

4. Berechne den Trägheitstensor $\mathbf{I} = \sum_i m_i \overline{\mathbf{p}}_i \overline{\mathbf{p}}_i^{\mathrm{T}}$.

5. Berechne die Winkelgeschwindigkeit $\boldsymbol{\omega} = \mathbf{I}^{-1} \mathbf{L}$.

6. Berechne die Dämpfung für alle Geschwindigkeiten $\mathbf{v}_i$:

$$\Delta \mathbf{v}_i := \mathbf{v_t} + \boldsymbol{\omega} \times \mathbf{p}_i - \mathbf{v}_i$$
$$\mathbf{v}_i := \mathbf{v}_i + k \Delta \mathbf{v}_i \ .$$

Hierbei sind $\mathbf{p}_i = \mathbf{x}_i - \mathbf{t}$ die lokalen Koordinaten des i-ten Partikels bezüglich des Starrkörpers und $\overline{\mathbf{p}}_i \in \mathbb{R}^{3 \times 3}$ die dazugehörige Kreuzproduktmatrix. In den Schritten 1-5 werden alle benötigten Größen des Starrkörpers berechnet. Im sechsten Schritt werden dann die gedämpften Geschwindigkeiten mit dem Dämpfungsfaktor $k \in [0, 1]$ berechnet, sodass im Extremfall von $k = 1$ die Geschwindigkeiten nur noch einer Starrkörperbewegung entsprechen.

Dieser Algorithmus wird für jede Region durchgeführt und die daraus resultierenden Geschwindigkeiten der einzelnen Regionen gemittelt. Um die Größen des Starrkörpers für jede Region und die gemittelten Geschwindigkeiten der Regionen zu bestimmen, kann wieder die schnelle Summation verwendet werden. Für $\mathbf{L}$ und $\mathbf{I}$ müssen, wie bei der Bestimmung der Matrix $\mathbf{A}$, regionsunabhängige Summen für die einzelnen Regionen gebildet werden:

$$\mathbf{L}_i = \sum_{j \in \mathfrak{R}_i} m_j \overline{\mathbf{x}}_j \mathbf{v}_j - M_i \overline{\mathbf{t}}_i \mathbf{v_{t_i}}$$
$$\mathbf{I}_i = \sum_{j \in \mathfrak{R}_i} m_j \overline{\mathbf{x}}_j \overline{\mathbf{x}}_j^{\mathrm{T}} - M_i \overline{\mathbf{t}}_i \overline{\mathbf{t}}_i^{\mathrm{T}} \ .$$

Die Notation $\overline{\mathbf{x}}$ bezeichnet hierbei wieder die Kreuzproduktmatrix zum Vektor $\mathbf{x}$. Wegen der Symmetrie des Trägheitstensors genügt es außerdem, nur sechs Werte der Matrix zu bestimmen, was eine schnellere Berechnung der Präfixsumme erlaubt.

7.12 Visualisierung

Obwohl es mit dem oberflächenbasierten Ansatz möglich ist, mehrere tausend Partikel in Echtzeit zu deformieren (siehe Abschnitt 7.14), ist es nicht immer von Vorteil, das hoch aufgelöste Eingabenetz zur Simulation zu verwenden. Stattdessen kann das Eingabenetz mit Verfahren wie z. B. [KCS98] vereinfacht und ein niedriger aufgelöstes Netz mit weniger Details zur Simulation verwendet werden. Die weggelassenen Details müssen zur Visualisierung wieder hinzugefügt werden.

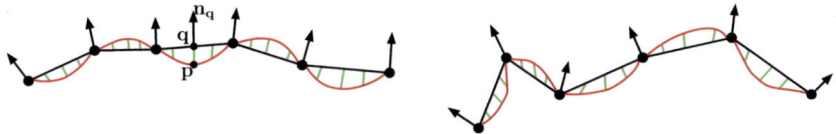

Abbildung 7.13: Um das hoch aufgelöste Netz (rot) dem groben Simulationsnetz (schwarz) zuzuweisen, wird für jede Ecke $\mathbf{p}$ des hoch aufgelösten Netzes im undeformierten Zustand (links) ein Punkt $\mathbf{q}$ gesucht, sodass $\mathbf{p} - \mathbf{q}$ parallel zu der interpolierten Normalen $\mathbf{n_q}$ (grün) ist. Nach der Deformation (rechts) können somit die Punkte des hoch aufgelösten Netzes rekonstruiert werden.

Um stückweise glatte Deformationen der Details zu ermöglichen, wird für den entwickelten oberflächenbasierten Ansatz das Verfahren von Kobbelt et al. [KVS99] verwendet. Die zugrunde liegende Idee ist, jede Ecke $\mathbf{p}$ des hoch aufgelösten Netzes einem Dreieck $T(\mathbf{a}, \mathbf{b}, \mathbf{c})$ mit Ecknormalenvektoren $\mathbf{n_a}$, $\mathbf{n_b}$, $\mathbf{n_c}$ des groben undeformierten Netzes zuzuweisen und sie anhand der deformierten Ecken des Dreiecks und ihrer Normalenvektoren zu rekonstruieren. Da die bilinear interpolierten Normalen der Dreiecke ein kontinuierliches Vektorfeld definieren, kann auf einem Dreieck ein Bezugspunkt $\mathbf{q} = \alpha\mathbf{a} + \beta\mathbf{b} + \gamma\mathbf{c}$, $\gamma = 1 - \alpha - \beta$ gefunden werden, indem die quadratische Gleichung

$$(\mathbf{p} - \mathbf{q}) \times \mathbf{n_q} = \mathbf{0}$$

nach $\mathbf{q}$ aufgelöst wird, wobei $\mathbf{n_q} = \alpha\mathbf{n_a} + \beta\mathbf{n_b} + \gamma\mathbf{n_c}$ die bilinear interpolierte Normale von T ist. Die quadratische Gleichung wird mit Hilfe des Newton-Verfahrens gelöst. Aus α, β, γ und dem vorzeichenbehafteten Abstand $d = \text{sign}\left((\mathbf{p} - \mathbf{q})^{\mathrm{T}}\mathbf{n_q}\right) \|\mathbf{p} - \mathbf{q}\|$ wird die neue Position

$$\overline{\mathbf{p}} = \overline{\mathbf{q}} + d\,\overline{\mathbf{n}}_{\mathbf{q}}$$

von $\mathbf{p}$ aus der von $\mathbf{q}$ und dem neuen Normalenvektor $\bar{\mathbf{n}}_{\mathbf{q}}$ bestimmt.

7.13 Implementierung auf hochgradig parallelen Architekturen

Da heutige Grafikprozessoren um ein Vielfaches schneller sind als normale Prozessoren, wurde das in diesem Kapitel entwickelte Verfahren für die Ausführung auf einem Grafikprozessor optimiert. Sowohl das elastische Verhalten als auch die Volumenzwangsbedingungen werden auf einem Grafikprozessor mit Hilfe von CUDA [SK10] berechnet. Dieser Abschnitt gibt einen groben Überblick über die Funktionsweise der Grafikkarte sowie die entsprechenden parallelen Algorithmen und einige Implementierungsdetails, die in dem in dieser Arbeit entwickelten oberflächenbasierten Ansatz verwendet werden.

7.13.1 Funktionsweise des Grafikprozessors

Sollen Programme effizient auf einem Grafikprozessor ausgeführt werden, so ist das Verständnis über den Aufbau der Hardware unabdingbar. Bei schlechtem Code, wenn z. B. schlechte Speicherzugriffsmuster verwendet werden, kann die Performance des ausgeführten Programms um mehr als den Faktor 10 einbrechen. Dieser Abschnitt stellt daher die wichtigsten Eigenschaften bei der Programmierung auf einem Grafikprozessor mit Hilfe von CUDA vor. Eine genauere Einführung in CUDA findet sich z. B. in [SK10].

Einer der wichtigsten Aspekte bei der Programmierung auf einem Grafikprozessor ist, die Daten an einem der geeigneten Speicherbereiche der Grafikkarte abzulegen. Im Gegensatz zu OpenGL oder DirectX kann mit Hilfe von CUDA eine feingranularere Auswahl des Speichers getroffen werden, was, zusammen mit der genauen Kontrollierbarkeit der Thread-Synchronisation, zu einem Geschwindigkeitsgewinn führen kann. Man unterscheidet fünf Arten von Speichern. Der *globale Speicher* ist der größte Speicher auf der Grafikkarte und hat die schlechteste Speicheranbindung. Dieser Speicher kann während der Programmausführung gelesen und geschrieben werden. Weiter gibt es noch den *Texturspeicher*, der im Gegensatz zum globalen Speicher noch über einen Cache verfügt[12]. Diese Speicherart ist äquivalent zu den in OpenGL oder DirectX verwendeten Texturen. Auf diesem Speicher kann allerdings nicht gleichzeitig gelesen und geschrieben werden. Zusätzlich gibt es noch den gecachten *konstanten Speicher*, in dem konstante Variablen gehalten werden können. Auf dem Chip selbst gibt es zwei verschiedene Arten von Speichern. Es gibt wie üblich die *Register*, auf denen die eigentlichen Operationen ausgeführt

---

[12]Physikalisch gesehen sind die beiden Speicher nur einer. Der Unterschied liegt im Cache.

werden. Der große Vorteil von CUDA gegenüber OpenGL oder DirectX ist jedoch der direkte Zugriff auf den *geteilten Speicher*. Der Zugriff auf diesen ist um ca. den Faktor 100 höher als auf den globalen Speicher, die Größe dieses Speichers ist jedoch sehr begrenzt[13].

Der Grafikprozessor führt eine einzelne Operation eines *Kernels* in mehreren Threads gleichzeitig aus. Dabei werden 32 parallele Threads gleichzeitig abgearbeitet, man spricht hier von einem *Warp*. Ein Kernel ist ein Programm, das von dem Grafikprozessor ausgeführt wird. Meist ist es ratsam, die Daten zunächst vom globalen Speicher in den geteilten Speicher zu laden. Dann werden alle Berechnungen im geteilten Speicher durchgeführt und am Ende das Ergebnis wieder in den globalen Speicher geschrieben. Da mehrere Threads gleichzeitig eine Operation ausführen, spielt der Zugriff beim Laden der Daten vom globalen Speicher in den geteilten Speicher eine wichtige Rolle. Greift jeder Thread auf eine beliebige Speicheradresse zu, müssen die Speicherzugriffe serialisiert und nacheinander ausgeführt werden. Für bestimmte Zugriffsmuster hingegen können die Speicherzugriffe parallel ausgeführt werden, was eine Steigerung der Performance bedeutet[14]. Die Daten sollten also immer so angeordnet werden, dass man solche Zugriffsmuster gewährleisten kann. Können solche Muster nicht eingehalten werden, sollte der Texturspeicher verwendet werden, der mit Hilfe des Caches einen größeren Lesedurchsatz ermöglicht. Beim Schreiben von Daten hilft dies allerdings nicht. Auch beim Zugriff auf den geteilten Speicher muss auf Zugriffsmuster geachtet werden. Der geteilte Speicher ist in 16 *Bänke* unterteilt, die in 32-Bit Wörter aufgeteilt sind. Je 16 Threads greifen gleichzeitig auf den geteilten Speicher zu. Greifen jedoch zwei Threads gleichzeitig auf eine Bank zu, so kommt es zu einem *Bankkonflikt*, womit der Speicherzugriff wieder serialisiert werden muss. Deswegen ist darauf zu achten, dass unterschiedliche Threads immer auf unterschiedliche Bänke zugreifen.

Ein weiterer wichtiger zu beachtender Aspekt sind bedingte Anweisungen. Da die Threads parallel die gleichen Operationen ausführen, müssen die Threads serialisiert werden, falls unterschiedliche Threads unterschiedliche Operationen aufgrund bedingter Anweisungen ausführen müssen. Deshalb sollten bedingte Anweisungen, falls möglich, vermieden werden.

7.13.2 Präfixsumme

Um die schnelle Summation für Oberflächen aus Abschnitt 7.7 auf einem Grafikprozessor durchführen zu können, muss die parallele Präfixsumme (Reihe) bestimmt werden. In [Ngu07] wird dieser Algorithmus zusammen mit wichtigen Implementierungsdetails für die Implementierung auf einem Grafikprozessor vorgestellt. Die Ausführung des Algorithmus ist dabei in drei Kernel unterteilt. Dabei werden in

---

[13]Je nach Grafikkarte bis zu 48 KB.
[14]Man spricht hier von *coalesced accesses*.

zwei Kerneln Präfixsummen bestimmt, deren Ablauf in jeweils vier Schritte unterteilt werden kann. In einem ersten Schritt werden die Daten vom globalen Speicher in den geteilten Speicher geladen. Da der geteilte Speicher begrenzt ist, kann die Präfixsumme nur für eine kleine Anzahl von Elementen berechnet werden. Diese Limitierung wird (teilweise) durch die Verwendung der beiden weiteren Kernel aufgehoben. Die Berechnung der Präfixsumme erfolgt dann komplett im schnellen geteilten Speicher, da die Zugriffslatenz[15] dort viel geringer ist, im Vergleich zum globalen Speicher. Im zweiten Schritt, dem sogenannten *Up-Sweep*, werden Teilsummen der Präfixsumme bestimmt. Diese werden im dritten Schritt, dem *Down-Sweep*, verwendet, um die fertige Präfixsumme zu bilden. Im letzten Schritt wird das Ergebnis in den globalen Speicher geschrieben.

Da für die Geometrie-Anpassung der Masseschwerpunkt und die Matrix der Partikel bestimmt werden müssen[16], sind insgesamt 12 Präfixsummen zu bestimmen. In Experimenten hat sich herausgestellt, dass auf dem Testrechner (siehe Abschnitt 7.14) eine optimale Performance bei der parallelen Abarbeitung von je 3 Präfixsummen mit jeweils maximal 512 Elementen erzielt werden konnte. In einem Kernel werden also insgesamt viermal die Präfixsummen über den $3 \cdot 512$ Elementen gebildet. Die Limitierung auf 512 Elemente hat außerdem noch einen Vorteil für die numerische Stabilität. Dies wird genauer in Abschnitt 7.13.4 behandelt.

Der Up-Sweep bildet einen Baum der Tiefe $d = \log_2 512$, wobei jede Ebene 2^d Knoten enthält. Dieser Baum wird in der Down-Sweep Phase wieder abgelaufen. Da für jeden Knoten eine Addition ausgeführt wird, benötigt der parallele Algorithmus $O(n)$ Operationen. Jeder Thread führt dabei eine Addition durch. Bei der Addition der Elemente muss auf Bankkonflikte, wie in [Ngu07] beschrieben, geachtet werden. Durch geschicktes Indizieren der Daten im geteilten Speicher können diese jedoch vermieden werden. Das Vorgehen der Up-Sweep und der Down-Sweep Phase werden exemplarisch für acht Elemente in Abbildung 7.14 veranschaulicht. Da dieses Vorgehen eine exklusive Präfixsumme bildet, also das letzte Element in der Präfixsumme nicht enthalten ist, werden beim Schreiben in den globalen Speicher die initialen Elemente noch einmal zu der exklusiven Präfixsumme addiert, um eine inklusive Präfixsumme zu erhalten.

Um die Limitierung der begrenzten Anzahl an Elementen der Präfixsumme zu umgehen, wird in einem zweiten Kernel die Präfixsumme über den letzten Elementen der aus dem ersten Kernel berechneten Präfixsummen bestimmt. Diese Werte werden dann zu den vom ersten Kernel bestimmten Präfixsummen addiert. Dieser Schritt wird mit dem dritten Kernel durchgeführt. Abbildung 7.15 veranschaulicht dieses kaskadierte Vorgehen schematisch.

---

[15]Der Zugriff auf den globalen Speicher erfordert 400-600 Zyklen und ist somit ca. um den Faktor 100 langsamer im Vergleich zum Zugriff auf den geteilten Speicher.

[16]Zusätzlich kommen noch die Präfixsummen für die Transformationsmatrix sowie die Präfixsummen zur Bestimmung der Dämpfung hinzu. Dies geht analog.

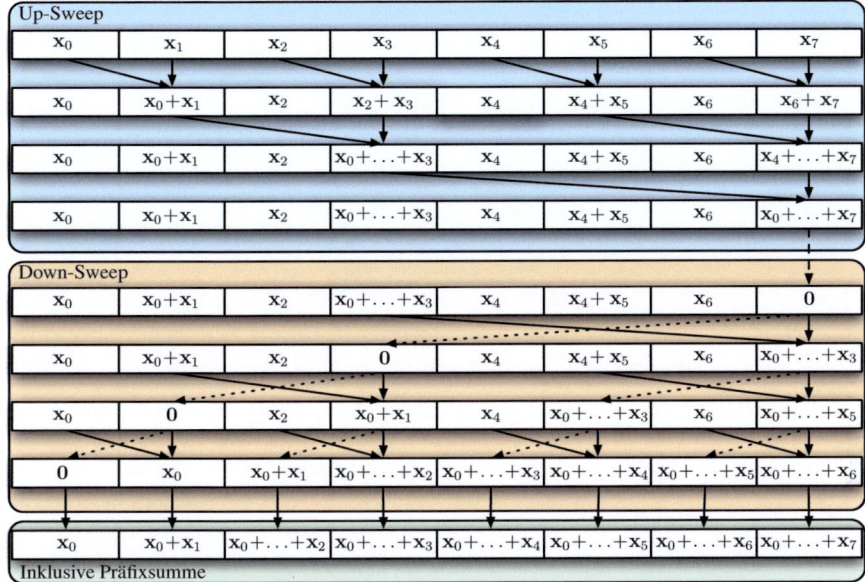

Abbildung 7.14: Schematisches Vorgehen zur parallelen Bestimmung einer Präfixsumme mit Up-Sweep und Down-Sweep Phase. Pro Thread wird hierbei eine Addition ausgeführt.

7.13.3 Implementierungsdetails

Um die Ausführung mehrerer separater Kernels für jedes einzelne Objekt zu vermeiden, werden alle Partikel von allen Objekten in einem Array gespeichert und zusammen simuliert. Es ist daher für die Laufzeit irrelevant, ob ein Objekt mit vielen Partikeln oder viele Objekte mit wenigen Partikeln simuliert werden. Die Partikel werden in der Reihenfolge abgespeichert, wie sie in dem Pfad vorkommen. Zunächst werden alle Partikel des ersten Pfades, dann des zweiten usw. in dem Array abgelegt. Dies ermöglicht eine optimale Zugriffsstrategie beim Laden und Speichern der Daten vom globalen Speicher in den geteilten Speicher. Zudem ermöglicht diese Anordnung, über alle Daten eine segmentierte Präfixsumme zu berechnen [SHZO07], anstatt für jeden Pfad eine einzelne Präfixsumme zu bestimmen. Da das Starten eines Kernels zusätzliche Laufzeit kostet, wird somit die Performance des Programms erhöht. Eine segmentierte Präfixsumme besteht aus mehreren gewöhnlichen Präfixsummen, bei deren Bestimmung nur auf die Grenzen geachtet werden muss. Im Gegensatz zu der Arbeit von Sengupta et al. [SHZO07], in der die Laufzeit für die Berechnung der segmentierten Präfixsumme ungefähr dreimal solange dauert wie die Bestimmung der normalen Präfixsumme, sind hier die Grenzen in jedem Simulationsschritt gleich und müssen somit nicht explizit

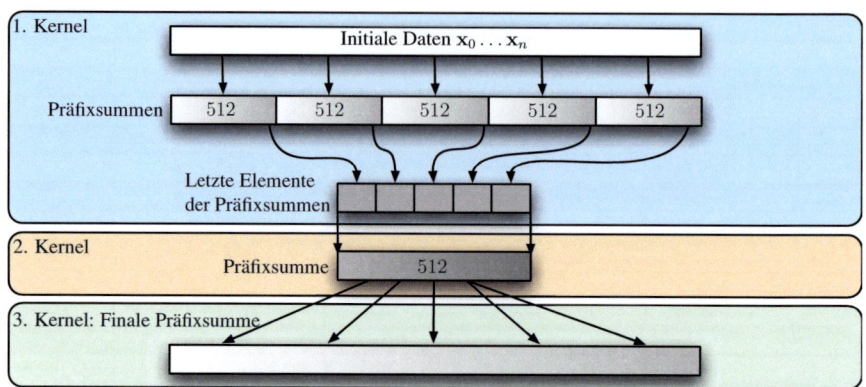

Abbildung 7.15: Für die Bestimmung größerer Präfixsummen werden in einem ersten Kernel Präfixsummen der Größe 512 gebildet. Mit den Ergebnissen der letzten Elemente dieser Präfixsummen wird in einem zweiten Kernel eine weitere Präfixsumme bestimmt. Diese wird verwendet, um in einem letzten Kernel die finale Präfixsumme zu bestimmen, indem Zahlen der Präfixsummen aus dem ersten Kernel mit der Präfixsumme aus dem zweiten Kernel addiert werden.

im Kernel bestimmt werden. Da sich die Segmentierung nicht ändert und hier eine Limitierung auf 512 Elemente pro Präfixsumme verwendet wird, kann die segmentierte Präfixsumme in nur zwei Kerneln realisiert werden. Die Bestimmung der segmentierten Präfixsumme ist somit ähnlich schnell wie die Bestimmung der normalen Präfixsumme. Der mittlere Kernel aus Abbildung 7.15 wird daher nicht mehr benötigt. Um die segmentierte Präfixsumme zu bestimmen, wird zunächst im ersten Kernel eine normale Präfixsumme gebildet. Sind Segmente in den 512 Elementen vorhanden, muss beim Schreiben in den globalen Speicher von jedem Element die entsprechende vorangegangene Präfixsumme abgezogen werden. Da die Segmente auf 512 Elemente limitiert sind, kann sich eine segmentierte Präfixsumme in maximal zwei Blöcke aufteilen. Deshalb entfällt der mittlere Kernel. Im zweiten auszuführenden Kernel müssen daher nur noch die Überträge der vorangegangen Blöcke zu den Elementen addiert werden. Hier muss allerdings darauf geachtet werden, dass der Übertrag nur zum ersten Segment in der Präfixsumme addiert wird. Abbildung 7.16 veranschaulicht dieses Vorgehen.

Um die letztendliche Summe über eine Region zu bilden, müssen Differenzen der Präfixsummen bestimmt werden. Da hier nicht zwangsweise ein geordneter Zugriff auf die Daten der zuvor berechneten Präfixsummen möglich ist, wird das Ergebnis der Präfixsummenbestimmung in einer Textur abgelegt. Sind benachbarte Pfade einer Region so bestimmt worden, dass diese in der Textur möglichst nah beiei-

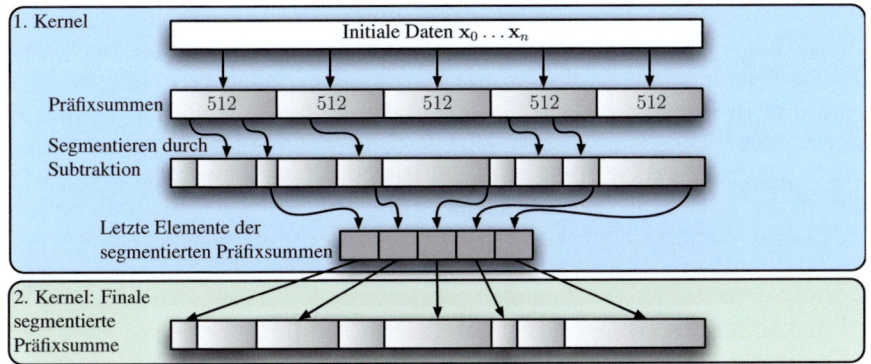

Abbildung 7.16: Werden die Längen der Pfade auf 512 begrenzt, so kann die segmentierte Präfixsumme mit zwei Kerneln bestimmt werden. Hierfür werden im ersten Kernel die Segmente durch Subtraktion bestimmt. Im zweiten Kernel müssen dann nur noch die Überträge addiert werden, falls sich ein Segment über zwei Blöcke erstreckt.

nander liegen, erhält man viele Cache-Treffer, was die Bandbreite beim Lesen der Daten deutlich minimiert[17].

Auch die Volumenzwangsbedingung aus den Gleichungen (7.10) und (7.13) können effizient parallel gelöst werden. Hier müssen die segmentierten Summen zur Berechnung der Integrale über den Objekten bestimmt werden. Dies kann analog zur segmentierten Präfixsumme berechnet werden. Da in Gleichung (7.11) das Integral über die Dreiecke in ein Integral über die Partikel überführt wurde, kann wieder ein geordneter Speicherzugriff auf den globalen Speicher realisiert und somit die optimale Performance garantiert werden. Zur Glättung der Gewichte wird der Regenschirmoperator verwendet, der durch die schnelle Summation effizient bestimmt werden kann.

7.13.4 Numerische Stabilität

Da die meisten Grafikprozessoren heute nur mit 32-Bit Fließkommaarithmetik rechnen, wird hier auf 64-Bit Fließkommazahlen verzichtet. Dies hat jedoch leider zur Folge, dass bei langen Pfaden die Berechnung der Präfixsumme numerisch instabil werden kann. Speziell die Berechnung der Matrix $\mathbf{A}$ wird instabil, da diese die "quadratischen" Terme $\mathbf{x}_i \mathbf{x}_i^{0\mathrm{T}}$ enthält. Daher wird die Länge der Pfade auf 512 Elemente begrenzt. Weiterhin kann die Berechnung der Polarzerlegung zu numerischen Problemen führen, wenn die Matrix $\mathbf{A}$ sehr große Zahlen enthält, da dann aus sehr großen Zahlen (von $\mathbf{A}$) vergleichsweise kleine Zahlen (in der Ro-

---

[17]Bei den gemessenen Testszenarien lagen die Cache Treffer bei 70%-90%.

tationsmatrix $\mathbf{R}$) berechnet werden müssen. Die zu berechnende Rotationsmatrix ist unabhängig von jeglicher Translation oder Skalierung der Partikel. Deshalb kann die Matrix $\mathbf{A}$ aus skalierten und verschobenen Partikeln ermittelt und die Summen in einem lokalen Koordinatensystem des Modells bestimmt werden. Der Ursprung des lokalen Koordinatensystems wird auf die Position $\mathbf{x}_0^n$ im n-ten Zeitschritt gelegt und alle Partikel werden mit einem vorberechneten Skalierungsfaktor multipliziert, so dass alle Partikel ungefähr in $[-1, 1]^3$ liegen. Die Limitierung der numerischen Werte zusammen mit der Limitierung der Pfadlängen erlaubt es, die Deformationen ohne numerische Probleme zu simulieren. Tabelle 7.1 vergleicht die berechneten Werte einer Region, die einmal durch die skalierten Translate der Partikel und einmal ohne numerische Stabilisierung bestimmt wurden. Dabei wurde die Geometrie-Anpassung mit unveränderten Partikelpositionen durchgeführt, sodass die Zielpositionen mit den diesen übereinstimmen müssen. Das Objekt wurde für den Versuch um 4000 in x-Richtung verschoben.

Werte	skalierte Translate	ohne numerische Stabilisierung
$\mathbf{A}^\mathsf{T}\mathbf{A}$	$\begin{bmatrix} 0.0034958632 & -0.00120178 & 0.028407048 \\ -0.00120178 & 1.3361140 & -0.16170749 \\ 0.028407048 & -0.16170749 & 0.29156545 \end{bmatrix}$	$\begin{bmatrix} 37749008 & 119042.02 & -9326.4766 \\ 119042.02 & 376.71497 & -29.571127 \\ -9326.4766 & -29.571127 & 2.5930064 \end{bmatrix}$
Eigenwerte $\mathbf{A}^\mathsf{T}\mathbf{A}$	$\begin{bmatrix} 0.023499085 & 1.1664463 & 0.51964027 \end{bmatrix}$	$\begin{bmatrix} 6144.0532 & 1.1569955 & 0.51418591 \end{bmatrix}$
$\mathbf{R}$	$\begin{bmatrix} 0.999997 & 2.28436^{-4} & 6.5736473e^{-5} \\ -2.28464e^{-4} & 0.999997 & 1.06036e^{-4} \\ -6.62803e^{-5} & -1.059999e^{-4} & 0.99999 \end{bmatrix}$	$\begin{bmatrix} 0.999996 & 0.00266286 & -2.18868e^{-4} \\ -0.00266462 & 0.999992 & 1.51306e^{-4} \\ 2.19122e^{-4} & -1.50591e^{-4} & 1.0000001 \end{bmatrix}$
$\mathbf{t}$	$\begin{bmatrix} 5.7833629 & 7.2827039 & -0.61307031 \end{bmatrix}$	$\begin{bmatrix} 4005.7500 & 7.2827039 & -0.61307031 \end{bmatrix}$
Fehler	$\begin{bmatrix} 5.4025650e^{-4} & 2.4795532e^{-5} & -3.9279461e^{-5} \end{bmatrix}$	$\begin{bmatrix} 0.00268554 & -3.1948090e^{-5} & -0.00221222 \end{bmatrix}$

Tabelle 7.1: Vergleich der berechneten numerischen Werte für eine Region mit und ohne numerische Stabilisierung. Dabei wurde die Geometrie-Anpassung einer Region mit ihren unveränderten Partikelpositionen durchgeführt. Der Fehler der berechneten Werte ist ohne numerische Stabilisierung bei der Verwendung von 32-Bit Gleitkommaarithmetik höher, was sogar zu einer instabilen Simulation führen kann.

7.14 Ergebnisse

Alle hier vorgestellten Ergebnisse wurden auf einem Intel Core i7 950 mit einer NVIDIA GeForce GTX 470 durchgeführt. Die Zeitschrittweite der Simulationen betrug 5 ms. Für die inneren Strukturen wurden die Parameter $s_{\mathrm{min}} = 0.01$ und $s_{\mathrm{max}} = 0.1$ verwendet. Die letztendlich gerenderten Modelle haben teilweise eine höhere Auflösung als die simulierten Modelle und verwenden zur Visualisierung die in Abschnitt 7.12 beschriebene Technik.

Obwohl der in diesem Kapitel entwickelte Ansatz rein die Oberfläche des Körpers in Betracht zieht, können große Deformationen visuell plausibel simuliert werden.

Ohne die hier entwickelte Technik zur Volumenerhaltung wäre dies nicht möglich, was in Abbildung 7.9 deutlich zu sehen ist. Zusätzlich hat das Verfahren den Vorteil, dass es immer stabil bleibt und selbst aus komplett invertierten oder degenerierten Posen, wie in Abbildung 7.6 dargestellt, wieder die ursprüngliche Form herstellen kann.

Szene	Partikel	ω	α / β / s	Vol.	CPU naiv	CPU schnell	GPU G-A	GPU Vol.	GPU
Abb. 7.18	7640	2	0.5 / 0.1 / 1	0.2%	15.86	10.58	1.20	1.14	2.34
Abb. 7.19	21280	2	0.2 / 0.1 / 1	0.5%	44.88	30.2	2.03	1.51	3.54
Abb. 7.20	32442	3	0.1 / 0.1 / 0.9	0.1%	114.75	69.92	2.89	1.80	4.69

Tabelle 7.2: Laufzeiten und Parameter der Szenen (von links nach rechts): Anzahl zu simulierender Partikel, Regionsgröße ω und die zur Simulation verwendeten Parameter mit dem maximal gemessenen Volumenverlust. Die Laufzeiten (in ms) wurden sowohl für die naive als auch die schnelle Summation auf der CPU gemessen. Die Laufzeiten auf der GPU sind in die Laufzeiten für die Geometrie-Anpassung inklusive Dämpfung und für die Volumenkorrektur unterteilt. Diese Laufzeiten beinhalten auch die Zeit, die zum Kopieren der Daten zwischen CPU und GPU benötigt wird.

Laufzeiten für komplexe Szenen sowie die verwendeten Parameter sind in Tabelle 7.2 aufgeführt. Sie beinhalten keine Kollisionserkennung, die parallel auf der CPU durchgeführt wird und in den hier vorgestellten Szenen bis zu 9 ms benötigt. Da die Kollisionserkennung auf der CPU ausgeführt wird, muss der Simulator die Daten zwischen CPU und GPU in jedem Zeitschritt kopieren. Die Laufzeiten für die GPU beinhalten sowohl die Zeit, die zum Kopieren der Daten benötigt wurde als auch die zusätzlich berechnete Dämpfung, wie in Abschnitt 7.11 vorgestellt. Die Laufzeiten für die Geometrie-Anpassung und die Volumenkorrektur sind noch einmal gesondert gelistet. Zum Vergleich wurden auch die Laufzeiten für die Simulation auf der CPU gemessen, wobei hier sowohl der naive Summierungsansatz als auch die schnelle Summation verwendet wurden. Es bleibt anzumerken, dass der Start eines CUDA Kernels und die Vorbereitung des Speicheraustausches zwischen CPU und GPU eine gewisse Zeit dauert, so dass man sogar bei der Simulation weniger Partikel ungefähr auf 1.5 ms Laufzeit kommt. Insgesamt wurden für die Laufzeitmessung drei Szenen verwendet. Die erste Szene aus Abbildung 7.18 zeigt einige Bälle mit insgesamt 7640 Partikeln, die in ein Glas fallen. Wegen der geringen Anzahl an Partikeln konnte nur ein leichter Geschwindigkeitszuwachs auf der GPU erzielt werden. In der zweiten Szene mit insgesamt 21280 Partikeln, die in Abbildung 7.19 gezeigt wird, ist die auf der Grafikkarte berechnete Simulation schon fast um den Faktor 10 schneller. In der letzten Szene, zu sehen in Abbildung 7.20, konnte die Deformation sogar mit 32442 Partikeln in Echtzeit durchgeführt werden.

Es ist schwer, vorwiegend visuell plausible Verfahren mit Verfahren, wie die von Irving et al. [ISF07], die eine umfassende physikalische Modellierung verwenden, zu vergleichen. Stattdessen wird es der visuell plausiblen Methode von Rivers and James [RJ07] gegenüber gestellt. Obwohl der neue Ansatz nur die Oberfläche in

Methode	$\omega = 1$	$\omega = 2$	$\omega = 3$	$\omega = 4$	$\omega = 5$
Gitter naiv	65.1	240.3	617.9	1436.2	2615.8
Gitter schnell	46.7	47.9	51.6	57.2	65.2
Oberfläche naiv CPU	37.3	53.8	82.9	121.5	169.8
Oberfläche schnell CPU	42.5	46.7	51.6	56.2	62.1
Oberfläche GPU	3.2	3.6	3.9	4.1	4.2

Tabelle 7.3: Laufzeitvergleich (in ms) zwischen den unterschiedlichen Geometrie-Anpassungsansätzen mit unterschiedlicher Regionsgröße ω bei der Simulation eines Würfels mit ungefähr 30000 Partikeln. Die beiden schnelle Summationstechniken auf der CPU haben fast die gleiche Laufzeit. Die auf der Grafikkarte berechnete Simulation hingegen erzielt einen Geschwindigkeitsgewinn um den Faktor 15.

Abbildung 7.17: Ausschnitte aus einer Simulation, bei der zwei Quader mit unterschiedlichen Techniken deformiert wurden. Der linke Quader wurde mit dem rein auf der Oberfläche basierenden Ansatz deformiert. Im Vergleich dazu der gitterbasierte Ansatz von Rivers und James [RJ07] (rechter Quader). Klar zu erkennen ist der Unterschied der Volumenerhaltung im neu entwickelten Verfahren von Diziol et al. [DBB11], das beim Zusammendrücken des Quaders realistische Deformationen erzielt.

Betracht zieht, werden ähnliche Deformationen wie mit dem gitterbasierten Ansatz erzielt, wie Abbildung 7.17 zeigt. Zusätzlich wird das Volumen korrekt behandelt.

Die Laufzeiten unterscheiden sich nicht, gleichgültig ob viele Objekte mit wenigen Partikeln oder ein Objekt mit vielen Partikeln verwendet wird. Deshalb wird zum Vergleich der beiden Verfahren ein Würfel mit ungefähr 30000 Partikeln mit dem auf der Oberfläche basierenden Verfahren deformiert bzw. ein zweiter Würfel mit ungefähr $31^3 \approx 30000$ Partikeln mit dem gitterbasierten Verfahren. Letzteres besitzt somit nur 5402 Partikel auf der Oberfläche. Die Laufzeiten werden in Tabelle 7.3 für die gitterbasierte Variante ohne schnelle Summation (Gitter naiv) und mit schneller Summation (Gitter schnell) gelistet. Zusätzlich werden die Laufzeiten für den oberflächenbasierten Ansatz auf der CPU ohne (Oberfläche naiv CPU) und mit (Oberfläche schnell CPU) schneller Summation sowie die Laufzeiten auf der Grafikkarte (Oberfläche GPU) für unterschiedliche Regionsgrößen ω angegeben. Die Laufzeiten für den oberflächenbasierten Ansatz enthalten zusätzlich die Laufzeit für die Volumenkorrektur. Obwohl der gitterbasierte Ansatz (wegen seiner von den Regionsgrößen unabhängigen Laufzeit) in der Theorie schneller ist, ist der oberflächenbasierte Ansatz quasi identisch schnell, da durch die verwendete Datenstruktur der Cache besser ausgenutzt werden kann. Die nicht konstante Laufzeit im gitterbasierten Ansatz kommt durch die benötigte Spezialbehandlung von Regionen am Rand des Modells zustande. Dies wurde auch mit dem frei verfügbaren Quellcode von Rivers und James festgestellt, der jedoch leider unoptimiert und deswegen noch langsamer als die hier verwendete Implementierung ist. Die Ausführung auf der Grafikkarte ist, abhängig von der Regionsgröße, 10-40 mal schneller als die naive Summierung und erzielt gegenüber den beiden auf der CPU ausgeführten schnellen Verfahren einen Geschwindigkeitszuwachs um den Faktor 15. Zieht man in Betracht, dass das oberflächenbasierte Verfahren eigentlich nur einen Bruchteil an Partikeln auf der Oberfläche im Vergleich zur gitterbasierten Methode benötigt, ist der reale Geschwindigkeitszuwachs sogar noch größer. Es bleibt anzumerken, dass der oberflächenbasierte Ansatz im Vergleich zum Verfahren von Rivers und James etwas größere Regionsgrößen benötigt, um die gleiche Steifigkeit zu erzielen, da keine inneren Partikel vorhanden sind.

Natürlich können geometrische Ansätze nicht für physikalisch korrekte Simulationen eingesetzt werden. Das Ziel, schnelle, visuell plausible Deformationen mit Volumenerhaltung zu erzeugen, ist mit dem in diesem Kapitel entwickelten Ansatz hingegen realisierbar.

Abbildung 7.18: Ausschnitte aus einer Simulation, bei der deformierbare Bälle in ein Glas fallen (insgesamt 7640 Partikel). Die Berechnungszeit eines Zeitschrittes für die Deformation betrug maximal 2.34 ms bei einem maximalen Volumenverlust von 0.2%.

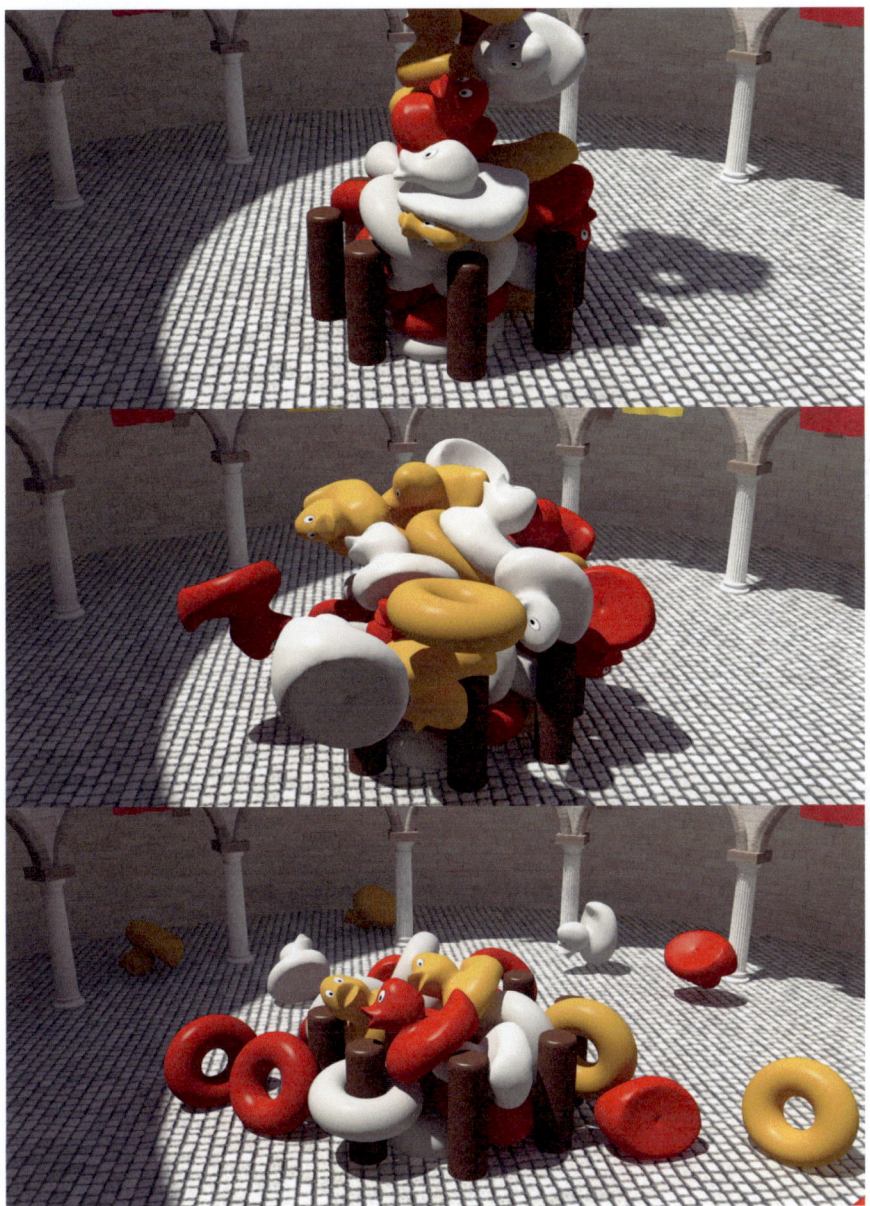

Abbildung 7.19: Ausschnitte aus einer Simulation, bei der 20 Tori und 20 Enten auf einen Haufen fallen (insgesamt 21280 Partikel). Die Berechnungszeit eines Zeitschrittes für die Deformation betrug maximal $3.54\,\mathrm{ms}$ bei einem maximalen Volumenverlust von 0.5%.

Abbildung 7.20: Ausschnitte aus einer Simulation deformierbarer Armadillos (insgesamt 32442 Partikel). Die Berechnungszeit eines Zeitschrittes für die Deformation betrug maximal $4,69\,ms$ bei einem maximalen Volumenverlust von 0.1%.

Kapitel 8

Zusammenfassung und Ausblick

8.1 Zusammenfassung

Die Simulation deformierbarer Körper wird für interaktive Anwendungen immer wichtiger. Zu diesem Zweck müssen schnelle und stabile Algorithmen entworfen werden, die hierfür zum Einsatz kommen können. Da besonders großer Volumenverlust zu unnatürlich wirkenden Deformationen führen kann, ist es sinnvoll, eine Volumenerhaltung in Betracht zu ziehen. Obwohl es schon Verfahren zur Volumenerhaltung gibt, wie z. B. die Arbeit von Irving et al. [ISF07], die sehr gute Ergebnisse erzielt, jedoch aufgrund der dort angegebenen Laufzeiten nicht für interaktive Anwendungen praktikabel ist, werden neue schnellere Verfahren benötigt. Daher wurden in dieser Dissertation drei neue Ansätze entwickelt.

In den ersten beiden vorgestellten Verfahren wurden zur Simulation der Elastizität Masse-Feder-Modelle verwendet. Die Grundstruktur bildeten hierbei Tetraedernetze. Es wurden Algorithmen für deren Erzeugung vorgestellt und neue Verbesserungen bestehender Verfahren entwickelt.

Im ersten in dieser Arbeit entwickelten Verfahren wurden Zwangsbedingungen an das Volumen gestellt. Diese wurden durch iteratives Anwenden von Impulsen gelöst, sodass das Volumen des Körpers während der Simulation beibehalten werden konnte. Durch die Verwendung von Impulsen konnte es direkt mit der von Bender [Ben07a] vorgestellten impulsbasierten Methode kombiniert werden, sodass die deformierbaren Körper zusammen mit Starrkörpern und Gelenken simuliert werden konnten. Dieses Verfahren eignet sich vor allem für Anwendungen, bei denen das exakte Einhalten des Volumens sehr wichtig ist.

Um die Laufzeiten für interaktive Anwendungen weiter zu verbessern, wurde im zweiten Verfahren auf eine exakte Einhaltung des Volumens verzichtet. Stattdessen wurde nur eine Iteration für die Korrektur der einzelnen Volumenzwangsbedingungen durchgeführt. Durch die Verwendung von überlappenden Regionen, die aus den Eins-Ringen von Tetraedern um die Partikel gebildet wurden, konnte das Verklemmungsproblem vermieden werden. Weiterhin wurde das Invertieren von Tetraedern bei der Volumenkorrektur verhindert. Durch den neuen Ansatz war es möglich, in den einzelnen Testszenarien einen zu starken Volumenverlust zu vermeiden. Das Verfahren ermöglicht, unnatürlich wirkenden Volumenverlust mit geringem Mehraufwand zu verhindern.

Da die ersten beiden Verfahren allerdings für steife Körper mit einem impliziten Verfahren integriert werden müssten, um immer eine stabile Lösung zu gewährleisten, wurden in dieser Arbeit zusätzlich geometrisch motivierte Ansätze betrachtet. Diese haben den Vorteil, dass sie auch unter Verwendung von expliziten Integrationsverfahren immer stabil sind.

Im letzten in dieser Arbeit entwickelten Ansatz wurde die Elastizität deshalb mit Hilfe einer Geometrie-Anpassung simuliert. Um die Komplexität des Modells weiter zu reduzieren und somit die Laufzeiten zu verringern, wurde in diesem Ansatz nur die Oberfläche eines Körper für die Simulation betrachtet. Es wurde eine neue schnelle Summationstechnik entwickelt, die eine effiziente Berechnung der Geometrie-Anpassung ermöglicht. Da durch die Geometrie-Anpassung jedoch das Volumen unberücksichtigt bleibt, wurde in diesem Verfahren zusätzlich eine auf der Oberfläche basierende Zwangsbedingung entwickelt. Mit Hilfe einer neuen Heuristik war auch eine lokale Volumenerhaltung möglich. Dabei wurden Positionsänderungen gesondert von Geschwindigkeitsänderungen betrachtet, um Oszillationen zu vermeiden. Durch die geschickte Formulierung des Algorithmus konnte die Simulation auf einem Grafikprozessor effizient parallel durchgeführt werden. Deshalb konnten Körper bestehend aus sehr vielen Partikeln in Echtzeit deformiert werden. Durch den Ansatz können zwar keine physikalisch korrekten Ergebnisse erzielt werden, er ist jedoch aufgrund seiner Geschwindigkeit sehr gut für visuell plausible Deformationen geeignet.

8.2 Ausblick

Abschließend bleibt die Frage, wie man die visuelle Plausibilität von Deformationen quantifizieren oder messen kann. Obwohl diese Frage schwer zu beantworten ist, wurden zu diesem Thema schon einige Studien durchgeführt. Diese bieten jedoch keine allgemeine Metriken an, um visuelle Plausibilität zu messen, sondern beschränken sich auf Benutzerstudien für spezifische Probleme. Dabei stellt sich heraus, dass der Mensch bei Ungenauigkeiten von Kollisionen zwischen Körpern mit komplexer Geometrie deutlich fehlertoleranter ist als z. B. bei Kollisionen zwischen Kugeln [OD01]. Weiterhin scheint die Umgebung, in der die Simulation gezeigt wird, Einfluss auf die Fehlertoleranz des Menschen zu haben. In einer realistischeren Umgebung scheinen Fehler vergleichsweise nicht so stark aufzufallen wie in einer abstrakten Umgebung [RO09]. Ob sich solche Ergebnisse auf die

Plausibilität bei Deformationen übertragen lassen, muss sich noch zeigen. Wahrscheinlich werden Menschen auch bei komplexer Geometrie bzw. bei komplexen Deformationen Ungenauigkeiten nicht bemerken, solange sich die Fehler, wie z. B. der Volumenverlust, in Grenzen halten.

Zusätzlich müssen die Methoden erweitert werden, um plastische Deformationen und Brüche zu simulieren. Um die Laufzeiten für interaktive Simulationen gering zu halten, kann beispielsweise die Erzeugung neuer Geometrie beim Brechen vermieden werden, indem Brüche nur zwischen benachbarten Tetraedern verlaufen [PO09]. Für den in Kapitel 7 beschriebenen Ansatz könnte möglicherweise die Bruchgeometrie mit dem Verfahren von Korndöfer [Kor11] vorberechnet und jedes Bruchstück als ein deformierbarer Körper aufgefasst werden. Diese Körper müssten dann mit Hilfe von Zwangsbedingungen zusammen gehalten werden, bis es zum Bruch kommt.

Ein weiterer wichtiger Aspekt ist die Geschwindigkeit der Kollisionserkennung. In dieser Arbeit wurde die Möglichkeit für echtzeitfähige Deformationen mit komplexer Geometrie vorgestellt. Damit die komplette Simulation in Echtzeit ausgeführt werden kann, muss die Kollisionserkennung noch schneller werden. Hierfür würden sich mittels der Grafikkarte beschleunigte Algorithmen anbieten. Möglicherweise sind bildbasierte Verfahren für dieses Problem gut geeignet [FBAF08].

Anhang A

Vergleich der Integrationsverfahren

In diesem Anhang wird die Stabilität unterschiedlicher Integrationsmethoden verglichen. Sei hierfür ein eindimensionaler Partikel mit Masse $m = 1$, Ausgangslage $x_0 = l_0 \neq 0$ und initialer Geschwindigkeit $v_0 = 0$ gegeben. Die Kraft f, die auf den Partikel wirkt sei:

$$f(t) = -kx(t)$$

mit $k > 0$. Mit dem expliziten Euler-Verfahren ergibt sich die Geschwindigkeit $v^n = v(t_0 + n\Delta t)$ und die Position $x^n = x(t_0 + n\Delta t)$ im n-ten Schritt zu:

$$\underbrace{\begin{bmatrix} v(t + n\Delta t) \\ x(t + n\Delta t) \end{bmatrix}}_{=: \, \mathbf{y}^n} = \underbrace{\begin{bmatrix} 1 & -\Delta t k \\ \Delta t & 1 \end{bmatrix}^n}_{=: \, A^n} \underbrace{\begin{bmatrix} v(t) \\ x(t) \end{bmatrix}}_{=: \, \mathbf{y}^0} .$$

Betrachtet man die Folge $\mathbf{y}^n$, so ist $x(t)$ nur dann nach oben beschränkt, wenn der Spektralradius von A, also der betragsmäßig größte Eigenwert kleiner Eins ist. Die beiden Eigenwerte von A sind:

$$e_0 = 1 + \Delta t \sqrt{-k}$$
$$e_1 = 1 - \Delta t \sqrt{-k} \quad .$$

Die Ungleichungen $|e_0| < 1$ und $|e_1| < 1$ sind erfüllt, falls $\Delta t^2 k < 0$, was wegen $\Delta t > 0$ und $k > 0$ nicht erfüllt ist. Das explizite Euler-Verfahren ist in diesem Beispiel deshalb nicht stabil.

Wird hingegen das semi-implizite Euler-Verfahren verwendet, ändert sich die Bewegungsgleichung zu:

$$\underbrace{\begin{bmatrix} v(t+n\Delta t) \\ x(t+n\Delta t) \end{bmatrix}}_{=:\ \mathbf{y}^n} = \underbrace{\begin{bmatrix} 1 & -\Delta t k \\ \Delta t & 1-\Delta t^2 k \end{bmatrix}^n}_{=:\ A^n} \underbrace{\begin{bmatrix} v(t) \\ x(t) \end{bmatrix}}_{=:\ \mathbf{y}^0} \quad .$$

Die dazugehörigen Eigenwerte sind dann:

$$e_0 = 1 - \frac{1}{2}\Delta t^2 k + \frac{1}{2}\sqrt{-4\Delta t^2 k + \Delta t^4 k^2}$$

$$e_1 = 1 - \frac{1}{2}\Delta t^2 k - \frac{1}{2}\sqrt{-4\Delta t^2 k + \Delta t^4 k^2} \quad .$$

Für $\Delta t^2 k \to \infty$ konvergiert $|e_0|$ gegen Eins. Hingegen gilt $|e_1| < 1$ nur für $\Delta t < 2\sqrt{\frac{1}{k}}$. Somit ist das semi-implizite Euler-Verfahren nur für $\Delta t < 2\sqrt{\frac{1}{k}}$ stabil.

Um die implizite Integration für dieses Beispiel durchzuführen, werden folgende Terme benötigt:

$$\frac{\partial f}{\partial x} = -k$$

$$f(x_0, v_0, t_0) = -kl_0$$

Somit ist die Geschwindigkeitsänderung Δv aus Gleichung (2.5) gegeben durch

$$(1 + \Delta t^2 k)\Delta v = -\Delta t k l_0 \Rightarrow \Delta v = -\frac{\Delta t k l_0}{1 + \Delta t^2 k}$$

und die neue Position $x(t_0 + \Delta t)$ gegeben durch

$$x(t_0 + \Delta t) = l_0 - \Delta t \frac{\Delta t k l_0}{1 + \Delta t^2 k} \quad .$$

Es gilt:

$$\lim_{\Delta t \to \infty} x(t_0 + \Delta t) = 0 \quad .$$

Das System ist also für jede Schrittweite stabil. Das Ergebnis deutet ein bekanntes Problem der impliziten Integration an. Da die verwendete Kraft keine Dämpfung ausweist, sollte der Partikel immer zwischen $-l_0$ und l_0 schwingen. Die implizite Integration bringt ihn aber zu $x = 0$, was durch die numerische Dämpfung des Verfahrens kommt.

Anhang B

Runge-Kutta-Verfahren

Für die Herleitung des Runge-Kutta-Verfahrens zweiter Ordnung [PFTV92] zur Lösung der Bewegungsgleichung $\ddot{\mathbf{x}} = \frac{1}{m}\mathbf{f}(\mathbf{x}, \dot{\mathbf{x}})$ wird zunächst die Differentialgleichung erster Ordnung $\dot{\mathbf{y}} = \mathbf{g}(\mathbf{y})$ betrachtet. Allgemeine Runge-Kutta-Verfahren werden z. B. in [HLW06] behandelt. Die Taylorreihe von $\mathbf{y}(t + \Delta t)$ um t mit $\mathbf{y}(t) = \mathbf{y}_0$ ist:

$$\mathbf{y}(t + \Delta t) = \mathbf{y}_0 + \Delta t \dot{\mathbf{y}}_0 + \frac{1}{2}\Delta t^2 \ddot{\mathbf{y}}_0 + \mathbf{O}(\Delta t^3)$$

$$= \mathbf{y}_0 + \Delta t \mathbf{g}(\mathbf{y}_0) + \frac{1}{2}\Delta t^2 \frac{\partial \mathbf{g}}{\partial \mathbf{y}}\mathbf{g}(\mathbf{y}_0) + \mathbf{O}(\Delta t^3) \ . \tag{B.1}$$

Durch die Verwendung des Runge-Kutta-Verfahrens kann die Berechnung der Jacobi-Matrix $\frac{\partial \mathbf{g}}{\partial \mathbf{y}}$ jedoch vermieden werden. Hierfür sei:

$$\mathbf{y}(t + \Delta t) = \mathbf{y}_0 + \Delta t \Phi_n(\mathbf{y}_0) \ ,$$

mit den Funktionen bis zur Ordnung n:

$$\Phi_n(\mathbf{y}(t)) = \sum_{i=1}^{n} b_i \mathbf{k}_i \tag{B.2}$$

$$\mathbf{k}_1 = \mathbf{g}(\mathbf{y}_0)$$

$$\mathbf{k}_2 = \mathbf{g}\left(\mathbf{y}_0 + \Delta t c_2 \mathbf{k}_1\right)$$

$$\dots$$

$$\mathbf{k}_n = \mathbf{g}\left(\mathbf{y}_0 + \Delta t \sum_{i=2}^{n} c_i \mathbf{k}_i\right) \ .$$

Hier wird das Runge-Kutta-Verfahren zweiter Ordnung betrachtet, also $n = 2$.

Durch eine Taylorentwicklung von $\mathbf{k}_2$ erhält man:

$$\mathbf{k}_2 = \mathbf{g}(\mathbf{y}_0 + \Delta t c_2 \mathbf{k}_1)$$
$$= \mathbf{g}(\mathbf{y}_0) + \Delta t c_2 \frac{\partial \mathbf{g}}{\partial \mathbf{y}} \mathbf{g}(\mathbf{y}_0) + \mathbf{O}(\Delta t^2) \ .$$

Man erhält durch Einsetzen in Gleichung (B.2):

$$\mathbf{y}(t + \Delta t) = \mathbf{y}_0 + \Delta t \left(b_1 \mathbf{g}(\mathbf{y}_0) + b_2 \left(\mathbf{g}(\mathbf{y}_0) + \Delta t c_2 \frac{\partial \mathbf{g}}{\partial \mathbf{y}} \mathbf{g}(\mathbf{y}_0) + \mathbf{O}(\Delta t^2) \right) \right)$$
$$= \mathbf{y}_0 + \Delta t \sum_{i=1}^{2} b_i \mathbf{g}(\mathbf{y}_0) + \Delta t^2 b_2 c_2 \frac{\partial \mathbf{g}}{\partial \mathbf{y}} \mathbf{g}(\mathbf{y}_0) + \mathbf{O}(\Delta t^3) \ .$$

Diese Gleichung kann nun verwendet werden, um einen Koeffizientenvergleich mit Gleichung (B.1) vorzunehmen, woraus die folgenden Bedingungen an die Koeffizienten folgen:

$$1 = \sum_{i=1}^{2} b_i$$
$$\frac{1}{2} = b_2 c_2 \ .$$

Es gibt mehrere Möglichkeiten diese Koeffizienten zu wählen. Nach Heun sind die Koeffizienten z. B. $b_1 = b_2 = \frac{1}{2}$ und $c_2 = 1$. Das klassische Runge-Kutta-Verfahren verwendet die Koeffizienten $b_1 = 0$, $b_2 = 1$ und $c_2 = \frac{1}{2}$. Somit erhält man den integrierten Wert zu:

$$\mathbf{y}(t + \Delta t) = \mathbf{y}_0 + \Delta t \mathbf{g} \left(\mathbf{y}_0 + \frac{1}{2} \mathbf{g}(\mathbf{y}_0) \right) + \mathbf{O}(\Delta t^3) \ .$$

Um nun das Runge-Kutta-Verfahren zweiter Ordnung auf die Bewegungsgleichung $\ddot{\mathbf{x}} = \frac{1}{m} \mathbf{f}(\mathbf{x}, \dot{\mathbf{x}})$ anzuwenden, wird zunächst eine Ordnungsreduktion durchgeführt:

$$\begin{bmatrix} \dot{\mathbf{x}} \\ \dot{\mathbf{v}} \end{bmatrix} = \begin{bmatrix} \mathbf{v} \\ \frac{1}{m} \mathbf{f}(\mathbf{x}, \mathbf{v}) \end{bmatrix} \ .$$

Für $\mathbf{y} = [\mathbf{x}, \mathbf{v}]^{\mathrm{T}}$ und $\mathbf{g}(\mathbf{y}) = [\mathbf{v}, \frac{1}{m} \mathbf{f}(\mathbf{x}, \mathbf{v})]^{\mathrm{T}}$ kann somit für Differentialgleichungen erster Ordnung direkt das Runge-Kutta-Verfahren angewendet werden. Man erhält mit $\mathbf{x}(t) = \mathbf{x}_0$ und $\mathbf{v}(t) = \mathbf{v}_0$:

$$\begin{bmatrix} \mathbf{x}(t + \Delta t) \\ \mathbf{v}(t + \Delta t) \end{bmatrix} \approx \begin{bmatrix} \mathbf{x}_0 + \Delta t \mathbf{k}_2 \\ \mathbf{v}_0 + \Delta t \mathbf{l}_2 \end{bmatrix} = \begin{bmatrix} \mathbf{x}_0 + \Delta t \left(\mathbf{v}_0 + \frac{1}{2} \Delta t \mathbf{l}_1 \right) \\ \mathbf{v}_0 + \frac{1}{m} \Delta t \mathbf{f} \left(\mathbf{x}_0 + \frac{1}{2} \mathbf{k}_1, \mathbf{v}_0 + \frac{1}{2} \Delta t \mathbf{l}_1 \right) \end{bmatrix}$$
$$= \begin{bmatrix} \mathbf{x}_0 + \Delta t \mathbf{v}_0 + \frac{1}{2m} \Delta t^2 \mathbf{f}(\mathbf{x}_0, \mathbf{v}_0) \\ \mathbf{v}_0 + \frac{1}{m} \Delta t \mathbf{f} \left(\mathbf{x}_0 + \frac{1}{2} \mathbf{v}_0, \mathbf{v}_0 + \frac{1}{2m} \Delta t \mathbf{f}(\mathbf{x}_0, \mathbf{v}_0) \right) \end{bmatrix} \ .$$

Anhang C

Die Kräfte der expliziten Finite-Elemente-Methode

Zu berechnen ist die Kraft $\mathbf{f}_i^\varepsilon$, die am i-ten Partikel eines Tetraeders mit Volumen V wirkt (siehe Abschnitt 3.2). Wegen der Linearität der Basisfunktionen ist der Verzerrungstensor $\boldsymbol{\varepsilon}$ konstant über dem Tetraeder und somit auch der Spannungstensor $\boldsymbol{\sigma}$. Die zu berechnende Kraft aus Gleichung (3.1) kann deswegen mit Hilfe der Basisfunktionen $B_i(\mathbf{m})$ auf folgende Form gebracht werden:

$$\mathbf{f}_i^\varepsilon = -\int_V \boldsymbol{\sigma} \cdot \frac{\partial \boldsymbol{\varepsilon}}{\partial \mathbf{x}_i} \, dV = -V \sum_{j=1}^{4} \boldsymbol{\sigma} \cdot \frac{\partial \boldsymbol{\varepsilon}}{\partial \mathbf{x}_i} B_j(\mathbf{m}_i) = -V\boldsymbol{\sigma} \cdot \frac{\partial \boldsymbol{\varepsilon}}{\partial \mathbf{x}_i}$$

$$= -V \sum_{k=1}^{3} \sum_{l=1}^{3} \sigma_{kl} \frac{\partial \boldsymbol{\varepsilon}_{kl}}{\partial \mathbf{x}_i} \, .$$

Wegen Gleichung (3.3) gilt für die Elemente des Verzerrungstensors mit den Elementen h_{ij} der Matrix $\mathbf{H}$:

$$\varepsilon_{kl} = \frac{1}{2} \left(\sum_{j=1}^{4} h_{jk}\mathbf{x}_j \right)^{\mathrm{T}} \left(\sum_{j=1}^{4} h_{jl}\mathbf{x}_j \right) - \delta_{ij} \quad , \quad \delta_{ij} = \begin{cases} 1 \, , i = j \\ 0 \, , i \neq j \end{cases} \, .$$

Hieraus ergibt sich die Ableitung nach der Position $\mathbf{x}_i$:

$$\frac{\partial \boldsymbol{\varepsilon}_{kl}}{\partial \mathbf{x}_i} = \frac{1}{2} \left(\sum_{j=1}^{4} h_{ik}h_{jl}\mathbf{x}_j + \sum_{j=1}^{4} h_{jk}h_{il}\mathbf{x}_j \right) = \frac{1}{2} \sum_{j=1}^{4} \mathbf{x}_j (h_{ik}h_{jl} + h_{jk}h_{il}) \, .$$

Somit erhält man die Kraft zu:

$$\mathbf{f}_i^\varepsilon = -\frac{1}{2}V \sum_{j=1}^{4} \mathbf{x}_j \sum_{k=1}^{3} \sum_{l=1}^{3} (h_{ik}h_{jl} + h_{jk}h_{il})\boldsymbol{\sigma}_{kl} \, .$$

Anhang D

Koeffizienten des kubischen Polynoms für die Volumenkorrektur eines Tetraeders

Zu berechnen sind die Koeffizienten der kubischen Gleichung (6.1). Für die Positionen $\mathbf{x}_i$, $\mathbf{x}_j$, $\mathbf{x}_k$ und $\mathbf{x}_l$ eines Tetraeders erhält man das Volumen zu:

$$\mathrm{vol}(\mathbf{x}_i, \mathbf{x}_j, \mathbf{x}_k, \mathbf{x}_l) = \frac{1}{6}(\mathbf{x}_i - \mathbf{x}_l)((\mathbf{x}_j - \mathbf{x}_l) \times (\mathbf{x}_k - \mathbf{x}_l)) \, .$$

Die Ableitungen der Zwangsbedingung $C := \mathrm{vol}(\mathbf{x}_i, \mathbf{x}_j, \mathbf{x}_k, \mathbf{x}_l) - V_0 = 0$ des Tetraeders mit initialem Volumen V_0 nach den Positionen sind:

$$\frac{\partial C}{\partial \mathbf{x}_i} = \frac{1}{6}(\mathbf{x}_j - \mathbf{x}_l) \times (\mathbf{x}_k - \mathbf{x}_l)$$

$$\frac{\partial C}{\partial \mathbf{x}_j} = \frac{1}{6}(\mathbf{x}_k - \mathbf{x}_l) \times (\mathbf{x}_i - \mathbf{x}_l)$$

$$\frac{\partial C}{\partial \mathbf{x}_k} = \frac{1}{6}(\mathbf{x}_i - \mathbf{x}_l) \times (\mathbf{x}_j - \mathbf{x}_l)$$

$$\frac{\partial C}{\partial \mathbf{x}_l} = \frac{1}{6}(\mathbf{x}_j - \mathbf{x}_k) \times (\mathbf{x}_i - \mathbf{x}_k) \, .$$

Gesucht ist k_{V}, so dass:

$$\mathrm{vol}\left(\mathbf{x}_i - k_{\mathrm{V}}\frac{\partial C}{\partial \mathbf{x}_i}, \mathbf{x}_j - k_{\mathrm{V}}\frac{\partial C}{\partial \mathbf{x}_j}, \mathbf{x}_k - k_{\mathrm{V}}\frac{\partial C}{\partial \mathbf{x}_k}, \mathbf{x}_l - k_{\mathrm{V}}\frac{\partial C}{\partial \mathbf{x}_l}\right) - V_0 = 0$$

$$\Leftrightarrow \sum_{i=0}^{3} \alpha_i k_{\mathrm{V}}^i = 0 \, .$$

Unter der Hinzunahme der Terme:

$$\mathbf{d}_{ij} = \frac{\partial C}{\partial \mathbf{x}_j} - \frac{\partial C}{\partial \mathbf{x}_i}$$

$$\mathbf{a} = (\mathbf{x}_j - \mathbf{x}_l) \times (\mathbf{x}_k - \mathbf{x}_l)$$

$$\mathbf{b} = (\mathbf{x}_j - \mathbf{x}_l) \times \mathbf{d}_{kl} + \mathbf{d}_{jl} \times (\mathbf{x}_k - \mathbf{x}_l)$$

$$\mathbf{c} = \mathbf{d}_{jl} \times \mathbf{d}_{kl}$$

erhält man durch Einsetzen der partiellen Ableitungen in die Zwangsbedingung die Koeffizienten α_i zu:

$$\alpha_0 = \mathrm{vol}(\mathbf{x}_i, \mathbf{x}_j, \mathbf{x}_k, \mathbf{x}_l) - V_0$$

$$\alpha_1 = \frac{1}{6}(\mathbf{x}_i - \mathbf{x}_l)\mathbf{b} + \frac{1}{6}\mathbf{d}_{il}\mathbf{a}$$

$$\alpha_2 = \frac{1}{6}(\mathbf{x}_i - \mathbf{x}_l)\mathbf{c} + \frac{1}{6}\mathbf{d}_{il}\mathbf{b}$$

$$\alpha_3 = \frac{1}{6}\mathbf{d}_{il}\mathbf{c} \,.$$

Anhang E

Polarzerlegung

Um die in Kapitel 7 beschriebene Geometrie-Anpassung durchzuführen, muss die Polarzerlegung $\mathbf{A} = \mathbf{RU}$ der affinen Matrix $\mathbf{A} \in \mathbb{R}^3$ berechnet werden. Diese Zerlegung liefert den Rotationsanteil $\mathbf{R} \in \mathbb{R}^3$ der affinen Matrix.

Es gibt, wie in [GVL96] beschrieben, mehrere Möglichkeiten, die Polarzerlegung zu berechnen. Im Folgenden werden die unterschiedlichen Verfahren vorgestellt und um die in [GVL96] fehlenden Gleichungen[1] ergänzt.

Zur Berechnung der Polarzerlegung wird zunächst die Singulärwertzerlegung (SVD[2]) $\mathbf{A} = \mathbf{WDV}^{\mathrm{T}}$ mit orthonormalen Matrizen $\mathbf{W}$ und $\mathbf{V}$ und der Diagonalmatrix $\mathbf{D}$ betrachtet. Durch Umformung erhält man die Polarzerlegung:

$$\mathbf{A} = \mathbf{W}(\mathbf{V}^{\mathrm{T}}\mathbf{V})\mathbf{DV}^{\mathrm{T}}$$
$$= \underbrace{(\mathbf{WV}^{\mathrm{T}})}_{=\,\mathbf{R}}\underbrace{(\mathbf{VDV}^{\mathrm{T}})}_{=\,\mathbf{U}} \;.$$

Polarzerlegung durch zyklische Jacobi-Rotationen von $\mathbf{A}^{\mathrm{T}}\mathbf{A}$:
Die erste Methode zur Berechnung der Polarzerlegung erfolgt über zyklische Jacobi-Rotationen. Betrachtet man die symmetrische Matrix $\mathbf{A}^{\mathrm{T}}\mathbf{A}$, so erhält man aus der SVD:

$$\mathbf{A}^{\mathrm{T}}\mathbf{A} = (\mathbf{WDV}^{\mathrm{T}})^{\mathrm{T}}(\mathbf{WDV}^{\mathrm{T}})$$
$$= \mathbf{VDW}^{\mathrm{T}}\mathbf{WDV}^{\mathrm{T}} = \mathbf{VD}^2\mathbf{V}^{\mathrm{T}}$$
$$= \mathbf{VDV}^{\mathrm{T}}\mathbf{VDV}^{\mathrm{T}} = \mathbf{U}^2 \;.$$

Die Spalten der Matrix $\mathbf{V}$ sind die Eigenvektoren von $\mathbf{U}^2$ mit den Eigenwerten, die in den Diagonalelementen von $\mathbf{D}^2$ stehen. Die Eigenvektoren und Eigenwerte

---

[1] Diese sind dort als Übungsaufgaben gestellt.
[2] Abkürzung für den englischen Begriff *singular value decomposition*.

der symmetrischen Matrix $\mathbf{U}^2$ können mit zyklischen Jacobi-Rotationen berechnet und daraus $\mathbf{U} = \mathbf{VDV}^\mathrm{T}$ bestimmt werden. Die Rotationsmatrix ergibt sich aus:

$$\mathbf{R} = \mathbf{AU}^{-1}$$
$$= \mathbf{AV}^\mathrm{T}\mathbf{D}^{-1}\mathbf{V} .$$

Zyklische Jacobi-Rotationen:

Den zyklischen Jacobi-Rotationen, einer iterativen Methode zur Bestimmung der Eigenvektoren und Eigenwerte einer symmetrischen Matrix[3] $\mathbf{B}$, liegt die Idee zugrunde, dass in jedem Iterationsschritt eine Rotationsmatrix $\mathbf{Q}_i$ gefunden werden soll, so dass die neue Matrix $\mathbf{B}_{i+1} = \mathbf{Q}_i^\mathrm{T}\mathbf{B}_i\mathbf{Q}_i$ "mehr diagonal" ist als die Matrix $\mathbf{B}_i$. Mehr diagonal bedeutet, dass die Summe der nicht Diagonalelemente $\|\mathbf{B}_i\|_\mathrm{F}^2 - \sum b_{ii}^2$ immer kleiner wird. Nach n Iterationen ist also $\mathbf{B}_n = \mathbf{D}$ eine Diagonalmatrix, d.h. die Matrix der Eigenwerte von $\mathbf{B}_0 = \mathbf{B}$ mit den Eigenvektoren aus dem Produkt der Rotationsmatrizen $\mathbf{V} = \prod_{i=0}^n \mathbf{Q}_i$. In jedem Iterationsschritt wird eine Rotationsmatrix $\mathbf{Q}_i$ um die Achse k gesucht, die die Elemente b_{pq} mit $k \neq p \neq q$ Null werden lässt. In jedem Iterationsschritt wird eine andere Achse k gewählt und solange zyklisch über k iteriert bis $\mathbf{B}_n$ Diagonalgestalt hat. Die Rotation lässt sich schreiben als:

$$\begin{bmatrix} b_{pp} & b_{pq} \\ b_{qp} & b_{qq} \end{bmatrix} = \begin{bmatrix} c & s \\ -s & c \end{bmatrix}^\mathrm{T} \begin{bmatrix} a_{pp} & a_{pq} \\ a_{qp} & a_{qq} \end{bmatrix} \begin{bmatrix} c & s \\ -s & c \end{bmatrix} .$$

Hierbei sind die Werte b die Werte der neuen Matrix $\mathbf{B}_{i+1}$ und a die Werte der aktuellen Matrix $\mathbf{B}_i$. Für c und s soll also gelten:

$$0 = b_{pq} = b_{qp} = a_{pq}(c^2 - s^2) + (a_{pp} - a_{qq})cs .$$

Teilt man diese Gleichung durch c^2 so erhält man durch die Beziehung $t = \frac{s}{c}$ die zu lösende quadratische Gleichung, wobei die betragsmäßig kleinere Lösung für t gewählt wird:

$$t^2 + \frac{a_{qq} - a_{pp}}{a_{pq}}t - 1 = 0 .$$

Unter der Verwendung der Beziehung $c^2 + s^2 = 1$ erhält man somit die gewünschten Werte der Matrix $\mathbf{Q}$ durch:

$$c = \frac{1}{\sqrt{1 + t^2}}$$
$$s = tc .$$

Wegen der Symmetrie der Matrix $\mathbf{B}$ müssen bei der Iteration immer nur sechs Werte aktualisiert werden.

---

[3] Für das Problem zur Bestimmung der Polarzerlegung ist dies also $\mathbf{B} = \mathbf{A}^\mathrm{T}\mathbf{A}$.

Der große Vorteil der Verwendung von zyklischen Jacobi-Rotationen ist der Warmstart. Hat man die Eigenvektoren $\overline{\mathbf{V}}$ aus dem letzten Simulationsschritt gespeichert, so können viele Iterationsschritte eingespart werden, wenn die initiale Matrix $\mathbf{B}_0$ durch die alten Eigenvektoren vormultipliziert wird:

$$\mathbf{B}_1 = \overline{\mathbf{V}}^{\mathrm{T}}\mathbf{B}_0\overline{\mathbf{V}} \,.$$

Berechnung der SVD mit einseitigen Jacobi-Rotationen:
Ähnlich zum Problem der Bestimmung der Eigenwerte und Eigenvektoren einer symmetrischen Matrix kann auch die SVD mittels eines iterativen Algorithmus berechnet werden. Bei der einseitigen Jacobi Methode wird eine Rotation $\mathbf{Q}$ gesucht, so dass die p-te und q-te Spalte von $\mathbf{A}_{i+1} = \mathbf{A}_i\mathbf{Q}$ senkrecht aufeinander stehen. Sind alle Spalten orthogonal zueinander, dann ist $\mathbf{A}_n^{\mathrm{T}}\mathbf{A}_n$ eine Diagonalmatrix. Bei diesem Verfahren werden also die nicht Diagonalelemente von $\mathbf{A}^{\mathrm{T}}\mathbf{A}$ implizit auf Null gesetzt, anstatt dies explizit, wie im vorausgehenden Verfahren, zu tun. Um die Rotationsmatrix um die k-te Achse zu bestimmen, betrachtet man die Rotation:

$$\begin{bmatrix} a_{pp} & a_{pq} \\ a_{qp} & a_{qq} \end{bmatrix} \begin{bmatrix} c & s \\ -s & c \end{bmatrix} = \begin{bmatrix} ca_{pp} - sa_{pq} & sa_{pp} + ca_{pq} \\ ca_{qp} - sa_{qq} & sa_{qp} + ca_{qq} \end{bmatrix} \,.$$

Die Variablen c und s müssen nun so bestimmt werden, dass die Matrix nach der Rotation orthogonale Spalten hat:

$$(ca_{pp} - sa_{pq})(sa_{pp} + ca_{pq}) + (ca_{qp} - sa_{qq})(sa_{qp} + ca_{qq}) = 0 \Leftrightarrow$$
$$cs(a_{pp}^2 - a_{pq}^2 + a_{qp}^2 - a_{qq}^2) + c^2(a_{pp}a_{pq} + a_{qp}a_{qq}) - s^2(a_{pq}a_{pp} + a_{qq}a_{qp}) = 0 \,.$$

Durch Teilen der Gleichung durch c^2 und mit Hilfe von $t = \frac{s}{c}$ erhält man die zu lösende quadratische Gleichung:

$$t(a_{pp}^2 - a_{pq}^2 + a_{qp}^2 - a_{qq}^2) + (a_{pp}a_{pq} + a_{qp}a_{qq}) - t^2(a_{pq}a_{pp} + a_{qq}a_{qp}) = 0$$

Für die SVD $\mathbf{A} = \mathbf{W}\mathbf{D}\mathbf{V}^{\mathrm{T}}$ hat man somit die Matrizen $\mathbf{V} = \prod_{i=0}^{n}\mathbf{Q}_i$ und $\mathbf{A}\mathbf{V} = \mathbf{A}_n$ bestimmt. Die Matrizen $\mathbf{W}$ und $\mathbf{D}$ erhält man durch die Beziehung $\mathbf{A}_n = \mathbf{W}\mathbf{D}$. Da $\mathbf{W}$ eine orthonormale Matrix ist und $\mathbf{D}$ eine Diagonalmatrix, enthält $\mathbf{D}$ die Längen der Spaltenvektoren und $\mathbf{W}$ die normierten Spaltenvektoren von $\mathbf{A}_n$. Diese Methode lässt sich somit gleich schnell wie die erste vorgestellte Methode berechnen. Sie bringt aber größere numerische Probleme mit sich, wenn die Eigenwerte nahe null sind, da dann die Berechnung der Diagonalmatrix problematisch ist.

Berechnung der SVD mit zweiseitigen Jacobi-Rotationen:
Eine weitere Möglichkeit die Polarzerlegung zu berechnen ist, die SVD mit Hilfe

zweiseitiger Jacobi-Rotationen zu bestimmen. Hier werden in jedem Iterations-schritt zwei Rotationsmatrizen $\mathbf{Q}$ und $\mathbf{V}$ bestimmt, so dass nach der Rotation $\mathbf{A}_{i+1} = \mathbf{Q}_i^{\mathrm{T}} \mathbf{A}_i \mathbf{V}_i$ die Matrix $\mathbf{A}_{i+1}$ folgende Form hat:

$$\begin{bmatrix} c_1 & s_1 \\ -s_1 & c_1 \end{bmatrix}^{\mathrm{T}} \begin{bmatrix} a_{pp} & a_{pq} \\ a_{qp} & a_{qq} \end{bmatrix} \begin{bmatrix} c_2 & s_2 \\ -s_2 & c_2 \end{bmatrix} = \begin{bmatrix} d_p & 0 \\ 0 & d_q \end{bmatrix}.$$

Zunächst wird in jedem Iterationsschritt die Matrix $\mathbf{Q}_i$ bestimmt, so dass $\mathbf{B}_i = \mathbf{Q}_i^{\mathrm{T}} \mathbf{A}_i$ eine symmetrische Matrix ist. Danach wird $\mathbf{V}_i$ so bestimmt, dass die Ein-träge $a_{pq} = a_{qp}$ der Matrix $\mathbf{A}_{i+1} = \mathbf{V}_i^{\mathrm{T}} \mathbf{B}_i \mathbf{V}_i$ gleich Null sind. Für die Matrizen der SVD ergibt sich folgende Form:

$$\mathbf{V} = \prod_{i=0}^{n} \mathbf{V}_i$$

$$\mathbf{W} = \prod_{i=0}^{n} \mathbf{Q}_i \mathbf{V}_i^{\mathrm{T}}.$$

Die Verwendung der SVD zur Bestimmung der Polarzerlegung hat den großen Vorteil, wie in der Arbeit von Twigg und Kačić-Alesić [TKA10] beschrieben, dass eine positive Determinante von $\mathbf{R}$ sichergestellt werden kann. Hierfür wird die Diagonalmatrix $\mathbf{Z} = \mathrm{diag}(1, 1, \det(\mathbf{WV}^{\mathrm{T}}))$ definiert, die dazu verwendet wird, den kleinsten Eigenwert zu negieren, falls die Determinante von $\mathbf{WV}^{\mathrm{T}}$ negativ ist. Die SVD und die Rotation der Polarzerlegung ergeben folgende Form:

$$\mathbf{A} = (\mathbf{WZ})(\mathbf{ZD})\mathbf{V}^{\mathbf{T}}$$

$$\mathbf{R} = \mathbf{WZV}^{\mathrm{T}}.$$

Der Nachteil dieser Methode ist, dass sie etwas langsamer zu berechnen ist als die ersten beiden Methoden. Dies liegt daran, dass in jedem Iterationsschritt zwei Ro-tationsmatrizen bestimmt werden müssen. Zusätzlich vergrößert sich der erforder-liche Speicheraufwand für einen Warmstart, da dieser nun zwei Rotationsmatrizen benötigt. Deswegen wird in dieser Arbeit die erste Methode zur Bestimmung der Polarzerlegung verwendet.

Literaturverzeichnis

[AHB87]   KARALAMANGALA S. ARUN, THOMAS S. HUANG und STEVEN D. BLOSTEIN: *Least-squares fitting of two 3-D point sets.* IEEE Transactions on Pattern Analysis and Machine Intelligence, 9:698–700, 1987.

[AOW+08] BART ADAMS, MAKS OVSJANIKOV, MICHAEL WAND, HANS-PETER SEIDEL und LEONIDAS J. GUIBAS: *Meshless modeling of deformable shapes and their motion.* In: *Proceedings of the 2008 ACM SIGGRAPH/Eurographics Symposium on Computer Animation,* Seiten 77–86, 2008.

[AW09]   BART ADAMS und MARTIN WICKE: *Meshless approximation methods and applications in physics based modeling and animation.* In: *Eurographics 2009 Tutorials,* Seiten 213–239, 2009.

[Bær05]   ANDREAS BÆRENTZEN: *Robust generation of signed distance fields from triangle meshes.* In: *Fourth International Workshop on Volume Graphics,* Seiten 167–175, 2005.

[Bar92]   DAVID BARAFF: *Dynamic simulation of non-penetrating rigid bodies.* Doktorarbeit, Cornell University, 1992.

[Bar94]   DAVID BARAFF: *Fast contact force computation for nonpenetrating rigid bodies.* In: *Proceedings of the 21st annual conference on Computer graphics and interactive techniques,* Seiten 23–34, 1994.

[Bar96]   DAVID BARAFF: *Linear-time dynamics using Lagrange multipliers.* In: *Proceedings of the 23rd annual conference on Computer graphics and interactive techniques,* Seiten 137–146, 1996.

[Bat02]   KLAUS-JÜRGEN BATHE: *Finite-Elemente-Methoden.* Springer, 2002.

[Bau72]   JOACHIM W. BAUMGARTE: *Stabilization of constraints and integrals of motion in dynamical systems.* Computer Methods in Applied Mechanics and Engineering, 1:1–16, 1972.

[BB88] RONEN BARZEL und ALAN H. BARR: *A modeling system based on dynamic constraints*. In: *Proceedings of the 15th annual conference on Computer graphics and interactive techniques*, Seiten 179–188, 1988.

[BBD09a] DANIEL BAYER, JAN BENDER und RAPHAEL DIZIOL: *Impulse-based dynamic simulation on the GPU*. In: *IADIS Multi Conference on Computer Science and Information Systems*, Seiten 73–80, 2009.

[BBD09b] JAN BENDER, DANIEL BAYER und RAPHAEL DIZIOL: *Dynamic simulation of inextensible cloth*. IADIS International Journal on Computer Science and Information Systems, 4:86–102, 2009.

[BDB09] DANIEL BAYER, RAPHAEL DIZIOL und JAN BENDER: *Optimized impulse-based dynamic simulation*. In: *Virtual Reality Interactions and Physical Simulations (VRIPhys)*, Seiten 125–133, 2009.

[BDB11] JAN BENDER, RAPHAEL DIZIOL und DANIEL BAYER: *Simulating inextensible cloth using locking-free triangle meshes*. In: *Virtual Reality Interactions and Physical Simulations (VRIPhys)*, Seiten 11–17, 2011.

[Bec09] MARKUS BECKER: *Particle-based animation*. Doktorarbeit, Universität Freiburg, 2009.

[Ben07a] JAN BENDER: *Impulsbasierte Dynamiksimulation von Mehrkörpersystemen in der virtuellen Realität*. Doktorarbeit, Universität Karlsruhe, 2007.

[Ben07b] JAN BENDER: *Impulse-based dynamic simulation in linear time*. Computer Animation and Virtual Worlds, 18(4-5):225–233, 2007.

[BETC12] JAN BENDER, KENNY ERLEBEN, JEFF TRINKLE und ERWIN COUMANS: *Interactive simulation of rigid body dynamics in computer graphics*. In: *Eurographics 2012 State of the Art Reports*, 2012.

[BMF03] ROBERT BRIDSON, S. MARINO und RONALD P. FEDKIW: *Simulation of clothing with folds and wrinkles*. In: *Proceedings of the 2003 ACM SIGGRAPH/Eurographics Symposium on Computer Animation*, Seiten 28–36, 2003.

[Bri08] ROBERT BRIDSON: *Fluid Simulation for Computer Graphics*. A K Peters, 2008.

[BW98] DAVID BARAFF und ANDREW WITKIN: *Large steps in cloth simulation*. In: *Proceedings of SIGGRAPH 98*, Seiten 43–54, 1998.

[BWHT07] ADAM W. BARGTEIL, CHRIS WOJTAN, JESSICA K. HODGINS und GREG TURK: *A finite element method for animating large viscoplastic flow.* ACM Transaction on Graphics, 26(3):16:1–16:8, 2007.

[CD68] RICHARD W. COTTLE und GEORGE B. DANTZIG: *Complementary pivot theory of mathematical programming.* Linear Algebra and its Applications, 1:103–125, 1968.

[CGC+02] STEVE CAPELL, SETH GREEN, BRIAN CURLESS, TOM DUCHAMP und ZORAN POPOVIĆ: *Interactive skeleton-driven dynamic deformations.* In: *Proceedings of SIGGRAPH 2002*, Seiten 586–593, 2002.

[CJvdP07] BARBARA CHAPMAN, GABRIELE JOST und RUUD VAN DER PAS: *Using OpenMP: Portable Shared Memory Parallel Programming.* MIT Press, 2007.

[CPS92] RICHARD W. COTTLE, JONG-S. PHANG und RICHARD E. STONE: *The Linear Complementarity Problem.* Academic Press, Inc., 1992.

[DBB09a] RAPHAEL DIZIOL, DANIEL BAYER und JAN BENDER: *Simulating almost incompressible deformable objects.* In: *Virtual Reality Interactions and Physical Simulations (VRIPhys)*, Seiten 31–37, 2009.

[DBB09b] RAPHAEL DIZIOL, JAN BENDER und DANIEL BAYER: *Volume conserving simulation of deformable bodies.* In: *Short Paper Proceedings of Eurographics*, Seiten 37–40, 2009.

[DBB11] RAPHAEL DIZIOL, JAN BENDER und DANIEL BAYER: *Robust realtime deformation of incompressible surface meshes.* In: *Proceedings of the 2011 ACM SIGGRAPH/Eurographics Symposium on Computer Animation*, Seiten 237–246, 2011.

[DDCB01] GILLES DEBUNNE, MATHIEU DESBRUN, MARIE-PAULE CANI und ALAN H. BARR: *Dynamic real-time deformations using space & time adaptive sampling.* In: *Proceedings of SIGGRAPH 2001*, Seiten 31–36, 2001.

[DMSB99] MATHIEU DESBRUN, MARK MEYER, PETER SCHRÖDER und ALAN BARR: *Implicit fairing of irregular meshes using diffusion and curvature flow.* In: *Proceedings of SIGGRAPH 99*, Seiten 317–324, 1999.

[DSB99] MATHIEU DESBRUN, PETER SCHRÖDER und ALAN BARR: *Interactive animation of structured deformable objects.* In: *Proceedings of SIGGRAPH 99*, Seiten 1–8, 1999.

[FBAF08] FRANÇOIS FAURE, SÉBASTIEN BARBIER, JÉRÉMIE ALLARD und FLORENT FALIPOU: *Image-based collision detection and response between arbitrary volume objects.* In: *Proceedings of the 2008 ACM SIGGRAPH/Eurographics Symposium on Computer Animation*, Seiten 155–162, 2008.

[FKR05] MICHAEL S. FLOATER, GÉZA KÓS und MARTIN REIMERS: *Mean value coordinates in 3d.* CAGD, 22:623–631, 2005.

[FKS99] PETER FLEISCHMANN, ROBERT KOSIK und SIEGFRIED SELBERHERR: *Simple mesh examples to illustrate specific finite element mesh requirements.* In: *Eights International Meshing Roundtable*, Seiten 241–246, 1999.

[FM04] THOMAS P. FRIES und HERMANN G. MATTHIES: *Classification and overview of meshfree methods.* Technischer Bericht Informatikbericht Nr.: 2003-3, Institute of Scientific Computing, Technische Universität Braunschweig, 2004.

[FPRJ00] SARAH F. FRISKEN, RONALD N. PERRY, ALYN P. ROCKWOOD und THOUIS R. JONES: *Adaptively sampled distance fields: A general representation of shape for computer graphics.* In: *Proceedings of the 27th annual conference on Computer graphics and interactive techniques*, Seiten 249–254, 2000.

[GBF03] ERAN GUENDELMAN, ROBERT BRIDSON und RONALD P. FEDKIW: *Nonconvex rigid bodies with stacking.* ACM Transaction on Graphics, 22(3):871–878, 2003.

[GJK88] ELMER G. GILBERT, DANIEL W. JOHNSON und SATHIYA S. KEERTHI: *A fast procedure for computing the distance between complex objects in three-dimensional space.* IEEE Journal of Robotics and Automation, 4(2):193–203, 1988.

[GKS02] EITAN GRINSPUN, PETR KRYSL und PETER SCHRÖDER: *CHARMS: A simple framework for adaptive simulation.* In: *Proceedings of SIGGRAPH 2002*, Seiten 281–290, 2002.

[GM97] SARAH F. GIBSON und BRIAN MIRTICH: *A survey of deformable modeling in computer graphics.* Technischer Bericht TR-97-19, Mitsubishi Electric Research Lab., Cambridge, MA, 1997.

[GPS06] HERBERT GOLDSTEIN, CHARLES P. POOLE und JOHN L. SAFKO: *Klassische Mechanik.* Wiley-VCH, vollständig überarbeitete und erweiterte Auflage Auflage, 2006.

[GVL96] GENE H. GOLUB und CHARLES F. VAN LOAN: *Matrix Computations.* The Johns Hopkins University Press, Baltimore, 1996.

[HJCW06] MIN HONG, SUNHWA JUNG, MIN-HYUNG CHOI und SAMUEL W. J. WELCH: *Fast volume preservation for a mass-spring system.* IEEE Computer Graphics and Applications, 26:83–91, 2006.

[HLW03] ERNST HAIRER, CHRISTIAN LUBICH und GERHARD WANNER: *Geometric numerical integration illustrated by the Störmer/Verlet method.* Acta Numerica, 12:399–450, 2003.

[HLW06] ERNST HAIRER, CHRISTIAN LUBICH und GERHARD WANNER: *Geometric Numerical Integration: Structure-Preserving Algorithms for Ordinary Differential Equations.* Zweite Auflage. Springer, 2006.

[Hop96] HUGUES HOPPE: *Progressive meshes.* In: *Proceedings of SIGGRAPH 96*, Seiten 99–108, 1996.

[HTK+04] BRUNO HEIDELBERGER, MATTHIAS TESCHNER, RICHARD KEISER, MATTHIAS MÜLLER und MARKUS H. GROSS: *Consistent penetration depth estimation for deformable collision response.* In: *Vision, Modeling, Visualization (VMV 2004)*, Seiten 339–346, 2004.

[ISF07] GEOFFREY IRVING, CRAIG SCHROEDER und RONALD P. FEDKIW: *Volume conserving finite element simulations of deformable models.* ACM Transaction on Graphics, 26(3):13:1–13:6, 2007.

[ITF04] GEOFFREY IRVING, JOSEPH M. TERAN und RONALD P. FEDKIW: *Invertible finite elements for robust simulation of large deformation.* In: *Proceedings of the 2004 ACM SIGGRAPH/Eurographics Symposium on Computer Animation*, Seiten 131–140, 2004.

[JP99] DOUG L. JAMES und DINESH K. PAI: *ArtDefo: Accurate real time deformable objects.* In: *Proceedings of SIGGRAPH 99*, Seiten 65–72, 1999.

[KCS98] LEIF KOBBELT, SWEN CAMPAGNA und HANS-PETER SEIDEL: *A general framework for mesh decimation.* In: *Proceedings of Graphics Interface*, Seiten 43–50, 1998.

[KCVS98] LEIF KOBBELT, SWEN CAMPAGNA, JENS VORSATZ und HANS-PETER SEIDEL: *Interactive multi-resolution modeling on arbitrary meshes.* In: *Proceedings of the 25th annual conference on Computer graphics and interactive techniques*, Seiten 105–114, 1998.

[KMBG08] PETER KAUFMANN, SEBASTIAN MARTIN, MARIO BOTSCH und MARKUS H. GROSS: *Flexible simulation of deformable models using discontinuous Galerkin FEM*. In: *Proceedings of the 2008 ACM SIG-GRAPH/Eurographics Symposium on Computer Animation*, Seiten 105–115, 2008.

[Kor11] JOHANN KORNDÖRFER: *Interaktive Zerlegung von Festkörpern in Bruchstücke*. Diplomarbeit, Karlsruher Institut für Technologie, 2011.

[KVS99] LEIF KOBBELT, JENS VORSATZ und HANS-PETER SEIDEL: *Multiresolution hierarchies on unstructured triangle meshes*. Computational Geometry Theory and Applications, 14:5–24, 1999.

[LC87] WILLIAM E. LORENSEN und HARVEY E. CLINE: *Marching cubes: A high resolution 3D surface construction algorithm*. In: *Proceedings of the 14th annual conference on Computer graphics and interactive techniques*, Seiten 163–169, 1987.

[LG95] MAN LIU und DANIEL G. GORMAN: *Formulation of Rayleigh Damping and its Extensions*. Computers & Structures, 57(2):277–285, 1995.

[LLCO08] YARON LIPMAN, DAVID LEVIN und DANIEL COHEN-OR: *Green coordinates*. ACM Transaction on Graphics, 27(3):78:1–78:10, 2008.

[LS81] PETER LANCASTER und KES SALKAUSKAS: *Surfaces generated by moving least squares methods*. Mathematics of Computation, 37(155):141–158, 1981.

[LS07] FRANÇOIS LABELLE und JONATHAN R. SHEWCHUK: *Isosurface stuffing: Fast tetrahedral meshes with good dihedral angles*. ACM Transaction on Graphics, 26(3):57, 2007.

[LZ05] ELMAR LANGETEPE und GABRIEL ZACHMANN: *Geometric Data Structures for Computer Graphics*. AK Peters, 2005.

[MBTF03] NEIL MOLINO, ROBERT BRIDSON, JOSEPH M. TERAN und RONALD P. FEDKIW: *A crystalline, red green strategy for meshing highly deformable objects with tetrahedra*. In: *Twelfth International Meshing Roundtable*, Seiten 103–114, 2003.

[MC11] MATTHIAS MÜLLER und NUTTAPONG CHENTANEZ: *Solid simulation with oriented particles*. ACM Transaction on Graphics, 30(4):92:1–92:10, 2011.

[MDM+02] MATTHIAS MÜLLER, JULIE DORSEY, LEONARD MCMILLAN, RO-BERT JAGNOW und BARBARA CUTLER: *Stable real-time deformations.* In: *Proceedings of the 2002 ACM SIGGRAPH/Eurographics symposium on Computer animation*, 2002.

[MG04] MATTHIAS MÜLLER und MARKUS H. GROSS: *Interactive virtual materials.* In: *Proceedings of Graphics Interface 2004*, Seiten 239–246, 2004.

[MHHR07] MATTHIAS MÜLLER, BRUNO HEIDELBERGER, MARCUS HENNIX und JOHN RATCLIFF: *Position based dynamics.* Journal of Visual Communication and Image Representation, 18:109–118, 2007.

[MHTG05] MATTHIAS MÜLLER, BRUNO HEIDELBERGER, MATTHIAS TESCHNER und MARKUS H. GROSS: *Meshless deformations based on shape matching.* ACM Transaction on Graphics, 24(3):471–478, 2005.

[Mir96a] BRIAN V. MIRTICH: *Fast and accurate computation of polyhedral mass properies.* Journal of Grapics Tools, 1(2):31–50, 1996.

[Mir96b] BRIAN V. MIRTICH: *Impulse-Based dynamic simulation of rigid body systems.* Doktorarbeit, University of Calfornia, Berkeley, 1996.

[MKN+04] MATTHIAS MÜLLER, RICHARD KEISER, ANDY NEALEN, MARK PAULY, MARKUS H. GROSS und MARC ALEXA: *Point based animation of elastic, plastic and melting objects.* In: *Proceedings of the 2004 ACM SIGGRAPH/Eurographics symposium on Computer animation*, Seiten 141–151, 2004.

[Mon05] JOE J. MONAGHAN: *Smoothed particle hydrodynamics.* Reports on Progress in Physics, 68(8):1703–1759, 2005.

[MTV05] NADIA MAGNENAT-THALMANN und PASCAL VOLINO: *From early draping to haute couture models: 20 years of research.* The Visual Computer, 21(8):506–519, 2005.

[Mül08] MATTHIAS MÜLLER: *Hierarchical position based dynamics.* In: *Proceedings of Virtual Reality Interactions and Physical Simulations*, Seiten 1–10, 2008.

[Ngu07] HUBERT NGUYEN: *GPU Gems 3: Programming Techniques for High-Performance Graphics and General-Purpose Computation.* Addison-Wesley Professional, 2007.

[NH91] GREGORY M. NIELSON und BERND HAMANN: *The asymptotic decider: Resolving the ambiguity in marching cubes.* In: *Proceedings of the 2nd conference on Visualization '91*, Seiten 83–91, 1991.

[NMK+05] ANDREW NEALEN, MATTHIAS MUELLER, RICHARD KEISER, EDDY
          BOXERMAN und MARK CARLSON: *Physically based deformable models
          in computer graphics.* In: *Eurographics: State of the Art Report*, 2005.

[NT98]   LUCIANA P. NEDEL und DANIEL THALMANN: *Real time muscle de-
          formations using mass-spring systems.* In: *Proceedings of Computer
          Graphics International*, Seiten 156–165, 1998.

[OBH02]   JAMES F. O'BRIEN, ADAM W. BARGTEIL und JESSICA K. HODG-
          INS: *Graphical modeling and animation of ductile fracture.* ACM Tran-
          sactions on Graphics, 21(3):291–294, 2002.

[OD01]   CAROL O'SULLIVAN und JOHN DINGLIANA: *Collisions and percepti-
          on.* ACM Transaction on Graphics, 20(3):151–168, 2001.

[OF02]   STANLEY J. OSHER und RONALD P. FEDKIW: *Level Set Methods and
          Dynamic Implicit Surfaces.* Springer-Verlag, 2002.

[OH99]   JAMES F. O'BRIEN und JESSICA K. HODGINS: *Graphical modeling
          and animation of brittle fracture.* In: *Proceedings of SIGGRAPH 99*,
          Seiten 137–146, 1999.

[PFTV92] WILLIAM H. PRESS, BRIAN P. FLANNERY, SAUL A. TEUKOLSKY
          und WILLIAM T. VETTERLING: *Numerical Recipes: The Art of Scien-
          tific Computing.* Cambridge University Press, 2. Auflage Auflage, 1992.

[PKA+05] MARK PAULY, RICHARD KEISER, BART ADAMS, PHILIP DUTRÉ,
          MARKUS H. GROSS und LEONIDAS J. GUIBAS: *Meshless animation
          of fracturing solids.* ACM Transaction on Graphics, 24(3):957–964,
          2005.

[Pla92]   JOHN PLATT: *A generalization of dynamic constraints.* CVGIP: Gra-
          phical Models Image Processing, 54(6):516–525, 1992.

[PO09]   ERIC G. PARKER und JAMES F. O'BRIEN: *Real-time deformation
          and fracture in a game environment.* In: *Proceedings of the 2009 ACM
          SIGGRAPH/Eurographics Symposium on Computer Animation*, Sei-
          ten 165–175, 2009.

[Pro97]   XAVIER PROVOT: *Collision and self-collision handling in cloth model
          dedicated to design garment.* Graphics Interface, Seiten 177–189, 1997.

[RJ07]   ALEC R. RIVERS und DOUG L. JAMES: *FastLSM: Fast lattice sha-
          pe matching for robust real-time deformation.* ACM Transaction on
          Graphics, 26(3):82:1–82:6, 2007.

[RO09] PAUL S. A. REITSMA und CAROL O'SULLIVAN: *Effect of scenario on perceptual sensitivity to errors in animation*. ACM Transactions on Applied Perception, 6(3):15:1–15:16, 2009.

[SBP05] ALFRED SCHMITT, JAN BENDER und HARTMUT PRAUTZSCH: *On the convergence and correctness of impulse-based dynamic simulation*. Internal Report 17, Universität Karlsruhe, 2005.

[She94] JONATHAN R. SHEWCHUK: *An introduction to the conjugate gradient method without the agonizing pain*. Technischer Bericht, CMUCS-TR-94-125, Carnegie Mellon University, 1994.

[SHZO07] SHUBHABRATA SENGUPTA, MARK HARRIS, YAO ZHANG und JOHN D. OWENS: *Scan primitives for GPU computing*. In: *Proceedings of the 22nd ACM SIGGRAPH/Eurographics Symposium on Graphics Hardware*, Seiten 97–106, 2007.

[SK10] JASON SANDERS und EDWARD KANDROT: *CUDA by Example: An Introduction to General-Purpose GPU Programming*. Addison-Wesley Longman, Amsterdam, 2010.

[Sla02] WILLIAM S. SLAUGHTER: *The Linearized Theory of Elasticity*. Birkhäuser, 2002.

[SOG08] DENIS STEINEMANN, MIGUEL A. OTADUY und MARKUS H. GROSS: *Fast adaptive shape matching deformations*. In: *Proceedings of the 2008 ACM SIGGRAPH/Eurographics Symposium on Computer Animation*, Seiten 87–94, 2008.

[SSBT08] THOMAS STUMPP, JONAS SPILLMANN, MARKUS BECKER und MATTHIAS TESCHNER: *A geometric deformation model for stable cloth simulation*. In: *Virtual Reality Interactions and Physical Simulations (VRIPhys)*, Seiten 139–148, 2008.

[Str99] JOHN STRAIN: *Fast tree-based redistancing for level set computations*. Journal of Computational Physics, 152:664–686, 1999.

[SWT06] JONAS SPILLMANN, MICHAEL WAGNER und MATTHIAS TESCHNER: *Robust tetrahedral meshing of triangle soups*. In: *Vision, Modeling and Visualization*, Seiten 9–16, 2006.

[Tau95] GABRIEL TAUBIN: *A signal processing approach to fair surface design*. In: *Proceedings of the 22nd annual conference on Computer graphics and interactive techniques*, Seiten 351–358, 1995.

[TBHF03] JOSEPH M. TERAN, SILVIA S. BLEMKER, V. NG THOW HING und RONALD P. FEDKIW: *Finite volume methods for the simulation of skeletal muscle.* In: *Proceedings of the 2003 ACM SIGGRAPH/Eurographics Symposium on Computer Animation*, Seiten 68–74, 2003.

[THM+03] MATTHIAS TESCHNER, BRUNO HEIDELBERGER, MATTHIAS MUELLER, DANAT POMERANETS und MARKUS H. GROSS: *Optimized spatial hashing for collision detection of deformable objects.* In: *Vision, Modeling, Visualization (VMV 2003)*, Seiten 47–54, 2003.

[THMG04] MATTHIAS TESCHNER, BRUNO HEIDELBERGER, MATTHIAS MULLER und MARKUS H. GROSS: *A versatile and robust model for geometrically complex deformable solids.* In: *Proceedings of Computer Graphics International*, Seiten 312–319, 2004.

[TK09] KENJI TAKAMATSU und TAKASHI KANAI: *Volume-preserving LSM deformations.* In: *Proceedings of SIGGRAPH Asia Sketches*, 2009.

[TKA10] CHRISTOPHER D. TWIGG und ZORAN KAČIĆ-ALESIĆ: *Point Cloud Glue: Constraining simulations using the procrustes transform.* In: *Proceedings of the 2010 ACM SIGGRAPH/Eurographics Symposium on Computer Animation*, Seiten 45–54, 2010.

[TKZ+04] MATTHIAS TESCHNER, STEFAN KIMMERLE, GABRIEL ZACHMANN, BRUNO HEIDELBERGER, LAKS RAGHUPATHI, ARNULPH FUHRMANN, MARIE-PAULE CANI, FRANÇOIS FAURE, NADIA MAGNETAT-THALMANN und WOLFGANG STRASSER: *Collision detection for deformable objects.* In: *Eurographics 2004 State of the Art Reports*, Seiten 119–139, 2004.

[TMT10] MIN TANG, DINESH MANOCHA und RUOFENG TONG: *MCCD: Multi-Core collision detection between deformable models using front-based decomposition.* Graphical Models, 72(2):7–23, 2010.

[TPBF87] DEMETRI TERZOPOULOS, JOHN PLATT, ALAN BARR und KURT FLEISCHER: *Elastically deformable models.* In: *Computer Graphics (Proceedings of SIGGRAPH 87)*, Band 21, Seiten 205–214, 1987.

[TW88] DEMETRI TERZOPOULOS und ANDREW WITKIN: *Physically based models with rigid and deformable components.* IEEE Computer Graphics and Applications, 8:41–51, 1988.

[Ver67] LOUP VERLET: *Computer experiments on classical fluids. Ii. equilibrium correlation functions.* Physical Review, 165(1):201–204, 1967.

[vFTS08] WOLFRAM VON FUNCK, HOLGER THEISEL und HANS-PETER SEIDEL: *Volume-preserving mesh skinning*. In: *Vision Modeling and Visualization*, Seiten 409–414, 2008.

[VMT05] PASCAL VOLINO und NADIA MAGNENAT-THALMANN: *Implicit midpoint integration and adaptive damping for efficient cloth simulation: Collision Detection and Deformable Objects*. Computer Animation and Virtual Worlds, 16:163–175, 2005.

[Wag01] FRIEDRICH WAGNER: *Konzepte und Methoden zu allgemeinen physikalisch basierten Animationssystemen auf der Grundelage der Lagrange-Faktoren-Methode*. Doktorarbeit, Universität Rostock, 2001.

[WB97] ANDREW WITKIN und DAVID BARAFF: *Physically based modeling: Principles and practice*. Siggraph Course Notes, 1997.

[WDAH10] TIM WINKLER, JENS DRIESEBERG, MARC ALEXA und KAI HORMANN: *Multi-scale geometry interpolation*. Computer Graphics Forum, 29(2):309–318, 2010.

[WDGT01] XUNLEI WU, MICHAEL S. DOWNES, TOLGA GOKTEKIN und FRANK TENDICK: *Adaptive nonlinear finite elements for deformable body simulation using dynamic progressive meshes*. In: *Computer Graphics Forum*, Seiten 349–358, 2001.

[WTF06] RACHEL L. WEINSTEIN, JOSEPH M. TERAN und RONALD P. FEDKIW: *Dynamic simulation of articulated rigid bodies with contact and collision*. IEEE Transactions on Visualization and Computer Graphics, 12:365–374, 2006.